# MÉMOIRES

CONCERNANT

# L'ASIE ORIENTALE

(INDE, ASIE CENTRALE, EXTRÊME-ORIENT)

*PUBLIÉS PAR L'ACADÉMIE DES INSCRIPTIONS ET BELLES-LETTRES*

SOUS LA DIRECTION DE

MM. SENART, BARTH, CHAVANNES, CORDIER

MEMBRES DE L'INSTITUT

---

TOME PREMIER

---

PARIS
ERNEST LEROUX, ÉDITEUR
28, RUE BONAPARTE (VIe)

1913

# MÉMOIRES

CONCERNANT

# L'ASIE ORIENTALE

INDE, ASIE CENTRALE, EXTRÊME-ORIENT

TOME PREMIER

TOURS. — IMPRIMERIE E. ARRAULT ET C^{ie}

# MÉMOIRES

CONCERNANT

# L'ASIE ORIENTALE

INDE, ASIE CENTRALE, EXTRÊME-ORIENT

*PUBLIÉS PAR L'ACADÉMIE DES INSCRIPTIONS ET BELLES-LETTRES*

SOUS LA DIRECTION DE

MM. SENART, BARTH, CHAVANNES, CORDIER

MEMBRES DE L'INSTITUT

---

TOME PREMIER

---

PARIS
ERNEST LEROUX, ÉDITEUR
28, RUE BONAPARTE (VI^e)
—
1913

# LES CONQUÊTES DE L'EMPEREUR DE LA CHINE

PAR

HENRI CORDIER

---

La suite de seize estampes gravées à Paris au dix-huitième siècle sous la direction de COCHIN représentant « les Conquêtes de l'Empereur de la Chine » jouit d'une grande réputation. Elle est rare et l'histoire de l'exécution des planches est peu connue : nous nous proposons de la retracer aujourd'hui. Nous rappellerons tout d'abord les faits mémorables dont elles sont destinées à conserver le souvenir.

A la fin du dix-septième siècle, les Éleuthes (Kalmouks ou Mongols Occidentaux) avaient assuré leur puissance dans l'Asie centrale avec leurs chefs, l'Erdeni Bahadour Kong-Taïchi, mort en 1665, et son second fils, Galdan Boushtou. Ils menaçaient de s'avancer jusqu'au Kou-kou-Nor, mais leur route était barrée par d'autres Mongols, les Kalkhas qui servaient d'État tampon entre les envahisseurs et la Chine, aussi l'empereur K'ang-hi se porta-t-il à leur secours. Galdan, mis en fuite en 1696, préparait une seconde campagne lorsqu'il mourut (1697).

« La mort de Galdan avait laissé sans grand chef effectif la nation des Éleuthes ; ses neveux, fils de son frère aîné Senghe, Tsewang Arabtan et Chereng Donduk assuraient l'avenir de la dynastie ; le pouvoir resta dans la famille du premier et il fut exercé tour à tour par ses petits-fils Baïan Adshan et Dardsha, puis par le petit-fils de Chereng Donduk, Tawatsi, qui fut le dixième souverain des Éleuthes. En 1753, un des chefs éleuthes, Amoursana, étant entré en lutte à la suite des fautes d'Adshan qui avait remplacé comme huitième souverain son père Galdan Chereng († 1745), fils de Tsewang Arabtan († 1727), un lama nommé Torgui essaya de s'emparer du pouvoir, mais fut tué. Tawatsi fit appel à l'empereur de la Chine, qui intervint en sa faveur, mais laissa la vie à son adversaire. Amoursana, craignant de voir Tawatsi servir un jour d'instrument contre lui, gêné par le contrôle des fonctionnaires chinois, leva en 1755 l'étendard de la révolte. Deux frères musulmans, descendants de Hazrat Afak, qui avaient longtemps servi d'otages aux Chinois, Burhân ed-Din (Boronitou) et K'odzichân (Houo-tsi-tchan), désignés sous les noms de Grand et de Petit Khodja, avaient été remis en liberté en 1755. Tandis que l'aîné était à Kachgar, le second se rendait à Yarkand. Burhân ed-Din embrassa le parti d'Amoursana, qui, battu par le général chinois Tchao Houei, fut obligé de fuir en Sibérie, où il mourut de la petite vérole. Burhân ed-Din se réfugia chez son frère, qui refusa de le livrer aux Chinois. C'était recommencer une nouvelle guerre. Malgré leur bravoure et une résistance opiniâtre, les Khodja défaits se réfugièrent dans le Badakhchân. Le sultan de ce pays fit l'un prisonnier et tua l'autre dans une bataille livrée à la petite armée fidèle qui les suivait. Lorsque Tchao Houei les réclama, on lui livra la tête du Petit Khodja et le cadavre du Grand Khodja[1]. »

Les conséquences de cette victoire furent considérables : K'ien-loung devenait maître non seulement des territoires occupés par les Éleuthes, mais aussi de toutes les villes musulmanes dont les rivières forment le Tarim, Aqsou, Yarkand, Kachgar. La nouvelle conquête, *Sin-Kiang*, fut divisée, suivant que le pays était au nord ou au sud des T'ien chan, en *T'ien chan Pe lou* et *T'ien chan Nan lou*, administrés par des *Tsiang Kun*, gouverneurs militaires, dont le premier fut désigné la vingt-septième année de K'ien-loung (1762) et qui résidait à Ili ou Kouldja dont la ville chinoise, Houeï yuan, a été bâtie en 1764.

La conquête définitive de cette région en 1759 fut suivie, en avril 1760, d'une cérémonie grandiose dans laquelle les généraux Tchao Houei et Fou Te, qui avaient pris part à cette campagne, furent l'objet d'honneurs inusités de la part de l'Empereur. K'ien-loung, désireux de conserver pour les générations futures les principales scènes de cette guerre, fit appel pour les retracer aux artistes européens qui se trouvaient comme missionnaires à la Cour[2].

L'Empereur n'avait d'ailleurs que l'embarras du choix : quatre peintres, dont trois, membres de la Compagnie de Jésus, résidaient à Pe-king et

1. Henri Cordier, dans Lavisse et Rambaud, *Histoire générale*, VIII, pp. 936-937.

2. Lavisse et Rambaud, *Histoire générale*, VIII, p. 938.

appartenaient au groupe d'artistes attachés à la Cour impériale : c'étaient les Frères Castiglione, Attiret et Sickelpart, qui eurent plus tard comme adjoint ou remplaçant le Frère italien Giuseppe Panzi, 潘若瑟, P'an *Jo-che*, arrivé en 1771 ; j'ai eu l'occasion d'en parler ailleurs [1]. Le quatrième peintre était un Augustin déchaussé, le Frère Jean Damascène.

Le Frère Giuseppe Castiglione, appelé Castilhoni sur les planches des Batailles de K'ien-loung, 郎世寧, Lang *Che-ning*, par les Chinois, était arrivé en Chine en août 1715 ; il mourut à Pe-king en 1764. Il avait peint de nombreux portraits et exécuté la décoration de la plus belle salle du Collège des Jésuites à Pe-king. « Castiglione l'avoit autrefois embellie de deux grands & magnifiques tableaux, qui représentent, l'un le grand Constantin sur le point de vaincre, & l'autre, Constantin vainqueur & triomphant. Il avoit peint aussi sur les côtés, deux perspectives qui font illusion. Le plafond est très beau [2]. »

Jean-Denis Attiret était un Comtois, né à Dôle le 31 juillet 1702 ; il arriva à la mission de Chine le 5 août 1738 ; les Chinois le nommaient 巴德尼, Pa *Te-ni* ; il mourut à Pe-king le 8 décembre 1768. L'Empereur le tenait en grande estime et en juillet 1754 l'éleva au grade de fonctionnaire du quatrième rang, grade que refusa d'ailleurs Attiret avec beaucoup de dignité [3].

Il écrivait de Pe-king, le 1er novembre 1743 :

« Quant à la peinture, hors le portrait du frère de l'Empereur, de sa femme, de quelques autres princes et princesses du sang, de quelques favoris et autres seigneurs, je n'ai rien peint dans le goût européen. Il m'a fallu oublier, pour ainsi dire, tout ce que j'avois appris et me faire une nouvelle manière pour me conformer au goût de la nation : de sorte que je n'ai été occupé les trois quarts du temps qu'à peindre, ou en huile sur des glaces, ou à l'eau sur la soie, des arbres, des fruits, des oiseaux, des poissons, des animaux de toute espèce ; rarement de la figure. Les portraits de l'empereur et des impératrices avoient été peints, avant mon arrivée, par un de nos frères, nommé Castiglione, peintre italien et très habile, avec qui je suis tous les jours.

« Tout ce que nous peignons est ordonné par l'empereur. Nous faisons d'abord les dessins ; il les voit, les fait changer, réformer comme

1. *Mélanges Picot.*

2. *Mémoires concernant les Chinois*, VIII, p. 286.

3. Voir pp. xxxi et *seq.* de l'Épître du P. L. Patouillet, en tête du XXVIIIe Recueil des *Lettres édifiantes*, 1758.

bon lui semble. Que la correction soit bien ou mal, il en faut passer par là sans oser rien dire. Ici l'empereur sait tout, ou du moins la flatterie le lui dit fort haut, et peut-être le croit-il : toujours agit-il comme s'il en étoit persuadé[1] ! »

Ce n'était pas une sinécure que d'être peintre de la Cour ainsi qu'on le pourra voir dans la lettre adressée le 17 octobre 1754 par le P. AMIOT au P. DE LA TOUR[2].

Attiret, après avoir reçu de son père, peintre médiocre, les premiers éléments, alla, sous les auspices du Marquis de Broissia, « se perfectionner dans cette terre où les arts fleurissent avec les citronniers ». A son retour de Rome, passant par Lyon, il y peignit quelques bons portraits, notamment ceux du cardinal d'Auvergne, archevêque de Vienne; de l'archevêque de Lyon; de M. Perrichon, prévôt des Marchands. Rentré à Dôle, il continua à s'occuper de peinture. « Il avait trente ans quand une amertume salutaire qu'il sentit au milieu du monde, l'ayant averti de se donner à Dieû, il entra chez les Jésuites avec l'humble habit de Frère convers, sans pour cela déposer les pinceaux. Durant son noviciat, il peignit les quatre pendentifs du dôme de l'église des Jésuites d'Avignon[3]. » Les PP. PARRENIN[4] et V. CHÂLIER[5] de la mission française de Pe-king ayant demandé un peintre, Attiret s'offrit et partit pour la Chine vers la fin de 1737. Arrivé à Pe-king, il offrit à l'Empereur pour son coup d'essai un tableau représentant l'Adoration des Rois ; K'ien-loung en fut si satisfait qu'il fit placer cette œuvre dans l'intérieur du Palais.

Il y avait au rez-de-chaussée du Palais une salle isolée, exposée aux intempéries de toutes les saisons qui servait d'atelier de peinture. « Là, n'ayant d'autre feu en hiver que celui d'un petit réchaud sur lequel il mettoit ses godets, pour empêcher que les couleurs ne gelassent, il souffroit le froid le plus piquant. Il n'avoit pas moins à souffrir en été par l'épuisement où le réduisoient les chaleurs excessives, dans un lieu que les rayons d'un soleil brûlant qui entroit par tous les côtés, rendoient comme une espèce de fournaise. Au reste les autres Peintres étoient dans la même position que lui, ainsi il n'avoit pas à se plaindre[6] ! »

1. *Lettres édifiantes*, éd. du *Panthéon littéraire*, III, p. 793.

2. *Lettres édifiantes*, éd. du *Panthéon littéraire*, IV, pp. 44 *seq.*

3. FEUILLET DE CONCHES, *Les Peintres européens en Chine*, 1856, p. 9.

4. *Dominique* PARRENIN, 巴多明, PA *To-ming*, né au Russey, diocèse de Besançon, le 1er septembre 1665 ; † à Pe-king, 27 septembre 1741.

5. *Valentin* CHÂLIER, 沙卯玉, CHA *Mao-yu*, supérieur des Missions Françaises en Chine ; né le 17 décembre 1697 à Briançon ; † à Pe-king, le 12 avril 1747.

6. Extrait d'une lettre du P. AMIOT du 1er mars 1769 (*Journal des Sçavans*, juin 1771, pp. 406-420).

Attiret a peint plus de deux cents portraits de personnes de différents âges et de différentes nations[1]. « Ne pouvant suffire à tout, il se contentoit d'esquisser les Sujets et de peindre lui-même les carnations, il distribuoit le reste de l'ouvrage aux Peintres chinois dont il dirigeoit le pinceau. Il avouoit lui-même que pour ce qui regarde la coëffure, l'habillement, le paysage, les animaux & en général le costume du Pays, les Chinois dirigés le faisoient infiniment plus vite & beaucoup mieux qu'il n'auroit pu le faire. Il apprenoit tous les jours quelque chose de nouveau dont il faisoit usage dans l'occasion, & il reçut de ces Peintres des instructions utiles[2]. »

Ignace SICKELPART était un Tchèque, né le 8 septembre 1708 ; il arriva à la mission de Chine en avril 1745 ; son nom chinois était 艾啟蒙 *Ngai K'i-mong*[3] ; il mourut à Pe-king le 6 octobre 1780 ; à l'occasion de l'anniversaire de sa soixante-dixième année, l'Empereur K'ien-loung, le 21 septembre 1777, le combla d'honneurs comme il l'avait fait en semblable circonstance pour le frère Castiglione ; les cérémonies qui eurent lieu à cette occasion ont été racontées dans les *Mémoires concernant les Chinois*, VIII, p. 283, et par Panzi dans une lettre du 22 novembre 1777, reproduite par C.-G. de Murr, *Journal zur Kunstgeschichte*, IX *ter* Theil, 1780, p. 93.

Nous sommes moins bien renseignés sur le quatrième peintre, Jean DAMASCÈNE, religieux Augustin, missionnaire de la Propagande. Il ne doit pas être confondu avec Jean Damascène, sacré le 20 septembre 1778, sans bulles, évêque de Pe-king, par le Vicaire apostolique du Chan-si ; celui-ci joua un rôle discutable dans les dissensions entre les missionnaires qui suivirent la suppression de la Compagnie de Jésus par Clément XIV ; il mourut en novembre 1781 et fut enterré au cimetière français de Pe-king.

L'Empereur fit donc exécuter seize dessins représentant les événements de la Conquête du pays des Éleuthes par les frères Castiglione, Attiret, Sickelpart et Damascène ; lorsque ce travail fut terminé, K'ien-loung, décidé à faire graver ces dessins en Europe, chargea le Vice-Roi de Canton de prendre des informations à cet égard ; les Anglais furent d'abord pressentis, mais le P. LE FEBVRE, supérieur de la mission française des Jésuites à

1. AMIOT, *l. c.*, p. 412.

2. AMIOT, *l. c.*, pp. 408-409. On pourra consulter : *Un Artiste Comtois à la Cour de Chine au XVIII<sup>e</sup> siècle : le Frère Attiret (1702-1768)*, par M. GEORGES GAZIER, conservateur de la Bibliothèque de Besançon. — Extrait des *Mémoires de la Société d'Emulation du Doubs* (8e série, tome VI, 1911), Besançon, Dodivers, 1912, in-8, pp. 26.

3. Dans le *Catalogus Patrum ac Fratrum S. J.*, de 1892. — Dans le *Catalogus* de 1873, il est appelé *Nga Na-tsio* 艾納爵 [*Ignace*, 依納爵, *I-na-tsio*].

Canton[1], « fit représenter au Vice-Roi par un mandarin de ses amis, protecteur déclaré des Français, que les arts étaient plus cultivés en France que dans aucun autre État de l'Europe, et que la gravure, surtout, y était portée au plus haut point de perfection[2]. »

En conséquence, par décret du 26e jour de la 5e lune, c'est-à-dire le 13 juillet 1765, l'Empereur K'ien-loung ordonnait qu'il serait envoyé en France seize dessins « des Victoires qu'il avoit remportées dans le Royaume de Chanagar et dans les Pays Mahométans voisins, pour être gravés par les plus Célèbres Artistes ».

Quatre planches, celles qui ont été numérotées 5, 7, 8 et 15, dans la suite furent remises aux préposés de la Compagnie des Indes à Canton avec « une somme de seize mille taels, soit 112.800 livres, le tael valant 7 fr. 10[3] ». A ces planches était jointe une lettre du Frère Castiglione datée également de Pe-king, adressée au *Directeur des Arts* en lui recommandant d'apporter dans les gravures « la correction et la netteté la plus exacte ». Quand les quatre dessins arrivèrent à Paris, les Directeurs de la Compagnie des Indes, au lieu de les remettre immédiatement à leur adresse, s'occupèrent de trouver eux-mêmes des graveurs. Le fait est ainsi raconté par Parent,

1. Le P. *Louis-Joseph* Lefebvre, né le 30 août 1706 ; arriva dans la Mission le 8 août 1737; il fut nommé supérieur de la Mission française en 1762 en remplacement du P. de Neuvialle ; il eut lui-même comme successeur en 1769 le P. J.-B. de la Roche. Le P. Lefebvre était l'ami particulier de *Pierre* Poivre, intendant de l'île de France et son correspondant en Chine.

Le Mémoire suivant, inédit, tiré des papiers Delessert, Bib. de l'Institut, donne des renseignements sur la famille de ce missionnaire.

Mémoire

« *Louis-Joseph* Lefebvre, Prêtre, fut envoyé en qualité de missionnaire, en Chine, en 1736, d'où il n'est revenu qu'en 1775, âgé de 70 ans, après y avoir servi la Religion et l'État pendant trente-huit ans.

« Son père, *Charles-Joseph* Lefebvre, Chevalier de l'Ordre Royal de Saint-Louis, Capitaine au Régiment de Champagne, Ingénieur en Chef au Havre-de-Grace, fut pourvu du Gouvernement de la ville de Clisson en Bretagne, en considération de ses importants services rapellés dans ses Provisions du 6 janvier 1712 en ces termes. En 1693, au siège dheydelbert (Heidelberg), il entra l'Épée à la main, à la tête des troupes, dans la place, après avoir essuyé un très grand feu de la part des assiégés. Il se trouva dans la même campagne, aux Prises de Vaingen, de Quingemberg, et d'Autrel, et fut reconnoitre de près les retranchements des ennemis proche d'hailbron [Heilbronn]. Il ne discontinua pas ensuite, disent les mêmes provisions, de rendre des services tant en Alemagne que dans la Roche en Ardenne, où il se donna tous les mouvements nécessaires pour metre ce poste à couvert de l'insulte des ennemis qui avoient dessein d'en faire le siège. En 1703, il se jeta dans la ville de Bellile au travers de l'armée navalle des Ennemis qui y vouloient faire une descente. Il est enfin mort en 1717 Directeur Général des fortifications du païs d'Aunis Saintonge et Medoc et Isles adjacentes.

« *Joseph Etienne* Lefebvre son fils ainé, frère du Sr Abbé Lefebvre, a servi en qualité d'ingénieur pendant l'espace de 40 ans et est mort il y a environ treize ans, Chevalier de l'Ordre de Saint-Louis, Lieutenant dans le Régiment de la Marine et Ingénieur en Chef des fortifications en Bretagne. »

2. Bib. de l'Institut, Ms. D. M. 167.

3. Jean Monval, *Les Conquêtes de la Chine. Une Commande de l'Empereur de Chine en France au XVIIIe siècle.* (La *Revue de l'Art ancien et moderne*, XVIII, juillet-décembre 1905, pp. 147-160.) — Voir p. 150. — Les sommes étaient payées par annuités par le *Co Hang*, ou Conseil des Marchands hanistes, aux agents de la Compagnie des Indes, puis au Consul de France à Canton. Voir Henri Cordier, *La France en Chine au XVIIIe siècle*, 1883.

premier commis du ministre Bertin, dans une lettre qu'il adressait à ce dernier de Séville, le 18 avril 1776 :

J'étois au bureau de Mrs. les Syndics et Directeurs lorsqu'on examinoit les magnifiques desseins venus de la Chine, et j'appris de ces Messieurs qu'on s'étoit adressé à M. Vaselet pour procurer des artistes capables de les graver ; tandis qu'on s'occupoit de la préférence qu'on pouvoit accorder à tels ou tels (par manière de conversation), je m'amusai à lire la dépêche du P. Castiglione, un des auteurs des desseins ; elle étoit en trois langues, françois, latin et italien, et je vis que l'adresse étoit à M. le Président des Beaux-Arts, etc. Je fis apercevoir à M. de Rabec [l'un des Directeurs de la Compagnie des Indes] et à plusieurs de ces Messieurs que l'exécution de l'ouvrage ne les regardoit point, et que l'Empereur de la Chine avoit entendu d'en charger le Ministre des Arts, c'est-à-dire le Directeur général des Bâtiments du Roy. Je revins sur le champ en avertir Monseigneur [Bertin][1] qui me chargea d'en prévenir M. Cochin, ce que je fis, et le même jour Monseigneur en parla à M. le Marquis de Marigni qui prit les ordres du Roy et retira les desseins[2].

En fait les dessins furent remis au Marquis de Marigny, alors Directeur de l'Académie royale de peinture, par M. de Méry d'Arcy, l'un des Directeurs de la Compagnie des Indes, le 31 décembre 1766. Les *Mémoires secrets*[3] ne manquent pas de signaler l'arrivée des dessins :

28 novembre 1769. L'Empereur de la Chine a envoyé en France par la Compagnie des Indes des dessins magnifiques de conquêtes, pour être gravés par nos meilleurs artistes. M. le Marquis de Marigny préside à l'exécution de cet ouvrage.

La mode est à la Chine[4]. Un mémoire adressé des bureaux de Bertin représente au roi « qu'il serait à propos d'exécuter en petit les quatre dessins sur des grands vases de belle forme de la manufacture royale de Sèvres, et de les exécuter en tapisserie à la manufacture des Gobelins : cela, dit l'auteur du mémoire, donnerait à tout l'empire de la Chine une haute idée de la supériorité de nos artistes, de nos manufactures et de notre nation, et les Français ne seraient plus, comme ils le sont à la Chine, confondus avec les autres nations sous le nom d'Européens... Cela disposerait l'empereur

1. *Henri-Léonard-Jean-Baptiste* Bertin, né dans le Périgord en 1719 ; Conseiller au Grand Conseil (juin 1741) ; Maître des Requêtes (avril 1745) ; Intendant du Roussillon (1750-1753) ; Intendant de Lyon (1754) ; Lieutenant de Police (1757) ; Contrôleur général des Finances (1759) ; Secrétaire d'État (novembre 1762) ; † aux eaux de Spa, le 16 septembre 1792, à 4 heures du matin.

2. Bib. de l'Institut, D. M. 167.

3. *Mém. secrets*, III, pp. 259-260.

4. Henri Cordier, *La Chine en France au XVIIIe siècle*, Paris, Laurens, 1910, in-4.

en faveur de notre commerce, qui depuis quelques années a reçu le plus grand échec, en punition de la mauvaise conduite des Anglais dans une affaire qui s'est passée il y a quelques années, et dont nous supportons le préjudice ainsi que tous les autres Européens... En outre, la religion chrétienne et la protection que le roy accorde aux missions étrangères en serait bien plus puissante[1]. »

Le 31 décembre 1766, Bertin écrivait à Ko et à Yang, « les Chinois de Turgot », pour leur annoncer l'arrivée des quatre dessins et l'enthousiasme qu'ils ont soulevé.

Peut-être aurès-vous appris avant de partir de Canton que l'Empereur de la Chine a envoyé en France quatre desseins magnifiques qui représentent des batailles et des victoires remportées par l'Empereur sur des Rebelles. Ces desseins lavés à l'encre de la Chine sont de la plus grande beauté[2]; on y distingue entr'autres ceux qui sont de la main du P. Castiglioni et du F. Attiret. Pour suivre l'intention de l'Empereur on va faire graver ces quatre desseins sur des planches de cuivre par les plus habiles maitres et je ne doute pas que la manière dont ces gravures seront exécutées ne donne à l'Empereur une haute idée de la perfection où l'art de la gravure a été porté parmi nous[3]. On assure que ces desseins seront suivis de douze desseins pareils qui traitent les mêmes sujets. Il seroit à souhaitter qu'on eut en même temps un détail historique des évenemens qui sont peints dans ces tableaux. Si vous en apprenés quelque chose je vous prie de m'en envoyer les détails. Il y a apparence que les seize desseins composent la suite des victoires de Tsongte da ma-van, et de Chun tchi, Chef de la dynastie Tsing actuellement régnante à la Chine depuis la révolution de 1644, peut être aussy comme on l'a assuré que ces desseins représentent les Expéditions et les Combats que l'Empereur régnant a donné contre les rebelles qu'il a réduict, et dont on n'a eu aucune connoissance en Europe; vous me ferés plaisir de me marquer ce que vous en aurés appris des personnes instruites et des Missionnaires avec qui vous aurés eu occasion d'en conférer[4].

Charles-Nicolas Cochin, né à Paris le 22 février 1715, † au Louvre le 29 avril 1790, était alors secrétaire-historiographe de l'Académie de Peinture ; chargé par Marigny de l'inspection et de la direction générale de l'ou-

1. Bib. de l'Institut, D. M. 167.

2. « N*. Je ne les ai pas encore vû, mais M. Poivre et autres personnes les trouvent tels. Quelques artistes y ont pourtant trouvé à critiquer, peut-être est-ce faute de connoitre le costume. Les canons par exemple jonchés simplement par terre et tirés en cet Etat leur ont paru susceptibles de la plus forte critique. Peut-être ignore-t-on à la Chine les affûts et la façon de faire usage du canon. »

3. « Je veillerai moi-même avec M. le Marquis de Marigny Surintendant des Arts bâtimens et Manufactures du Roy à l'exécution de ces gravures. Vous verrés à la fin de la lettre de M. Poivre quelques idées qu'on auroit aussy aisément fait exécuter et qui auroient été d'un plus grand bruit aux yeux de l'Empereur vôtre. »

4. Archives nat., $O_1$, carton 1924, cité par M. Jean Monval, *l. c.*, p. 150.

vrage, il fit choix pour la gravure d'artistes renommés : Le Bas[1], Saint-Aubin[2], B.-L. Prévot et Aliamet[3].

Plus tard on leur ajouta pour l'exécution d'autres planches : Masquelier[4], Née[5] et Choffard[6].

Le 19 avril 1767, Marigny écrivait à Cochin pour qu'il prenne les arrangements nécessaires pour l'exécution des gravures et pour convenir du prix de chaque planche ; l'artiste proposait 10.000 livres par planche plus une augmentation de 1.000 livres pour l'artiste qui aurait la planche la plus chargée ; ce fut Prevost chargé de la planche 8 qui reçut ces 1.000 livres d'augmentation[7]. Marigny aurait désiré que le travail fût terminé pour la fin de 1768 ; Cochin répondait que les graveurs demandaient jusqu'à la fin de l'été de 1769. En fait, ce fut en 1769, que les planches furent envoyées en Chine.

Le 22 avril 1767, les quatre graveurs s'engagent à graver les planches, « d'après et conforme aux dessins des missionnaires, ainsi qu'aux améliorations qui pourront y être faites par M. Cochin, pour la somme de 10.000 livres pour chaque planche, demandant 1.000 livres en commençant. 3.000 livres lors de l'épreuve à l'eau-forte, 3.000 livres aux premières épreuves retouchées au burin, et les 3.000 livres restantes à l'entière terminaison de l'ouvrage[8] ».

Les premières quittances sont du 23 mai 1767.

Les quatre planches furent ainsi réparties : Le Bas (Pl. 5), dessin de Castiglione ; Saint-Aubin (Pl. 7), dessin de Jean Damascène, le moins bon de tous fut rectifié par Cochin ; Prevost (Pl. 8), dessin de Sickelpart ; Aliamet (Pl. 15), dessin d'Attiret. Cochin retoucha, non seulement les dessins, mais aussi certaines planches, notamment celles de Le Bas et de Prevost.

Rien ne fut épargné pour que ces gravures fussent dignes du grand souverain auquel elles étaient destinées. Les planches de cuivre vinrent d'Angleterre ; le tirage fut fait sur du papier fabriqué exprès par le sieur Prudhomme, Marchand Papetier, papier nommé Grand Louvois, ayant

1. *Jacques-Philippe* Le Bas, né à Paris, le 8 juillet 1707, † 14 avril 1783.

2. *Augustin de* Saint-Aubin, né à Paris, le 3 janvier 1736, † à Paris, le 9 novembre 1807.

3. *Jacques* Aliamet, élève de Le Bas, né à Abbeville en 1728, † à Paris en 1788.

4. *Louis-Joseph* Masquelier, né à Cisoing, près Lille, le 21 février 1741, † 26 février 1811, élève de Le Bas.

5. *Denis* Née, né à Paris vers 1732, † 1818, élève de Le Bas.

6. *Pierre-Philippe* Choffard, né à Paris, en 1730, † à Paris 7 mars 1809.

7. Monval.

8. Monval, *l. c.*, p. 152.

3 pieds 4 pouces et demi de longueur sur 2 pieds 6 pouces et demi de hauteur. L'imprimeur était le sieur BEAUVAIS choisi comme Prud'homme par Cochin.

BERTIN, dans une lettre de Versailles, le 27 janvier 1769, annonce à Ko et à Yang l'arrivée des douze dessins en juillet 1767 et leur indique l'état d'avancement de la gravure :

Vous apprendrés sans doute avec plaisir et je vous prie d'en faire part aux Missionnaires que les quatre premiers desseins qui avoient été envoyés en 1765 sont actuellement gravés et entre les mains de M. Cochin, le premier graveur de l'Europe qui y donne la dernière touche ; ils sont du plus beau fini et du plus grand effet. Il ne falloit rien moins que la finesse du burin des plus habiles maitres qui y ont été employés pour rendre la délicatesse de ces desseins que personne en France ne pourroit rendre avec autant de finesse et de précision. C'est le sentiment qu'en ont porté les plus habiles peintres de l'Académie et M. Cochin luy-même qui me l'a assuré.

Ces quatre desseins ont été suivis de douze autres qui sont arrivés avec les vaisseaux de Chine au mois de juillet 1767 ; ils sont tous actuellement portés sur le cuivre sous la direction des plus habiles maitres qui sont Eux mêmes dirigés par M. Cochin. Ces seize gravures seront d'un très grand prix par le mérite des desseins, de l'exécution et des sujets qu'ils représentent, mais l'ouvrage sera d'assés longue haleine. Les quatre premières planches partiront à la fin de cette année et tous les ans on fera en sorte d'en envoyer la même quantité.

Je vous remercie de la note historique que vous me donnés des victoires de l'Empereur sur les Eludes [*sic*, Éleuthes] et les Chuncards [*sic*, Dzoungares] qui sont décrites dans ces desseins. La modération et la clémence forment le caractère particulier de ce Prince qui après sa victoire a comblé de bienfaits son ennemi *Tamacu.* Je désirerois savoir de quel côté des frontières de l'Empire ce Royaume des Eludes et des Chuncards est situé ; quelle est à peu près son étendue et ses confins, vous me ferés plaisir de me le marquer afin d'en enrichir nos cartes qui sont toujours bien imparfaites sur ces Pays éloignés de nous[1].

Une nouvelle lettre du Ministre aux mêmes, Versailles, le 17 décembre 1769 : on voit l'achèvement des quatre premières planches :

On comptoit cette année d'envoyer 4 estampes des 16 qui représentent les victoires de l'Empereur mais plusieurs circonstances ont arrêté cet ouvrage, de manière qu'il a été impossible d'en avoir plus de deux entièrement finies, les deux autres seroient parties en même temps si M. Cochin jaloux qu'il ne soit rien présenté à l'Empereur de la Chine qui ne soye vrayment digne de cet honneur, a mieux aimé différer l'expédition de ces deux dernières afin d'y mettre la dernière main, on verra

1. Bib. de l'Institut, D. M., 167.

seulement la première épreuve de la 3e avant la retouche et l'on en jugera la nécessité par l'état de perfection auquel les deux premières ont été portées; au surplus M. Cochin envoye un mémoire qui ne laisse rien à désirer à ce sujet.

Je recevrai avec plaisir la relation exacte des Victoires de l'Empereur qui font le sujet des 16 dessins. Et surtout comme je vous l'ai demandé par une dépêche du 27 janvier des notes exactes des lieux bien désignés par les degrés de latitude et de longitude, et par les confins des pays connus qui limitent les terres des états conquis par l'Empereur [1].

Bertin « suivait de près chaque année le succès de cette entreprise pour en donner des nouvelles aux particuliers chinois et aux Missionnaires de la Chine avec lesquels il entretenait une correspondance par ordre du Roi. Le P. Benoist, de la Mission française à Pe-king, rendit compte à l'Empereur de la Chine des soins que M. Bertin avait pris pour cet ouvrage [2] ».

Les seize planches ne furent terminées qu'en 1774; les dernières quittances des graveurs reçues dans les bureaux de l'abbé Terray sont datées du 15 janvier 1774 [3]. Elles ont 2 pieds 9 pouces de longueur sur 1 pied 7 pouces de hauteur, ou mieux 0 m. 88 × 0 m. 51. Au bas de chaque planche on trouve à gauche le nom du dessinateur, Attiret, etc., au milieu : *C. N. Cochin Filius direxit;* à droite, le nom du graveur, L. J. Masquelier, etc., *sculpsit.* Aucune légende.

On trouvera au cabinet des Estampes de la Bibliothèque nationale un exemplaire magnifique de cette suite ($O^{e}_{9}$); il est relié aux armes de France avec les *Batailles de Pierre le Grand*, en 4 pièces. Outre cet exemplaire, on trouvera également à la Bibliothèque nationale dans l'œuvre de Le Bas et des autres graveurs, les planches qui leur sont dues. Dans l'œuvre de Cochin, j'ai vu une eau-forte de l'estampe 13 de Choffard. Il est bon de remarquer que Moreau le Jeune a gravé les eaux-fortes des 3e et 9e planches terminées par Le Bas; le Cabinet des Estampes en possède les eaux-fortes pures, avant toutes lettres. C'est cet état qui est de la main de Moreau [4].

Ces planches sont peu communes, puisqu'on ne tira que cent planches en France. Brunet cite un exemplaire relié en maroquin rouge doublé de tabis, avec un volume d'explications manuscrites vendu 476 fr., Hue

1. Bib. de l'Institut, D. M.. 167.

2. *Ibid.*

3. Monval, p. 154. M. Monval a reproduit dans son article des fragments des planches 1, 3, 7, 11, 16.

4. *Les Gravures françaises du XVIIIe siècle....* par Emmanuel Bocher, VIe fascicule : *Jean-Michel Moreau le Jeune*, Paris, 1882, in-4. — Voir p. 575. Moreau le Jeune est né à Paris, le 27 mars 1741 et il y est mort le 30 novembre 1814.

de Miromesnil, et des exemplaires en feuilles, 176 fr., de Cotte; 145 fr., Tolosan.

Le graveur Augustin de Saint-Aubin possédait deux exemplaires des planches qui figurèrent à sa vente en 1808: N° 81, les seize planches terminées adjugées à 497 liv. 05; N° 82, les seize eaux-fortes vendues seulement 71 livres[1].

L'absence de légendes au bas des pages était un inconvénient. Dans une note, Bertin écrivait:

Je voudrois une façon de mettre ces estampes dans ma bibliothèque reliées ou autrement le plus agréablement que faire se pourroit et on placeroit à chaque estampe une feuille qui en expliqueroit le sujet[2].

Plus tard, un des commis de Bertin, Chompré[3], ou plutôt Parent, remarquait[4]:

Comme on n'a pas gravé au bas des Planches le sujet qu'elles représentent ce qui auroit été ridicule en langue françoise pour être envoyé à la Chine, je pense qu'on pourroit prendre deux partis, c'est-à-dire l'un ou l'autre pour les Estampes de Monseigneur, ou de faire écrire par un Maître écrivain le sujet tel qu'il est dans le Mémoire de la Compagnie des Indes[5]; il y a au bas de chaque estampe assez de blanc pour placer cette écriture, ou de faire au bas de chaque bordure un cartel dans lequel on pourroit écrire le sujet: s'il m'est permis de dire mon avis, je préférerois le dernier pour laisser l'objet précieux de ces gravures, tel qu'il a été envoyé à la Chine, car on pourroit croire que ces Estampes auroient été envoyées à la Chine avec de l'écriture françoise, ou que celles de Monseigneur ne sont que des copies.

Plus tard, on suppléa à l'absence des légendes en collant au bas des grandes planches de Cochin, des titres qui ont été gravés en petits carrés par Helman pour former la table générale qui sert de frontispice à sa suite dont nous parlons plus loin. C'est ainsi qu'on a agi avec la superbe suite à toute marge du Cabinet des Estampes de la Bibliothèque nationale $O_9^c$, reliée aux armes de France avec les *Batailles de Pierre le Grand*.

La table de Helman est gravée sur quatre rangs comprenant chacun

1. *Les Gravures françaises du XVIII^e siècle*... V^e fascicule: *Augustin de Saint-Aubin*, par Emmanuel Bocher. — *Catalogue du Cabinet de feu M. Augustin de Saint-Aubin*..., par F.-L. Regnault, 1808.

2. Bib. de l'Institut, D. M., 167.

3. *Nicolas-Maurice* Chompré, né à Paris le 23 septembre 1750; † à Ivry-sur Seine le 24 juillet 1825; fils de Pierre Chompré, auteur du *Dictionnaire de la Fable*.

4. Bibl. de l'Institut, D. M., 167.

5. Un mémoire avait été en effet rédigé par la Compagnie des Indes pour donner l'explication des dessins; je n'ai pu le retrouver.

quatre légendes de 10 centimètres × 9 centimètres environ ; voici d'ailleurs les légendes telles qu'elles ont été gravées :

Ire. Estampe. L'Empereur KIEN-LONG, reçoit à Gé-Ho, les hommages des Éleuths, et leur donna pour Roi AMOUR-SANA avec le rang de TSING-OUANG ou Prince du premier ordre à double titre. Vers la fin de 1754.

Joan. Diony[s]. Attiret Soc. Jesu Missionarius. Delineavit. — C. N. Cochin filius, Direxit. — L. J. Masquelier, Sculpsit.

IIe. Estampe. PAN-TI envoyé par l'Empereur pour installer AMOUR-SANA et commandant 150 mille hommes des Troupes de l'Empire surprend à la faveur d'un brouillard, TA-OUA-TSI, rival d'AMOUR-SANA, et fait prisonnieres mille familles sans perdre un seul des siens. Année 1755.

F. Joannes Damascenus a S[ma]. Conseptione Augustinus Exalceatus et Missionarius Apostoli[s]. Sacr. Congregati[nis]. Delineavit et fecit. — C. N. Cochin filius. Direxit. — J. Aliamet, Sculpsit.

IIIe. Estampe. Second Combat entre PAN-TI et TA-OUA-TSI sur les bords de la Riviere d'ILY où TA-OUA-TSI qui avoit attaqué l'Armée Impériale avant que son Pont fut achevé, est battu et fait Prisonniers. Année 1755.

Joseph Castilhoni, Soc. Jesu. Delineavit 1765. — C. N. Cochin filius. Direxit. — J. P. Le Bas, Sculpsit 1771.

IVe. Estampe. AMOUR-SANA établi Roi des Éleuths par l'Empereur, dont il étoit vassal, se révolte et après avoir assassiné PAN-TI, assiége la Ville de PALIKOUN. Il est forcé de lever le Siège à l'arrivée des Troupes de l'Empire commandées par TSERENG et YU-PAO il fuit chez les Hasachs. Année 1756.

C. N. Cochin, filius. Direxit. — Augustinus de St Aubin. Sculpsit Parisiis. Anno 1773.

V[e]. Estampe. TSERENG et YU-PAO ayant eu peu d'union entre-eux et leur successeur, TALTANGA s'étant laissé trompé par les HASACHS, les Armées Impériales sont très affoiblies et presque détruites par une suite de petits échecs, mais il s'élève une Guère Civile entre les Eleuths : quelques-uns de leurs Chefs veulent monter par leurs propres forces au rang que la fuite d'AMOUR-SANA laisse vacant ; d'autres pour s'en emparer, affectent de réclamer la protection de l'Empereur. Le TAIDJI-TAVONA, un de ces derniers, bat KALDAN-TORGUI, le tue et envoye sa tête à Pékin comme celle d'un rebelle, au commencement de 1757.

Joseph Castilhoni, Soc. Jesu, Delineavit 1765. — C. N. Cochin filius, Direxit. — J. Ph. Le Bas, Sculpsit 1769.

VI^e^. Estampe. L'Empereur charge Tchao-Hoei avec le titre de grand Général et sous lui Fou-Té, de soumettre les Eleuths et tous leurs alliés et vassaux, et de prendre Amour-Sana, qui encouragé par le bruit de la Guerre Civile et par celui de la division et de l'affoiblissement des Armées Impériales, étoit rentré avec ses Troupes dans le Pays des Eleuths pour reprendre possession de la Couronne. l'Empereur passe en revue l'Armée qu'il confie à ses deux Généraux.

F. Joannes Damascenus a S^{ma}. Conseptione Augustinus Exalceatus et Missionarius Apostoli^s. Sacr. Congregati^{is}. Delineavit et fecit. — C. N. Cochin, filius, Direxit. — Fran^{us}. Dio^{ius}. Née. Sculpsit. Anno 1772.

VII^e. Estampe. Amour-Sana marchant avec sécurité à la tête des Troupes qu'il avoit amenées du Pays des Hasacks et des Eleuths qui commençoit à se rallier à lui, et se croyant au moment d'être rétabli dans son Royaume, rencontre Tchao-Hoei à la tête de sa nouvelle Armée envoyée par l'Empereur et il est mis en fuite. Année 1757.

P. F. Joannes Damascenus Romanus Augustinus Exalceatus Missionarius Apostolicus, Delineavit et fecit, Anno 1765. — C. N. Cochin filius Direxit. — Augustinus de S^t Aubin. Sculpsit. Parisiis. Anno 1770.

VIII^e. Estampe. Fou-Té Lieutenant de Tchao-Hoei poursuit Amour-Sana et reçoit les hommages et les tributs de Ta-Ouan ou des Hasacks que les Russes nomment Kosaccia-Horda, et ceux des Pourouths, des Tourgouths et de quelques autres Tartares, formant en tout vingt Hordes qui, jusqu'alors n'avoient en rien dépendu de l'Empereur. Amour-Sana se sauva chez les Russes, il y mourut peu-après de la petite vérole ce qui mit fin à la mésintelligence que sa retraite avoit fait naître entre les deux Empires.

P. Ignatius Sichelbarth, Soc. Jesu. Delineavit 1765. — C. N. Cochin filius, Direxit. — B. L. Prevost. Sculpsit 1769.

IX^e. Estampe. Après la retraite d'Amour-Sana chez les Russes, l'Empereur donna aux Eleuths quatre Hans ou Khans ou Rois héréditaires de leur Nation, et vingt-un Ngan-Ki ou Seigneurs pris egalement dans leur Nation, mais amovibles à sa volonté. De tous ces Princes et Chefs de sa nomination le seul Han des Toubeths lui fut fidele. Dés l'Année suivante 1758. celui des Tcholos et celui des Hountchés se révolterent ouvertement.

« Chacktourmanhan, dit l'Empereur dans son Poëme, devoit se joindre aux deux premiers et commencer par surprendre le Lieutenant Général Yarachan et les Troupes qu'il cōmandoit dans son territoire, celui-ci en ayant été averti prévient Chacktourmanhan, le surprend lui-même au point du jour et livre les Chonotés à la fureur du Soldat en juillet 1758. Soit que Yarachan se soit porté à cette action sur des soupçons trop legers, ou qu'il ait déployé trop de cruauté il paroit qu'elle a déplu à l'Empereur qui l'a fait mourir quelque tems après.

C. N. Cochin filius. Direxit. — J. Ph. Le Bas. Sculpsit 1770.

X^e. Estampe. Bataille gagnée par TCHAO-HOEI, ou FOU-TÉ, contre le Han des TCHOLOS et celui des HOUNTCHÉS et les vingt-un NOAN-KI des autres Eleuths. Année 1758.

C. N. Cochin filius. Direxit. — B. L. Prevost, Sculpsit 1774.

XI^e. Estampe. TCHAO-HOEI occupe les Troupes à des exercices et à des jeux militaires, avant que d'entreprendre l'expédition de la petite Buckarie, à la fin de la Campagne de 1758.

S. Joannes Damascenus a SS^a. Conceptione Augustinus Exalceatus et Missionarius Apostolicus Sacr. Congregationis de propaganda fide. Delineavit et fecit. — C. N. Cochin filius. Direxit. — P. P. Choffard. Sculpsit Parisiis 1772.

XII^e. Estampe. Premier Combat entre l'Armée de l'Empire commandée par TCHAO-HOEI, et FOU-TÉ et l'Armée des deux HOT-CHOM, sur les frontières de la petite Buckarie. Les Troupes Impériales passant la Rivière malgré la résistance opiniâtre de l'Ennemi. Année 1759.

P. J. Joan. Damascenus a SS^a. Conceptione Augustinus Exalceatus et Missionarius Apostolicus Delineavit et fecit. — C. N. Cochin filius. Direxit. — N. de Launay. Sculpsit 1772.

XIII^e. Estampe. TCHAO-HOEI reçoit dans son Camp sous les murs de YERKIM, les hommâge des habitans de la Ville et de la Province, et nommes des Officiars pour l'Administration de cette partie de la Petite Buckarie. Juillet 1759.

S. Joannes Damascenus a SS^a. Conceptione Augustinus Exalceatus et Missionarius Apostolicus Sacr. Congregationis de propaganda fide. Delineavit et fecit. — C. N. Cochin filius. Direxit. — P. P. Choffard, Sculpsit. Parisiis.

XIV^e. Estampe. Bataille d'ALTCHOUR gagnée par FOU-TÉ contre les deux HOT-CHOM. Aoust 1759.

Joan^s. Dion^s. Attiret. Soc. Jesu. fecit Pekin. Anno 1764. — C. N. Cochin filius. Direxit. — J. Ph. Le Bas. Sculpsit 1774.

XV^e. Estampe. Combat du 1^er septembre 1759 dans la Montagne de POULOUK-KOL prés les Lacs de POULONG-KOL et d'ISIL-KOL et de la ville de BADACKHAN. FOU-TÉ commande les Troupes Impériales contre les deux HOT-CHOM. Le Combat est vers la fin du jour. Le Grand HOT-CHOM y périt, l'Armée Chinoise y fit un butin considérable c'est la fin de la Conquête de la petite Buckarie.

Joan^s. Dion^s. Attiret Soc. Jesu. Delineavit 1763. — C. N. Cochin filius. Direxit. — J. Aliamet. Sculpsit.

XVI^e. Estampe. L'Empereur reçoit les hommages des Peuples vaincus des différentes

Hordes des Eleuths, des Pourouths, des Faugouths, des Tourgouths et des Mahométans de la petite Buckarie. Année 1760.

C. N. Cochin filius. Direxit. — P. H. Le Bas, Sculpsit 1770.

Bertin avait réclamé pour son compte un des cent exemplaires[1] tirés en France par la lettre suivante adressée au Marquis de Marigny :

*A Chatou, le 18 May 1771.*

Vous vous rappelez, Monsieur, le danger que coururent les desseins des Batailles que l'Empereur de la Chine envoya en France il y a 4 ans pour les faire graver par nos plus célèbres artistes lorsque j'en donnai l'éveil afin qu'elles vous fussent remises pour être gravées sous vos ordres par les artistes à qui vous avez confié l'exécution; elle doit être actuellement bien avancée et j'espère que vous voudrez bien, quoique l'Empereur de la Chine se soit, dit-on, réservé qu'il n'en sera tiré des exemplaires que pour luy, m'en faire donner un de chacune des seize planches qui composent cette magnifique collection. Je vous serai très obligé.

J'ai l'honneur d'être, etc., etc.

*P. S. de la main du Ministre :*

J'espère que vous voudrez ne pas m'oublier, Monsieur et vous pouvez être tranquille sur ma discrétion.

La lettre suivante du P. Michel Benoist[2], écrite de Pe-king, le 16 novembre 1773, nous fait connaître la satisfaction de l'empereur K'ien-loung à la réception des estampes :

J'ai eu aussi occasion de parler à Sa Majesté des gravures des seize estampes des victoires: voici comment Sa M$^{té}$ elle-même me la donnât.

Sa Majesté s'est informée de la manière dont nous venons ici : est-ce votre Roi qui vous envoye, demanda Sa M$^{té}$, ou bien est-ce vous même qui de votre propre choix venez ici. R. Le Règne de Kang hi, lorsque ce prince eut gratifié les François de l'Église ou nous demeurons actuellement tout proche d'ici dans l'enceinte même du Palais, notre Roi dès qu'il fût informé de ce bienfait, donna ordre à nos supérieurs de notre compagnie de choisir parmi nous des mathématiciens et des différents artistes, qu'il envoya ici après les avoir fourni des instruments et autres choses qui pouvoient les mettre en état de remplir les objets pour lesquels votre ayeul nous avoit gratifié d'une Eglise. Actuellement nos supérieurs d'Europe que nous avons

1. On en verra un bel exemplaire encadré donné à Necker par Louis XVI, au château de Coppet. — *Nous donnons des reproductions réduites des estampes XIII avant et après la lettre* (Planches I et II) et XVI eau-forte et terminée (Planches III et IV).

2. *Michel* Benoist, 蔣友仁 Tsiang *Yeou-jen*, né à Autun ou à Dijon, le 8 octobre 1715 ; † à Peking, le 23 octobre 1774.

soin à toutes les moussons d'informer d'ici des sujets qui nous manquent et de ceux dont nous aurions besoin, tachent d'y pourvoir et de nous en envoyer. D. Lorsque vos supérieurs vous ont choisi pour vous envoyer ici, ont-ils besoin d'en avertir votre Roi. R. C'est par ordre de notre Roi et à ses frais que nous nous embarquons sur nos vaisseaux qui viennent à Canton. D. Vos vaisseaux viennent donc à Canton. R. Ils y viennent et ce sont eux qui ont apporté les Estampes et les Planches des Victoires que Votre Majesté avoit donné ordre de graver. D. Apparamment que c'est dans votre royaume que sont les plus habiles graveurs. R. Dans quelques autres Royaumes d'Europe il y a aussi de très habiles graveurs : mais le Tsong tou de Canton nous a fait l'honneur de préférer notre Royaume et a confié aux chefs de nos vaisseaux l'exécution de cet ouvrage. D. N'est-ce pas vous autres qui d'ici avez indiqué votre royaume et avez écrit pour cela. R. Nous qui sommes religieux et qui n'avons dans le monde aucune authorité, n'aurions nous garde de prendre sur nous une affaire de si grande conséquence, qui regarde Votre Majesté ; il est vray que par son ordre les Europeans d'ici ont fait des Memoires qui ont été envoyés en même temps que les premiers desseins : mais dans ces mémoires les Europeans avertissoient seulement le graveur quel qu'il fut de la conformité totalle que V. M[té] souhaitoit qu'eussent ces planches avec les desseins envoyés, de la quantité d'Estampes que Votre Majesté souhaitoit qu'on tirat et des autres circonstances que V. M[té] avoit elle-même indiquées. Ces Mémoires ayant été envoyés au Tsongtou de Canton avec les ordres de Votre M[té] le Tsongtou a donné aux chefs de nos françois qui sont à Canton, la commission de faire exécuter dans leur Royaume les ordres de Votre M[té] par rapport à ces gravures. D. N'y a-t-il pas plus de 4 ou 5 ans que les desseins de ces gravures ont été envoyés. R. Il y a a peu pres ce temps-la. Dès que les premiers desseins furent arrivés, notre Cour en ayant été informée, le Ministre qui a le département de ces sortes d'ouvrages, souhaitant que ces gravures fussent exécutées d'une manière digne autant qu'il se pourroit du grand Prince qui les souhaitoit, chargeat de cette exécution le chef des graveurs de notre Roy, lui recommandant de n'employer pour cet important ouvrage que ce qu'il y avoit de plus habiles graveurs. Les premières planches ayant été exécutées, le Ministre jugeant que quelque délicat que fut le burin, l'espèce de gravure qu'on avoit employée, ne seroit peut-être pas du gout d'ici, il aima mieux sacrifier ces premières Planches et les faire recommencer dans un goût qu'il désigna lui-même parce qu'il jugea que ce goût plairoit d'avantage à Votre Majesté. Cet incident a été cause que les planches n'ont pas été acceptées et envoyées aussi promptement que nous avions souhaité.

Vous avez scu Mr. comment il y a trois ans est parvenue entre les mains de l'Empereur la traduction du mémoire raisonné dans lequel M. Cochin détaille les difficultés qu'il doit y avoir ici à imprimer des gravures aussi fines et aussi parfaites que le sont les planches des victoires malgré ces difficultés que j'avois encore repetées dans différents mémoires que j'avois fait à l'occasion d'un Atlas de l'Empire chinois et des pays adjacents en 104 cartes que j'avois dirigé et dont sa Majesté ordonna ensuite de graver les planches en cuivre. Sa Majesté a été si contente des estampes des Victoires, qu'elle a déjà reçu, que dès que les sept planches des Victoires que nos vaisseaux apportèrent l'année dernière furent arrivées à Peking elle ordonna qu'on en tirât des épreuves qui lui ont été présentées au mois de Juin avant son départ pour la Tartarie quoiqu'a la verité ces épreuves ne puissent pas entrer en comparaison avec les estampes qui ont été tirées en France; néanmoins au jugement de tous les Europeans, qui les ont vuës, elles ont réussi beaucoup au delà de ce qu'on s'y étoit attendu[1].

Les dernières planches furent terminées en 1774; tous les cuivres furent expédiés à Pe-king avec un tirage de cent exemplaires.

Sur la foi de Sir John Bowring, je croyais qu'un exemplaire de ces planches se trouvait dans la collection de la famille Fau de Ning po, mais M. Pelliot m'assure que cette suite représente des batailles différentes de celles qui ont été gravées sous la direction de Cochin.

La rareté des estampes de Cochin en fit entreprendre une réduction par Isidore-Stanislas Helman, graveur du duc de Chartres, et élève de Le Bas, qui parut en 1785 en quatre livraisons de quatre planches chacune; chaque livraison coûtait 12 livres; elles avaient 41 centimètres × 24 centimètres[2]; une légende occupant toute la largeur de la planche était gravée au bas. Pour former la table générale qui sert de frontispice à sa suite, Helman grava les titres par petits carrés dont nous avons déjà parlé. Cette suite d'Helman est naturellement beaucoup moins estimée que celle de Cochin; un exemplaire relié par Busche a été vendu 25 francs avec une brochure intitulée :

Précis historique de la guerre dont les principaux événements sont représentés dans les 16 estampes gravées à Paris pour l'empereur de la Chine, sur les dessins que ce prince a fait faire à Pékin. Paris, 1791, in-4.

Je laisse à M. Paul Pelliot le soin de parler dans un prochain fascicule des imitations et des tirages de la suite de Cochin faits en Chine et de publier les textes chinois qu'il a découverts relatifs aux artistes européens à Pe-king et à leurs disciples.

1. Bib. de l'Institut, D. M., 167.
2. Cabinet des Estampes, Ef.$_{72}$, in-fol.

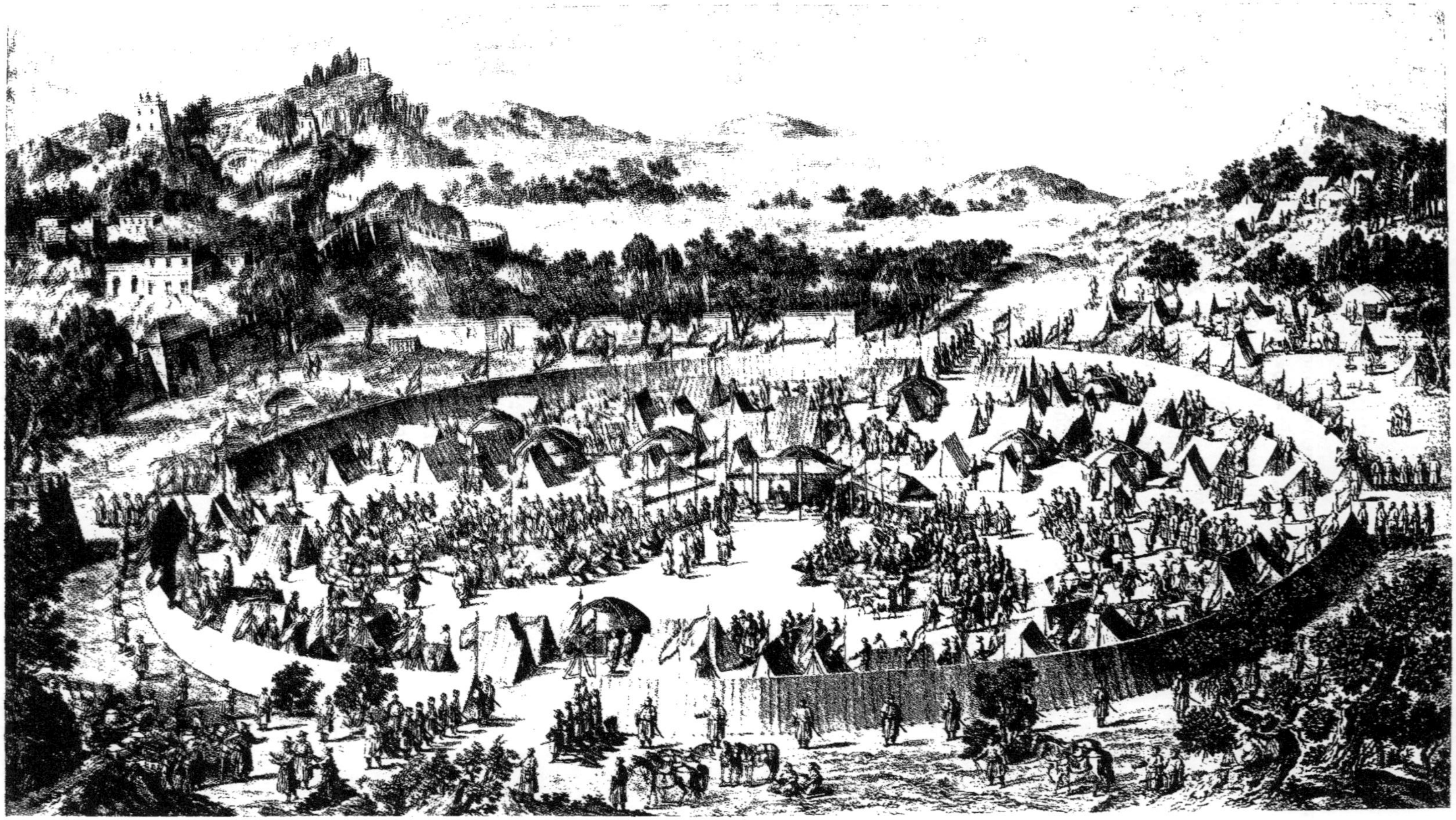

PLANCHE I

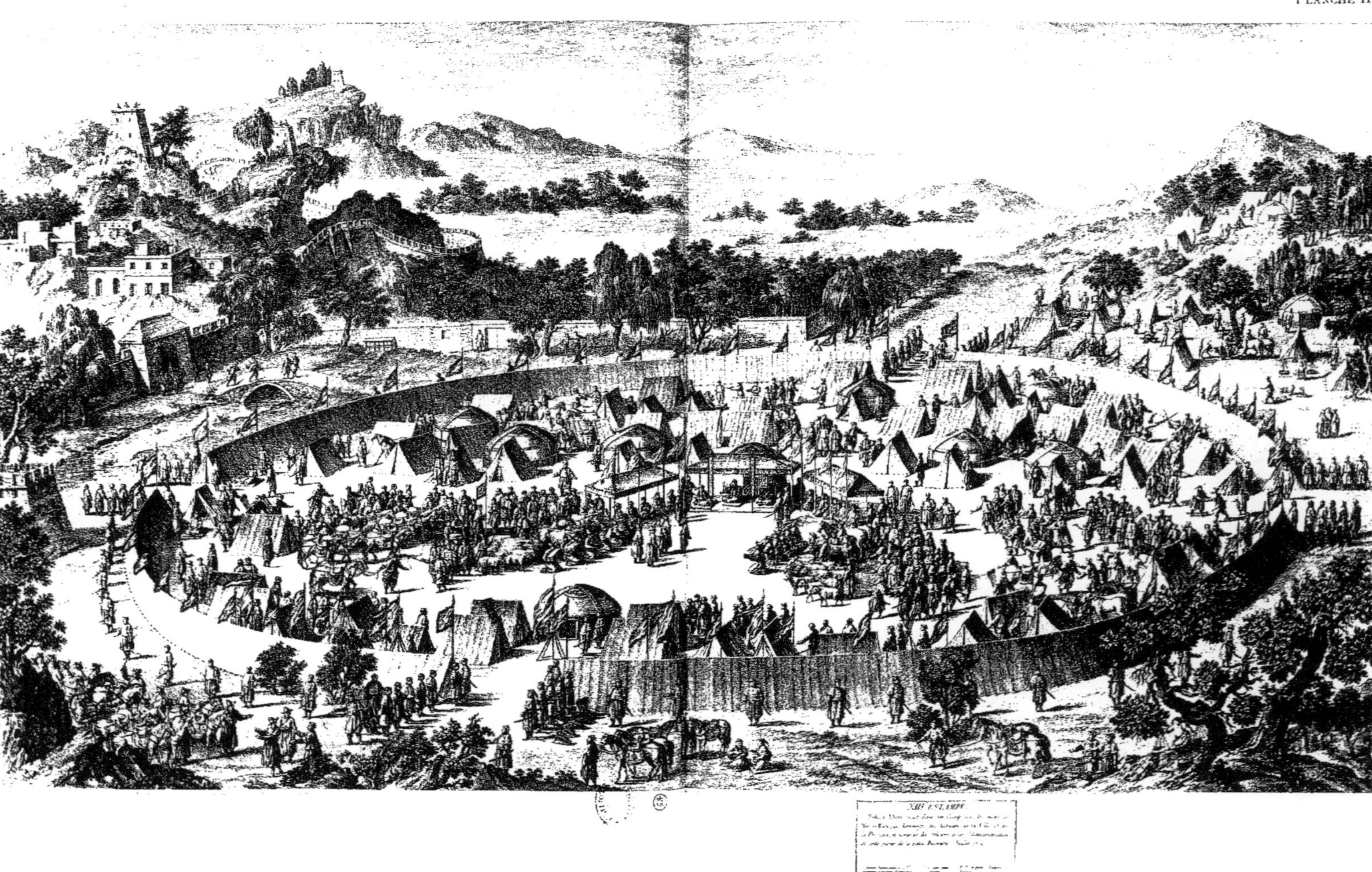

ho avait entièrement échappé à leur autorité; l'humiliation était-elle définitive? l'espoir de refaire l'unité de la Chine devait-il être abandonné? Telles étaient les questions que ne pouvait manquer de se poser avec anxiété un jeune homme au moment où il allait assumer les responsabilités du pouvoir suprême; telles sont celles auxquelles répond le précepteur du roi de Kia. Dans la notice jointe au tableau synoptique des souverains, il rappelle les guerres qui si souvent ensanglantèrent l'histoire de la Chine; il montre comment, si l'unité de l'empire put être établie et maintenue par des princes habiles et sages, elle fut bien plus fréquemment rompue par les fautes de leurs successeurs, de telle sorte que, pour une durée totale de mille sept cents années, on ne trouve guère, en additionnant les périodes de prospérité, que cinq cents ans pendant lesquels la Chine constitua un groupe politique homogène et puissant. Cette considération est bien propre à faire réfléchir un jeune empereur au début de son règne. D'autre part, dans la notice annexée à la carte de la Chine, le sage précepteur fait toucher du doigt à son élève l'immensité des régions qui ont été enlevées à la dynastie des Song et il donne cours à son indignation patriotique; mais il rappelle en même temps, par les leçons de l'histoire, que la vertu du prince est plus importante que l'étendue de ses domaines; les fondateurs des plus glorieuses dynasties ont eu d'humbles commencements; leur exemple prouve qu'il ne faut point se laisser abattre par l'adversité; avec l'aide du ciel et des hommes, l'occasion se présentera peut-être de recouvrer les provinces perdues et de refaire le grand empire du Milieu; une si haute espérance doit entretenir une généreuse ambition dans le cœur de celui qui veut devenir le régénérateur de la nation, le libérateur du territoire.

Tandis que les circonstances dans lesquelles furent composés ces documents leur confèrent une réelle valeur historique, la date à laquelle ils remontent leur assigne aussi une place importante dans la science. La carte du ciel est vraisemblablement le plus ancien monument de ce genre qui ait été conservé en Chine et la carte de l'empire vient chronologiquement aussitôt après les deux cartes gravées en 1137 qui sont les plus vieux spécimens de la cartographie chinoise[1]. Quant au plan de Sou-tcheou, il

1. J'ai publié ces deux monuments dans le *Bulletin de l'Ecole française d'Extrême-Orient* (vol. III, 1903, pp. 214-247) sous le titre : *Les deux plus anciens spécimens de la cartographie chinoise*. Depuis cette époque j'ai eu l'occasion, au cours de ma mission de 1907, de voir et d'estamper dans le Pei lin de Si-ngan fou la stèle originale ; je puis donc ajouter maintenant quelques renseignements complémentaires à mon article de 1903 : en premier lieu, j'ai eu tort de parler des deux cartes comme si elles se trouvaient sur deux pierres distinctes ; en réalité, elles sont gravées à l'avers et au revers d'une seule pierre ; cependant, contrairement à ce qu'on aurait pu attendre, elles ne sont pas disposées l'une et

n'est pas à vrai dire le premier en date de ces plans de villes ou de sites célèbres qui sont fréquemment reproduits dans les monographies locales; pour n'en citer qu'un exemple, plusieurs des plans annexés par Pi Yuan 畢沅 à son édition du *Tch'ang-ngan tche* 長安志 de Song Min-k'ieou 宋敏求 sont tracés d'après des stèles gravées en 1080, 1088 ou 1094 et quelques-unes de ces stèles elles-mêmes dérivent d'originaux plus anciens; mais il est à remarquer que nous ne connaissons ces monuments que par les reproductions réduites qui nous sont données dans des livres imprimés; jusqu'ici, et sous réserve des découvertes qui pourront être faites, le plan de Sou-tcheou gravé en 1247 est le seul plan de l'époque de Song qui nous soit parvenu sans aucun intermédiaire. Enfin le tableau chronologique des souverains, quoique n'ajoutant que peu de choses à nos connaissances, est intéressant tant par la notice qui l'accompagne que par la disposition qu'a imaginée l'auteur pour présenter aux yeux la succession des dynasties.

Ces quatre stèles n'ont pas entièrement échappé jusqu'ici aux investigations de la sinologie. Dès 1875, dans sa seconde édition du livre de Marco Polo, Yule publiait le plan de Sou-tcheou dont Wylie lui avait

l'autre dans le même sens : si, par exemple, la pierre est placée de façon à ce que la carte A se présente dans le sens où on doit la lire, la carte B se trouvera renversée la tête en bas; ce détail prouve à l'évidence que les cartes n'ont pas été gravées pour être regardées sur la stèle; elles l'ont été en vue d'être tirées sur papier par le moyen de l'estampage, la stèle jouant le simple rôle d'une pierre lithographique; nous avons une fois de plus ici la preuve que l'estampage est en Chine un véritable procédé industriel d'imprimerie. En second lieu les estampages que j'ai pris de ce monument m'ont permis de compléter quelques-unes des lacunes que j'avais laissées dans la transcription de la carte A : dans la notice n° 15 (*B.E.F.E.O.*, 1903, p. 229), au bas de la première ligne, on lira : 兗州得今北京滑濮濟鄆澶思德博濱棣滄分乾寧永靜之地. « La province de Yen comprenait les territoires actuels de Pei king (capitale septentrionale = Ta-ming), Houa, P'ou, Tsi, Yun, Chan, Sseu, Tö, Po, Pin, Ti, Ts'ang, et une partie de K'ien-ning et Yong-tsing. » — Vers le bas de la troisième ligne de cette même notice n° 15, il semble qu'il faille lire 及荆湖潤之地 « ainsi que les territoires de King, Hou et Jouen (?) ». — Le quarantième mot de la cinquième ligne de cette même notice est 別 et non 列. — Le bas de la cinquième ligne et le haut de la sixième ligne doivent être lus : 今澶州東北蓋秦決而注魏也. « L'endroit qui est au Nord-Est de l'actuel Chan tcheou, c'est celui où Ts'in fit une brèche pour inonder Wei » (on sait que, en 235 av. J.-C., un général du pays de Ts'in triompha du pays de Wei en inondant sa capitale qui correspond à la ville de K'ai-fong fou). — Dans la notice n° 6, le premier caractère de la quatrième ligne est kou 穀; le septième et le huitième caractères doivent être lus Tan-houan 單桓; le vingt-huitième et le vingt-neuvième caractère, Cho-mo 舍摩. — Dans la notice n° 20, dans la liste des royaumes des mers du Sud, les deux derniers noms de la cinquième ligne sont Cho-wei 舍衛 et Yue-tche 月支 : les trois premiers noms de la sixième ligne sont P'an-yue 盤越, Kia-wei 嘉維 et Ye-po 葉波; le dernier nom de la huitième ligne est Tao-ming 道明; la dixième ligne se lit : ○ — po ○ 博, Kie-nou 偈奴, Fo-tai 佛代, To — ○ 多 ○; la onzième ligne se lit : Kie-t'o 偈陀, ○ — yi ○ 曳, P'o-li 婆梨, Tchan-p'o 瞻婆; dans la douzième et dernière ligne, le premier nom est Lo-yu 羅聿; le troisième est Mi-tch'en 彌臣. — Dans la carte elle-même, au-dessus de la dernière ligne de la notice n° 20, on voit dix caractères qui ont été laissés en blanc; il faut les lire : 焦僥西爨比彌撣國黑楚. « Les Ts'iao-jao (Pygmées), les Ts'ouan occidentaux (branche des Lolo), le Pi-mi, le royaume de Chan, le Tch'ou noir. » — Enfin, sur le cours du Houang ho, à l'Est du coude formé par le fleuve à T'ong kouan, on voit un nom dont le second caractère a été laissé en blanc; il faut lire Ho-yang 河陽.

envoyé l'estampage; malheureusement, Wylie avait complété, d'après les indications d'un lettré chinois, les lacunes de l'estampage au moyen d'informations modernes, en sorte qu'il est fort difficile de distinguer dans cette planche les noms qui existaient dès l'époque des Song et ceux qui sont plus récents[1]. Yule avait appris par Wylie qu'il existait en tout quatre stèles, mais il ne paraît pas avoir eu entre les mains les estampages des trois autres, et même il ignorait complètement le tableau synoptique des souverains[2]. D'autre part, dans la *Rivista geografica italiana* de mars 1911 (p. 113-126), M. G. Vacca a publié un intéressant article intitulé *Note sulla storia della cartografia cinese;* l'auteur a visité Sou-tcheou en 1908 et a vu les quatre stèles mentionnées par Yule; il a étudié plus spécialement la carte géographique dont il donne un dessin au cinquième de la grandeur naturelle; dans cette reproduction, les noms de lieu sont indiqués en transcription alphabétique mais ils sont loin d'être au complet.

En 1911 également, le Dr Ogawa 小川, professeur à l'Université de Kyôto, publiait dans la *Revue de géographie* 地學雜誌 (22e année, N° 258) un article sur la cartographie chinoise antérieurement aux relations modernes de l'Extrême-Orient avec l'Europe; entre autres documents, il y insérait, à une échelle un peu trop réduite, la carte géographique conservée dans le collège préfectoral de Sou-tcheou. J'écrivis aussitôt à mon ami, M. le professeur Sakaki 榊, pour lui demander si je pouvais avoir communication de l'estampage original. M. Sakaki me répondit en m'envoyant, non pas l'unique estampage que je désirais, mais les estampages des quatre stèles de 1247; c'était, m'écrivait-il, M. Tomioka 富岡 qui les avait rapportés au Japon d'une récente mission en Chine et ce savant se faisait un plaisir de me les donner; si je puis publier maintenant ces monuments, c'est donc à M. Tomioka que je le dois; je lui en suis très reconnaissant[3].

1. Cf. *Marco Polo* de Yule, 3e édition revue par Cordier, vol. II, p. XVI.

2. *Ibid.*, vol. II, p. 184 et note.

3. Ces quatre estampages sont maintenant déposés dans la Bibliothèque d'art et d'archéologie fondée par M. Doucet. — Leurs dimensions respectives sont les suivantes : Carte géographique, 185 cm. × 100 cm.; tableau de la succession des souverains, 182 cm. × 94 cm.; carte astronomique, 185 cm. × 102 cm.; plan de Sou-tcheou, 197 cm. × 137 cm.; ce dernier estampage est surmonté d'un titre (non reproduit dans la planche V) qui mesure 38 cm. × 20 cm.

I

## LA CARTE GÉOGRAPHIQUE[1]

(Planches V et VI)

Le décalque (Pl. VI) qui est joint à l'original (Pl. V) permettra de lire la carte plus aisément; certains noms sont cependant trop indistincts pour que j'aie pu les rétablir; il en est ainsi surtout pour la région de Sou-tcheou et de Hang-tcheou où presque tout est effacé ; il est évident qu'on a dû souvent promener le doigt sur cette partie de la stèle qui intéressait plus particulièrement les habitants de Sou-tcheou et qui d'ailleurs correspondait au centre même de la domination des Song méridionaux.

La carte est orientée de manière à avoir le Nord au sommet, tout comme les deux cartes gravées en 1137; mais elle se distingue de celles-ci en ce qu'elle marque les forêts et donne une importance considérable au tracé des montagnes.

La nomenclature est abondante pour la région qui correspond à la Mandchourie de nos jours, tandis que les deux cartes plus anciennes ne donnaient que des indications très succinctes sur les pays situés au delà de la grande muraille.

A l'intérieur de la Chine, les grands circuits 路 entre lesquels était divisé le territoire sont gravés en relief; les autres noms sont gravés en creux. Les noms des districts 州, des préfectures 府, des divisions militaires 軍, des montagnes 山, des passes 關, etc., sont inscrits dans des cartouches rectangulaires ; les noms des cours d'eau sont inscrits dans des cartouches ovales.

1. Le titre gravé au sommet de la stèle est 地理圖 « carte géographique »; mais le mot 地 est écrit 墬 ; c'est là une ancienne graphie qui nous est attestée par le dictionnaire de K'ang-hi.

Dans le Sud-Ouest de la carte, on trouve quelques brèves notices non encadrées de cartouches. En allant de gauche à droite, on lira :

« Les colonnes de bronze ; c'est Ma Yuan qui les a dressées[1]. »

« Houan[2] ; district de troisième rang, formant la commanderie de Jenan sous les ordres d'un commandant en chef ; il est distant de 6.700 li de la capitale ; il comprend 4 sous-préfectures. »

« Yen[3] ; district de troisième rang ; il est distant de la capitale de 8300 li ; il comprend 1 sous-préfecture. »

« Ngai[4] ; ... de 6.100 li ; il comprend 1 sous-préfecture. »

« Lou[5] ; district de troisième rang, formant la commanderie de Yuchan ; il est à 5.900 li de la capitale ; il comprend 2 sous-préfectures. »

« Les perles lune-claire et nuage-vert sont produites par la rivière de Ho-p'ou[6] ; c'est ici l'endroit où Mong Tch'ang fit revenir les perles[7]. »

Dans le Nord-Est de la carte, au-dessous du nom de la grande montagne blanche 長白山, on lit :

« (Ici,) les herbes et les arbres, les oiseaux et les quadrupèdes sont tous blancs[8]. »

Dans la partie de la Mongolie actuelle qui est au Nord de Péking, notre carte présente la mention : « Ce sont des plaines et des forêts de pins qui s'étendent sur plusieurs milliers de li. »

1. Les colonnes de bronze sont celles que dressa Ma Yuan 馬援, « le général qui dompte les flots » 伏波將軍, pour marquer la limite méridionale de l'empire lorsqu'il revint en 44 p. C. de son expédition au Tonkin. L'emplacement de ces fameuses colonnes a été situé par les érudits chinois dans les lieux les plus divers.

2. Houan 驩 (ann. Hoan) correspond à la préfecture actuelle de Du'c-Tho 德壽, de la province de Ha-Tinh 河靜, dans le nord de l'Annam.

3. Yen 演 (ann. Diên) correspond à la préfecture actuelle de Diên-Châu 演州, de la province de Nghê-an 乂安, dans le nord de l'Annam.

4. Ngai 愛 (ann. Ai) se trouvait dans la province de Thanh-hoa 清化, du nord de l'Annam.

5. Lou 陸 (ann. Luc) s'étendait sur la côte et les îles de la baie d'Along (d'après H. Maspero, *B.E.F.E.O.*, 1910, p. 551).

6. Ho-p'ou 合浦 est encore aujourd'hui le nom de la sous-préfecture qui constitue la ville préfectorale de Lien-tcheou 廉州 dans la province de Kouang-tong.

7. Mong Tch'ang 孟嘗, appellation Po-tcheou 伯周, mourut à l'époque de l'empereur Houan (147-167 p. C.), de la dynastie des Han postérieurs. Il avait été gouverneur de la commanderie de Ho-p'ou 合浦 ; cette région ne produisait pas de céréales et se procurait le grain qui lui manquait en donnant en échange au Kiao-tche 交阯 et au Pi-king 比境 (dans le Tonkin actuel) les perles trouvées dans la mer ; cependant, avant la venue de Mong Tch'ang, les gouverneurs du Ho-p'ou avaient été pervers et c'est pourquoi les perles s'étaient graduellement éloignées en sorte que le pays avait été réduit à une grande misère ; quand Mong Tch'ang prit la direction des affaires publiques, il fit de nouveau prévaloir la vertu ; au bout de moins d'un an, les perles qui étaient parties revinrent et le peuple retrouva la prospérité d'antan (cf. *Heou Han chou*, chap. CVI, p. 6, *a-b*).

8. A la dernière page du *K'i-tan kouo tche* 契丹國志, rédigé par Ye Long-Li 葉隆禮, qui fut docteur en l'année 1248, on trouve un écho de cette même légende : « C'est, dit-on, dans le Tch'ang-po chan que demeure la Kouan-yin aux vêtements blancs ; dans cette montagne, les oiseaux et les quadrupèdes sont tous de couleur blanche » 蓋白衣觀音所居。其山禽獸皆白。

Tout à fait au Nord de la carte, on remarque un cartouche de forme allongée à l'intérieur duquel est inscrite la phrase :

« C'est ici que vinrent se réfugier les débris du peuple K'i-tan. »

Ces mots ont pour commentaire les deux cartouches placés plus à gauche ; on y lit en effet les noms de « Ta-che lin-ya » et de « Fo-tien lin-ya. » Le second de ces noms ne nous est pas connu par ailleurs ; mais celui de Ta-che lin-ya est célèbre ; Ye-lu Ta-che 耶律大石, à qui on donnait le titre honorifique de lin-ya 林牙 parce qu'il était membre de l'académie chinoise ou Han lin 翰林[1], était un descendant à la huitième génération du fondateur de la dynastie khitane des Leao 遼. En 1120, lorsque les Joutchen de Mandchourie envahirent l'empire khitan et forcèrent le dernier souverain de la dynastie Leao à prendre la fuite, Ye-lu Ta-che tenta la fortune pour son propre compte ; il se mit à la tête de ceux qui ne voulaient pas être soumis aux Joutchen et partit vers l'Ouest à travers le steppe mongol ; après une longue suite de batailles et de chevauchées, il s'établit en 1124 à Belasagoun, sur la rivière Tchou, et, dans cet endroit qui avait été la capitale des T'ou-kiue (Turcs) occidentaux, puis des ilek khans ouïgours du Turkestan, il fonda la dynastie des gourkhans du Karakhitai[2]. Il est évident que la place assignée par notre carte au royaume de Ta-che lin-ya est tout à fait fantaisiste et qu'il faudrait la reporter bien plus loin vers l'Ouest ; d'autre part, on peut se demander pourquoi un document qui a dû être rédigé en 1193 parle de Ta-che lin-ya à une époque où ce prince devait être mort depuis plus de cinquante ans ; mais cette question trouve sa réponse dans le fait que l'histoire des Song relate, à la date de 1186, la venue d'envoyés de Ta-che lin-ya à la cour des Hia[3] ; il est évident que les Chinois ont dû continuer, longtemps après la mort de Ta-che lin-ya à donner son nom à ses successeurs et il n'est pas plus surprenant de rencontrer une mention de Ta-che lin-ya dans une carte de 1193 que dans un texte historique de 1186.

Enfin une singularité qu'il faut signaler dans notre carte parce qu'elle constitue un véritable anachronisme, c'est l'indication des diverses capitales des Leao et des Song du Nord à une époque où les Leao avaient fait

1. D'après Bretschneider (*Mediaeval Researches*, vol. I, p. 214) lin-ya serait vraisemblablement un mot khitan. Il est plus probable qu'il faut considérer lin 林 comme l'abréviation de han-lin, et ya 牙 comme signifiant une résidence officielle, ou, comme on dit aujourd'hui, un ya-men 衙門 ; Ta-che lin-ya ce serait donc l'académicien Ta-che désigné par sa résidence, la résidence de l'académicien 林牙.

2. L'histoire du royaume de Karakhitai a été exposée par Bretschneider dans ses *Mediaeval Researches*, vol. I, pp. 208-235.

3. Cf. *Song che*, chap. CDLXXXVI, p. 9 *a*.

place aux Kin et où les Song avaient été refoulés dans le Sud. On remarquera en effet que, sur notre carte, Ta-ming fou 大名府 est la capitale du Nord; K'ai-fong fou 開封府, la capitale de l'Est; Ho-nan fou 河南府, la capitale de l'Ouest; Ying-t'ien fou 應天府 (= Kouei-tö fou 歸德府), la capitale du Sud. Ces désignations ne valent que pour l'époque antérieure à 1127 où les Song occupaient encore le bassin du Houang ho. De même, on lira sur notre carte les mots « capitale supérieure » 上京, près de la source du Karamouren qui est une des rivières dont la réunion forme le fleuve Leao; « la capitale de l'Est » 東京 est marquée dans les environs de l'actuel Moukden; la capitale du Centre 中京, à la source de la rivière Ta-ling 大凌; la capitale du Sud 南京, sur l'emplacement de l'actuel Péking; seule manque la capitale de l'Ouest 西京, qui est Yun-tchong fou 雲中府, pour que nous ayons la série complète des cinq capitales de l'empire khitan, antérieurement à l'invasion des Joutchen en 1120. Peut-être faut-il conclure de cette constatation que le précepteur du roi de Kia, écrivant en 1193, s'est cependant servi pour dresser sa carte de modèles qui furent exécutés avant la conquête Joutchen, quand les Leao occupaient la Mandchourie et le Nord du Tche-li, et quand les Song étaient encore dans le bassin du Houang ho. Mais, si on fait cette supposition, encore faut-il admettre que l'imitation ne fut pas servile puisque les indications relatives à Ta-che lin-ya et aux débris des Khitan prouvent au contraire que l'auteur de notre carte écrivait postérieurement à la destruction de l'empire des Leao.

Au bas de la carte, on lit une importante notice qui est ainsi conçue :

NOTICE

« Dans cette carte géographique ○○○○○[1]; les préfectures et les villes aussi y sont marquées en détail et d'une manière claire. En outre, on a pris le territoire des K'i-tan et celui des Jou-tchen ○○○○○○[2]. Cette configuration du Sud et du Nord excitera chez ceux qui la considéreront l'émotion et l'indignation[3]; cependant aussi ○○○○. Le territoire des neuf zones[4], depuis l'organisation du monde jusqu'à nos jours n'a point changé;

1. D'après le contexte, les mots manquants devaient signifier : « on a représenté le territoire appartenant à la dynastie des Song ».

2. Suppléez : « et on l'a figuré d'une manière complète ».

3. C'est-à-dire que les Chinois, refoulés dans le Sud, seront émus et indignés en voyant que tout le Nord de l'empire est tombé entre les mains des barbares.

4. On sait que, à la fin du chapitre du *Chou*

mais ce sont les séparations ○○○○ qui ne sont pas identiques[1]. Au temps des Tcheou et des Ts'in, le territoire était divisé en six[2]; après les Han et les Wei, il fut rompu en trois[3]. ○○○○ alors les situations respectives du Sud et du Nord se produisirent[4]. Quand (Ngan) Lou-chan se fut révolté contre les T'ang[5], les troubles des cinq petites dynasties prirent naissance[6]. Si on jette un regard en arrière sur l'histoire des trois premières dynasties, des Ts'in et des Han, on considère que ce ne fut guère qu'une fois sur dix qu'on put réunir tout l'empire sous une domination unique. C'est apparemment que les époques déterminées par le Ciel sont les unes malheureuses et les autres prospères ○○, et que la vertu des souverains est tantôt grande et tantôt petite; mais comment se fait-il que les bons gouvernements aient été si rares et les désordres si nombreux? C'est là un sujet de ○○○○.

Yeou Yen[7], qui est la partie du territoire située au Nord, a eu pour limite la Grande Muraille depuis fort longtemps. Mais, à l'époque des cinq dynasties, les (Tsin dont le nom de famille est) Che détachèrent seize arrondissements pour en faire don aux K'i-tan[8]; à partir de ce moment, les régions de Yeou[9], Ki[10], Cho[11] et Yi[12] cessèrent de faire partie (intégrante de l'empire chinois) pendant plus de cent ans.

*king* intitulé le *Tribut de Yu*, il y a un tableau schématique du monde divisé en neuf zones quadrangulaires et concentriques de plus en plus éloignées de la capitale impériale.

1. Le sens est que, si la terre habitée est restée toujours la même, les divisions politiques du territoire ont changé suivant les époques.

2. Les six royaumes de Wei 魏, Han 韓, Tchao 趙, Tch'ou 楚, Yen 燕, Ts'i 齊, auxquels il faut joindre Ts'in 秦 qui est considéré comme un pays à demi barbare, ne faisant pas partie des royaumes du Milieu.

3. Les trois royaumes de Han 漢, Wei 魏 et Wou 吳, de 220 environ à 263 environ p. C.

4. Époque de la division entre le Sud et Nord, de 420 à 581 p. C.

5. La révolte de Ngan Lou-chan éclata en 755 p. C.; en 756, elle forçait l'empereur Hiuan tsong à s'enfuir dans le Sseu-tch'ouan; bien qu'elle ait été réprimée, elle marque le moment critique où la dynastie T'ang commença à décliner.

6. Après les T'ang, cinq dynasties éphémères se succédèrent de 907 à 960 p. C.

7. Le district de Yeou 幽州, qu'on appelait aussi Yen king 燕京, correspond à l'actuel Péking.

8. Dans le *Wou tai che* (chap. VIII, p. 2 *a*), nous voyons que, en l'an 936, Che King-t'ang 石敬瑭, qui venait de prendre le titre d'empereur, chercha à assurer la sécurité de la nouvelle dynastie à laquelle il avait donné le nom de Tsin, en livrant aux K'i-tan seize districts qui se trouvent tous dans les provinces actuelles de Tche-li et de Chan-si; ces seize districts étaient: 1° Yeou 幽 (Péking); 2° Tchouo 涿 (préfecture secondaire de Tchouo, Tche-li); 3° Ki 薊 (préfecture secondaire de Ki, Tche-li); 4° Tan 檀 (sous-préfecture de Mi-yun 密雲, Tche-li); 5° Chouen 順 (sous-préfecture de Chouen-yi 順義, Tche-li); 6° Ying 瀛 (ville préfectorale de Ho-kien fou 河間, Tche-li); 7° Mo 漠 (à 35 li au N. de la sous-préfecture actuelle de Jen-k'ieou 任邱, Tche-li); 8° Yu 蔚 (préfecture secondaire de ce nom, Tche-li); 9° Cho 朔 (préfecture secondaire de ce nom, Chan-si); 10° Yun 雲 (ville préfectorale de Ta-t'ong fou 大同, Chan-si); 11° Ying 應 (à l'Est de la préfecture secondaire actuelle de Ying, Chan-si); 12° Sin 新 (préfecture secondaire de Pao-ngan 保安, Tche-li); 13° Wei 嬀 (sous-préfecture de Houai-lai 懷來, Tche-li); 14° Jou 儒 (préfecture secondaire de Yen-k'ing 延慶, Tche-li); 15° Wou 武 (sous-préfecture de Chen-tch'e 神池, Chan-si); et Houan 寰 (à l'Est de la préfecture secondaire de Cho 朔, Chan-si).

9. Cf. p. 27, n. 7.

10. Cf. p. 27, n. 8.

11. Cf. p. 27, n. 8.

12. Aujourd'hui, préfecture secondaire de Yi 易.

Notre dynastie commence avec l'empereur Yi-tsou[1] qui, peigné par le vent et lavé par la pluie[2], conquit tout le pays à l'intérieur des mers ; il prit la région de Chou[3] ; il prit le Kiang-nan[4] ; il prit la région de Wou et de Yue[5] ; il prit le Kouang-tong[6] (et le Kouang-si) ; il prit le Ho-pei[7] mais le territoire des divers arrondissements du Ho-tong[8] touchait à celui de Yeou et de Ki[9] ; comme un rempart solide, il ne céda pas aux armées impériales. Quand l'expédition militaire[10] eut pris fin, elle n'avait pas remporté de succès ; aussi, quand la foule des sujets voulut décerner à l'empereur le titre magnifique d'universel souverain, il[11] répondit : « Le Ho-tong n'est point encore soumis ; Yeou et Ki ne sont point encore repris : comment aurais-je une souveraineté universelle ? » En définitive, par modestie, il refusa et n'osa pas accepter[12].

Puis, à l'époque de (T'ai) tsong (976-997), les armées impériales firent trois fois des expéditions ; le Ho-tong fut alors reconquis ; mais la région de Yeou et de Ki resta finalement entre les mains des K'i-tan et ne put être reprise[13]. Telles furent les difficultés que rencontra (T'ai) tsong lorsqu'il voulut instaurer une conduite de souverain et réunir tous les territoires.

1. Le commencement de cette ligne doit sans doute être restitué en 藝祖皇帝. On sait que, dans le *Chou king* (chap. *Chouen tien*; Legge, C. C., III, p. 37), le terme 藝祖 « l'ancêtre parfait » désigne le plus lointain des ancêtres de Yao. De même ici, ce terme est appliqué à l'empereur T'ai tsou 太祖 qui fut le fondateur de la dynastie des Song en l'an 960 ; nous pouvons justifier cette explication au moyen d'un texte historique ; en effet, lorsque, en 1127, Kao tsong 高宗 se fit proclamer empereur dans la ville qui est aujourd'hui Kouei-tö fou 歸德府 (prov. de Ho-nan), mais qui était alors nommée soit Ying-t'ien fou 應天府, soit capitale du Sud 南京, il choisit cette ville pour y être intronisé parce qu'on lui avait rappelé que c'était là que son premier ancêtre Yi tsou (c'est-à-dire T'ai tsou) avait obtenu l'autorité souveraine 南京乃藝祖興王之地 (cf. *Song che*, chap. XXIV, p. 2. *b*).

2. Cette expression caractérise la rude vie du guerrier qui n'a pas le temps de s'occuper de faire sa toilette et qui est exposé à toutes les intempéries ; elle est un des clichés dont se servent volontiers les textes historiques ; voyez le *P'ei wen yun fou*, à l'expression mou yu.

3. Le Sseu-tch'ouan.

4. Le Kiang-sou et le Ngan-houei.

5. Le Tchö-kiang.

6. Je suppose que le mot effacé après le mot 東 doit être le mot 西 ; il faudrait donc lire : il prit le Kouang-tong et le Kouang-si, c'est-à-dire les deux districts de Kouang-nan tong lou et de Kouang-nan si lou ; l'abréviation dont il est fait usage ici s'est perpétuée jusqu'à nos jours, et on parle des provinces de Kouang-tong et de Kouang-si sans se rappeler le plus souvent que ces termes désignaient à l'origine la partie orientale et la partie occidentale du Kouang-nan 廣南.

7. Le Ho-pei correspond à la partie méridionale de la province actuelle de Tche-li.

8. Le Ho-tong correspond en gros à la province de Chan-si.

9. Cf. p. 27, n. 7 et 8.

10. Il semble bien qu'ici le mot 駕 ait la valeur d'expédition militaire, comme plus loin dans la phrase 王師三駕.

11. Les deux mots manquants sont vraisemblablement houang ti « l'empereur ».

12. Cet incident a dû vraisemblablement se passer en l'année 963 ; à cette date en effet le *Song che* (chap. I, p. 6 *b*) nous apprend que l'empereur refusa un titre honorifique que voulaient lui décerner ses sujets ; il est vrai que, sur les instances répétées de ses ministres, il finit par céder ; mais le titre qu'il accepta ne comporta pas les deux mots 一統.

13. C'est en la troisième année yong-hi (986) que T'ai tsong échoua dans sa tentative pour reprendre aux K'i-tan ce qui est aujourd'hui le nord de la province de Tche-li, en deçà de la Grande Muraille.

Maintenant cependant tout ce qui est à l'Est des passes et au Sud du Fleuve[1], sur une étendue continue de dix mille *li*, est devenu territoire des barbares. Si on se remémore la peine glorieuse qu'avait prise T'ai-tsong pour constituer son empire, n'y a-t-il pas lieu de verser des larmes et de pousser de grands soupirs? Voilà quel est le motif de notre indignation.

Toutefois, ce sont les nombres (du ciel et) de la terre[2] qui veulent que ce qui est séparé s'unisse et que ce qui est uni se sépare; il n'y a aucune organisation qui soit fixe et immuable. Il faut donc tenir compte de l'intensité plus ou moins grande de la vertu du souverain[3]. T'ang[4], qui n'avait que soixante-dix li de terre, et le roi Wen[5], qui n'en possédait que cent li, eurent l'empire; comment l'auraient-ils obtenu grâce à la grandeur de leur territoire ou à la multitude de leur peuple? Si on considère les choses à la lumière de ces faits passés, comment ce qui constitue aujourd'hui nos ressources, comparé à ce que possédaient T'ang et le roi Wen, ne serait-il que cent (fois supérieur)[6]? Si donc on peut remettre en honneur la vertu et pratiquer le bon gouvernement de manière à émouvoir en haut le cœur du Ciel, et à plaire en bas aux sentiments des hommes, alors, quand l'occasion surviendra, serait-il même difficile d'engloutir à la fois (tous les pays), de récupérer notre ancien territoire et de le ramener entièrement sous notre administration? c'est pourquoi je dis qu'on peut encore reprendre (bon courage).

(Autrefois), l'empereur Kouang-wou (25-55 p. C.) déploya une carte géographique et la montra à Teng Yu en lui disant[7]: « Voyez combien nombreuses sont les commanderies et les sous-préfectures de l'empire; or, maintenant (je ne possède encore) qu'une seule d'entre elles. Autrefois cependant vous avez prétendu que, si je projetais de m'assurer l'empire, je

1. Tout le bassin du Houang ho, aussi bien au Sud qu'au Nord du Fleuve, était tombé entre les mains des Kin.

2. Avant le mot 地, il faut sans doute rétablir le mot 天. Les nombres sont les règles numériques qui président à l'évolution universelle.

3. En d'autres termes, puisque c'est une loi naturelle que rien ne soit immuable en ce monde, c'est la plus ou moins grande vertu du souverain qui sera la cause des inévitables changements.

4. T'ang le vainqueur, fondateur de la dynastie des Yin.

5. Le roi Wen qui, par ses vertus, prépara l'avènement de la dynastie des Tcheou.

6. La situation des Song est plus de cent fois supérieure à celle qu'avaient T'ang et le roi Wen à leurs débuts.

7. L'anecdote à laquelle il est fait ici allusion se trouve dans la biographie de Teng Yu (*Heou Han chou*, chap. XLVI, p. 1 *b*). En l'an 24 p. C., le futur empereur Kouang-wou, fondateur de la dynastie des Han postérieurs, ne s'était encore emparé que d'une seule ville; considérant une carte géographique en compagnie de son général Teng Yu, il se sentait effrayé de l'immensité de la tâche qui lui restait à remplir pour s'assurer la possession de tout l'empire; Teng Yu lui rendit confiance en lui affirmant que la vertu qu'il avait en lui serait suffisante pour triompher de tous les obstacles et que l'empire se soumettrait spontanément à lui sans même qu'il eût la peine de le conquérir.

n'aurais même pas la peine de le conquérir. Comment expliquez-vous cette parole ? » Teng Yu répondit : « Pour ceux qui dans l'antiquité sont devenus rois, la raison de leur succès a été dans l'intensité de leur vertu et non dans la grandeur (de leur puissance). » — Excellente est cette réponse de (Teng) Yu ! Kouang-wou sortit des rangs des laboureurs ○○○○○○ les brigands ; il put recouvrer son ancien bien[1] comme s'il l'avait pris dans un sac ; c'est sans doute la parole de (Teng) Yu qui eut le don de l'émouvoir et de l'exciter. Or ○○○○○○○○○○ posséder un grand royaume. Celui qui, grâce à sa vertu, pratique la bonté aura la souveraineté ; pour devenir souverain, il n'est pas nécessaire d'être au préalable puissant. Si on applique ces considérations au temps présent, la parole de (Teng) Yu ○○○○○○○○○○ en vérité peut être un guide[2] (permettant d'arriver à) la restauration (du pouvoir impérial universel). C'est pourquoi donc j'ai aussi écrit cela au bas de cette carte, dans l'espérance que peut-être cela aussi aurait le don d'émouvoir et d'exciter ceux qui le verraient.

Les quatre plans ci-dessus ont tous été présentés par l'honorable Houang, originaire de Kien-chan[3], au temps où il était précepteur (yi chan) du prince de Kia[4]. Moi, Wang Tche-yuan, j'ai autrefois trouvé ces plans chez le juge provincial du pays de Chou[5]. Dans le pays de l'Ouest du

1. L'empereur Kouang-wou était le descendant à la neuvième génération de l'empereur Kao-tsou qui, en 206 av. J.-C., fonda la dynastie des premiers Han. En reprenant l'empire sur un usurpateur il ne faisait donc que recouvrer son patrimoine.

2. Les mots 龜鑑 signifient proprement la tortue et le miroir ; mais la tortue servait à la divination ; le miroir désigne métaphoriquement l'histoire qui, par les exemples qu'elle reflète, enseigne aux hommes les leçons de l'expérience et leur apprend à bien agir. La réunion des deux mots « tortue » et « miroir » désigne donc les écrits qui peuvent servir à guider la conduite des hommes.

3. Kien-chan 兼山 ne se trouve pas dans le dictionnaire de géographie historique de Li Tchao-to. Il me semble difficile cependant de considérer ces mots comme le nom personnel ou l'appellation du personnage dont le nom de famille était Houang.

4. D'après le *Song che* (chap. XXXVII, p. 1 *a*), celui qui fut l'empereur dont le nom posthume est Ning tsong 寧宗 était né en 1168 ; en 1189, il fut nommé roi de Kia 嘉, son fief étant vraisemblablement la ville préfectorale actuelle de Kia-ting 嘉定 dans la province de Sseu-tch'ouan ; comme il honorait fort ses maîtres, il donna à l'un d'eux, nommé Chen Ts'ing-tch'en 沈清臣, le titre de yi-chan 翊善 qui signifie « celui qui aide pour le bien ». En 1194, le roi de Kia devint empereur. Ces indications nous permettent de préciser la date à laquelle furent composés les quatre documents que nous étudions ; ils ont été en effet rédigés au temps où le futur empereur Ning tsong n'était encore que roi de Kia, c'est-à-dire entre 1189 et 1194 ; d'autre part, l'auteur de ces documents est un certain Houang qui était précepteur du roi de Kia ; or, il n'a pu avoir ce poste qu'après Chen Ts'ing-tch'en qui en fut le premier titulaire, et, comme on sent bien, en lisant sa notice sur la carte de géographie, qu'il considère son royal élève comme prochainement appelé à être empereur, il est probable qu'il écrivait en 1193 ou peu avant.

5. C'est-à-dire à Tch'eng-tou fou 成都, dans le Sseu-tch'ouan. Il n'y a rien de surprenant à ce que les originaux de ces quatre documents aient été retrouvés dans le Sseu-tch'ouan puisque c'est dans cette province que résidait le futur empereur Ning tsong quand il n'était encore que roi de Kia.

Tchö[1], je m'en suis servi pour les copier et les graver (sur pierre) afin d'en assurer à toujours la transmission. Écrit par Wang Tche-yuan, originaire de Tong-kia[2], dans le second mois d'hiver de l'année ting-wei de la période chouen-yeou (1247). »

1. On distinguait sous les Song le district de l'Ouest du Tchö 浙西路 dans lequel se trouvaient les villes de Sou-tcheou et Hang-tcheou, et le district de l'Est du Tchö 浙東路 qui comprenait Chao-hing fou et tout le Tchö-kiang méridional. Wang Tche-yuan ayant fait graver ses quatre stèles à Sou-tcheou, il peut dire qu'il se trouvait alors dans le district de l'Ouest du Tchö, ou, ce qui revient au même, dans le Tchö de droite 右浙. La construction de la phrase reste cependant quelque peu bizarre.

2. Tong-kia 東嘉 ou le Kia oriental pourrait avoir été ainsi nommé pour être distingué de la ville de Kia 嘉 qui correspond à l'actuel Kia-ting fou, dans le Sseu-tch'ouan ; mais le dictionnaire de Li Tchao-lo ne cite aucune ville nommée Tong-kia. Ici encore, cependant, il me paraît difficile de considérer les mots Tong-kia comme l'appellation de Wang Tche-yuan.

# II

## TABLEAU DE LA SUCCESSION DES SOUVERAINS

(Planche VII)

La notice qui accompagne ce tableau est conçue en ces termes :

### NOTICE

« Le tableau de la succession des souverains, depuis les cinq Empereurs jusqu'à la dynastie régnante, comprend cent quatre vingt-quinze princes et couvre une durée de plus de trois mille cinq cents années. On peut voir là l'ordre ou le désordre dans la conduite du monde, l'union ou la désunion sous le gouvernement du souverain.

Autrefois le conseiller d'Etat Sseu-ma Kouang[1] a prononcé cette parole : « A partir du moment où la maison des Tcheou se fut transportée dans l'Est[2], le gouvernement royal fut sans autorité ; les seigneurs tous ensemble firent des usurpations. » Les divisions, les effondrements, les séparations et les morcellements défient toute énumération. Cela dura en tout cinq cent cinquante années[3], puis l'union fut rétablie par les Ts'in. Pendant onze ans[4] les Ts'in gouvernèrent leur peuple avec cruauté, puis l'empire fut bouleversé. Huit ans plus tard[5], l'union fut rétablie par les Han. Après que les Han eurent été Fils du Ciel pendant deux cent six années[6], ils perdirent le

1. Sseu-ma Kouang (1019-1086) est le célèbre auteur d'une histoire de Chine, le *Tseu tche t'ong kien* 資治通鑑, qui embrasse tous les temps compris entre l'année 403 av. J.-C. et l'année 1060 p. C.

2. En 770 av. J.-C.

3. De 770 à 221 av. J.-C.

4. De 220 à 210 av. J.-C. Quoique l'année 221 av. J.-C. soit celle où le roi de Ts'in prit le titre de Che-houang-ti, l'auteur rapporte encore cette année à la période de division qui s'étend de 770 à 221 ; en effet, ce n'est que dans le courant de l'année 221 que Ts'in Che-houang-ti triompha de ses derniers ennemis.

5. En 202 av. J.-C.

6. 204 av. J.-C. à 6 p. C. — Wang Mang ne se

manche[1] du gouvernement qui leur fut volé par Wang Mang. Dix-sept ans plus tard[2] se produisit la restauration des Han; mais Keng-che[3] ne put pas se maintenir et ce fut Kouang-wou[4] qui punit les usurpateurs; au bout de quatorze ans (de luttes)[5], il put refaire l'unité de l'empire. Cent cinquante trois ans plus tard[6], Tong Tcho s'arrogea le pouvoir à la cour; les provinces et les commanderies se disloquèrent comme des rangées de tuiles qui se détachent. On recommença à s'entre-dévorer. A l'époque des Wei, le pays à l'intérieur des mers se trouva divisé en trois[7]; cela dura quatre-vingt onze années[8], puis l'unité fut rétablie par les Tsin. Mais les Tsin ne possédèrent tout l'empire que pendant vingt ans[9]. L'empereur Houei[10] se montra stupide et les membres de la famille impériale fomentèrent des difficultés. Des multitudes de barbares, profitant du péril, souillèrent et troublèrent le pays du Milieu[11]; tantôt elles furent réparties en six ou sept groupes, tantôt en deux ou trois. Cela dura deux cent quatre-vingt-huit années[12] et alors l'unité fut reconstituée par les Souei. Cependant les Souei ne possédèrent l'empire que pendant vingt-huit ans[13]; l'empereur Yang[14] fut déraisonnable et les neuf provinces se divisèrent comme une étoffe qui se déchire. Huit ans plus tard[15], l'union se rétablit sous les T'ang. Après que les T'ang eurent possédé l'empire pendant cent trente années[16], l'empereur Ming-houang[17], se fiant sur le calme dont il avait hérité de ses prédécesseurs, s'adonna au vin et aux femmes; il alimenta la poche de l'abcès jusqu'à ce que le mal fût devenu inguérissable pour ses descendants. Alors (l'homme de) Yu-yang[18] eut l'audace de se révolter, et tout le pays à l'intérieur des quatre mers fut bouleversé. A partir des empereurs Sou

proclama officiellement empereur qu'en l'année 9 p. C.; mais son usurpation effective peut être rapportée à l'année 7 p. C.

1. C'est-à-dire la direction.
2. En 23 p. C.
3. De 23 à 24 p. C.
4. De 25 à 57 p. C.
5. En 38 p. C.
6. En 190 p. C. — Sur Tong Tcho, mort en 192 p. C., voyez le *Biographical Dictionary* de Giles, n° 2091.
7. Époque des trois royaumes, 220-265.
8. Le dernier des trois royaumes, celui de Wou 吳, ne disparut qu'en 280; si on part de l'année 190 p. C. qui est celle où la dynastie des seconds Han fut irrémédiablement ébranlée par Tong Tcho, on voit qu'il s'est écoulé quatre-vingt-onze années jusqu'au moment où les Tsin rétablirent l'unité de l'empire.
9. De 281 à 300.
10. De 290 à 306.
11. C'est l'époque de la division entre le Nord et le Sud.
12. De 301 à 588
13. De 589 à 616.
14. De 605 à 616.
15. En 624.
16. De 624 à 733.
17. De 713 à 755.
18. Il doit nécessairement être fait ici allusion à Ngan Lou-chan 安祿山 qui se révolta en 755. Mais Ngan Lou-chan se révolta à Fan-yang 范陽 (ap. *Kieou T'ang chou*, chap. cc, p. 2 *a*, et *T'ang chou*, chap. ccxxv, *a*, p. 3 *a*) et non à Yu-yang. A vrai dire ces deux localités ne sont pas fort éloignées l'une de l'autre, puisque le Yu-yang de l'époque des T'ang correspond à l'actuelle préfecture secondaire de Ki 薊州, au Nord-Est de Péking, tandis que

tsong[1] et Tai tsong[2], les gouverneurs de province se conduisirent comme des brigands; les ordres du souverain ne furent plus obéis; on ne vint plus rendre hommage à la cour ni apporter tribut; ceux qui, de nom, étaient l'un prince et les autres sujets, étaient, de fait, des rivaux ennemis; la dégénérescence et la décadence se poursuivirent jusqu'à l'époque des cinq dynasties[3]; à ce moment, les trois principes directeurs[4] furent interrompus et les cinq vertus fondamentales[5] furent abolies; ceux qui tenaient le sceau impérial dans leur sein n'avaient même pas le temps de le réchauffer; ceux qui occupaient le palais impérial n'y étaient même pas en tranquillité; ceux qui le matin étaient vainqueurs, le soir étaient abattus; (on ne faisait que passer), comme dans une hôtellerie; les désastres et les révolutions se succédaient sans cesse; les batailles et les luttes n'avaient aucune fin; le sang qui coulait formait des rivières et des lacs; les ossements accumulés formaient des tertres et des collines. Peu s'en fallut que tous les hommes vivants ne fussent anéantis.

C'est alors que l'empereur T'ai tsou[6] reçut le mandat de l'Empereur d'en haut; il se leva donc pour sauver le peuple; revêtu de la cuirasse et coiffé du casque, peigné par le vent et lavé par la pluie, il exerça la répression dans l'Est; il soumit les rebelles dans l'Ouest; il balaya et nettoya tout l'empire. A cette époque, quand il mangeait, il n'avait pas le temps de se rassasier; quand il se couchait, il n'avait pas le loisir de se reposer. De la sorte, il établit le fondement de la paix universelle pour ses descendants.

La grande œuvre glorieuse n'était pas encore complète lorsque l'empereur T'ai tsong[7] l'acheva en succédant au trône. Ainsi, après une période de deux cent vingt-cinq années[8], les régions qu'avait parcourues Yu le Grand furent derechef rassemblées de manière à ne former qu'un seul tout. Ce qui restait de la race du peuple chinois put pour la première fois faire reposer son épaule[9].

Fan-yang correspond à l'actuelle préfecture secondaire de Tchouo 涿, au Sud-Ouest de Péking. On ne peut cependant les confondre; je croirais plutôt qu'il y a une faute dans notre texte et qu'il faut lire Fan-yang 范陽 au lieu de Yu-yang 漁陽.

1. De 756 à 762.

2. De 763 à 779.

3. De 907 à 960.

4. Les principes qui inspirent la piété filiale, le loyalisme, la fidélité conjugale. Cf. COURANT, *Bibliographie coréenne*, n° 253.

5. Bonté, justice, observation des rites, sagesse, bonne foi.

6. Le fondateur de la dynastie Song, qui régna de 960 à 975.

7. De 976 à 997.

8. Vraisemblablement de 755, date de la révolte de Ngan Lou-chan, à 979, quatrième année du règne de T'ai tsong.

9. C'est-à-dire que le peuple pour la première fois fut déchargé du lourd fardeau qui l'accablait. La métaphore ici employée suppose que le fardeau est porté sur l'épaule aux deux extrémités d'un bâton.

En partant de ces considérations, on constate que pendant une durée totale de plus de mille sept cents années, l'empire ne fut réuni sous une autorité unique que pendant cinq cents ans. Hélas! si on unit pour les considérer ensemble le contenu de ce tableau et la parole que prononça Sseu-ma Kouang[1], on reconnaîtra que depuis l'antiquité jusqu'à nos jours, le bon gouvernement put être réalisé à peine une fois sur dix, tandis que les troubles se produisirent constamment huit ou neuf fois sur dix. Celui qui exerce l'autorité souveraine doit aussi savoir qu'il y a là pour lui un avertissement. »

Si nous considérons maintenant le tableau lui-même, nous constatons qu'il commence, comme l'histoire de Sseu-ma Ts'ien, avec les cinq empereurs qui sont : 1° Houang ti 黃帝; 2° l'empereur Tchouan 顓 qui s'appelle en réalité Tchouan-hiu, mais on a omis intentionnellement le mot hiu 頊 parce que c'était le nom personnel de l'empereur Chen-tsong (1068-1085); 3° l'empereur K'ou 帝嚳; 4° Yao, prince de T'ang 唐堯; et 5° Chouen, prince de Yu 虞舜.

La première dynastie, celle des Hia 夏, compte 18 souverains, au lieu que, dans Sseu-ma Ts'ien, elle n'en compte que 17. La raison de cette anomalie se trouve dans le fait que, tandis que Sseu-ma Ts'ien considère Li-kouei 履癸 comme le nom personnel de l'empereur Kie 桀, notre tableau donne Li-kouei comme le successeur de Kie. Cette variante est intéressante, car la critique chinoise a déjà fait remarquer qu'il était peu vraisemblable que Li-kouei fût le nom de Kie[2]; nous avons donc affaire ici à un système historique qui, à tort ou à raison, prétend résoudre la difficulté en faisant de Li-kouei le successeur de Kie.

Dans la seconde dynastie, celle des Chang 商, le tableau omet, par inadvertance semble-t-il, l'empereur Tsou-keng 祖庚 entre l'empereur Wou-ting 武丁 et l'empereur Tsou-kia 祖甲. D'autre part, comme il l'avait fait pour la première dynastie, il dédouble le dernier souverain, et, au lieu de parler, comme Sseu-ma Ts'ien, de l'empereur Tcheou 紂 dont le nom personnel était Sin 辛, il donne comme successeur à Tcheou 紂 l'empereur Sin 帝辛.

La troisième dynastie, celle des Tcheou 周, commence avec le roi Wen 文王, bien que celui-ci n'ait été que le père du fondateur de la

1. Cf. p. 32, l. 11-14.
2. Cf. *Sseu-ma Ts'ien*, trad. fr., t. I., p. 169, n. 3.

dynastie. Le roi Houan 桓王 (719-697 av. J.-C.) est appelé ici le roi Wei 威王 afin d'éviter le mot 桓 qui était le nom personnel de l'empereur K'in tsong (1126); le nom du roi Hi 僖 (681-677 av. J.-C.) est écrit 釐, comme dans Sseu-ma Ts'ien; le nom du roi K'ouang 匡 (612-607 av. J.-C.) devient Tcheng 正 afin d'éviter le mot 匡 qui était le nom personnel de l'empereur T'ai tsou (960-975). Entre le roi King 景 et le roi King 敬, on trouve intercalé le roi Tao 悼 qui, quoique ne figurant pas en général sur les listes des rois de la dynastie Tcheou, eut cependant un règne éphémère entre 524 et 520 av. J.-C. Le nom du roi Tcheng-ting 貞定 (468-441) est écrit 正定[1]. Entre le roi Tcheng-ting et le roi K'ao 考, l'auteur intercale le roi Ngai 哀, ce qui peut se justifier par un texte de Sseu-ma Ts'ien[2]. Enfin le nom du roi Chen-tsing 愼靚 est écrit Kin-tsing 謹靚, sans doute parce que le nom personnel de l'empereur Jen-tsong (1023-1063) était Chen 禎.

A droite de la liste des rois de la dynastie Tcheou est inscrite la liste des douze royaumes de la période tch'ouen-ts'ieou qui sont : Lou 魯, Ts'i 齊, Tsin 晉, Ts'in 秦, Tch'ou 楚, Song 宋, Wei 衛, Tch'en 陳, Ts'ai 蔡, Ts'ao 曹, Tcheng 鄭 et Yen 燕.

A gauche du tableau on voit mentionnés les six royaumes contre lesquels eut à lutter le royaume de Ts'in avant de s'assurer la possession de tout l'empire ; ce sont les royaumes de Ts'i 齊, Tch'ou 楚, Yen 燕, Han 韓, Tchao 趙 et Wei 魏.

Après les Tcheou viennent les Ts'in 秦 avec les trois empereurs qui sont Che-houang 始皇, Eul-che 二世 et Tseu-ying 子嬰. Puis, entre les deux dynasties Han s'intercale l'usurpateur Wang Mang qui donna à la dynastie qu'il prétendait fonder le nom de Sin 新莽. Sous la dynastie des seconds Han, le nom de l'empereur Houan 桓 (147-167 p. C.) est écrit Wei 威 pour la raison que nous avons dite plus haut (l. 1-3).

A l'époque des trois royaumes, la place du centre est donnée au royaume de Wei 魏, et, comme pour reconnaître sa prééminence, c'est aux souverains seuls de ce royaume que l'auteur du tableau accorde le titre d'empereur 帝 ; mais ce ne sont que les deux premiers souverains de cette dynastie qui ont droit à ce titre ; après eux viennent des princes sans autorité réelle qui sont le roi de Ts'i 齊王 (240-253), Kao kouei hiang 高貴鄉

1. Sur les difficultés relatives au nom de ce souverain, cf. *Sseu-ma Ts'ien*, trad. fr., t. I, p. 299, n. 3. Le caractère 貞 est régulièrement remplacé par 正 dans cette stèle ; c'est probablement parce qu'on lui trouvait trop d'analogie avec le caractère 眞 qui était interdit, le nom personnel de l'empereur Jen-tsong (1023-1063) étant 禎.

2. Cf. *Sseu-ma Ts'ien*, trad. fr., t. I, p. 298, n. 5.

(254-259) et le roi de Tch'en-licou 陳留 (260-264). — Les deux souverains successifs du royaume de Chou 蜀 sont appelés le premier souverain 先主 et le second souverain 後主. — Quant aux souverains du pays de Wou 吳, ils sont désignés par leur nom de famille Souen 孫, suivi de leur nom personnel; on a donc Souen K'iuan 權 (222-252), Souen Leang 亮 (252-257), Souen Hieou 休 (258-263) et Souen Hao 皓 (264-280).

Après la dynastie Tsin 晉 vient l'époque de la division entre les dynasties du Nord et les dynasties du Sud. Nous avons à droite la dynastie des Wei postérieurs 後魏 ou Wei du Nord à laquelle succédèrent simultanément les Wei occidentaux 西魏 et les Wei orientaux 東魏, puis les Tcheou postérieurs 後周 et les Ts'i du Nord 北齊. A gauche sont inscrites les dynasties du Sud : Song 宋, Ts'i 齊, Leang 梁 et Tch'en 陳.

L'unité est rétablie en 589 par les Souei 隋 et se maintient sous les T'ang 唐. Dans la liste des empereurs de la dynastie T'ang, on remarquera que le nom de Hiuan tsong 玄宗 (713-755) est écrit Yuan-tsong 元宗. La même modification de 玄 en 元 se retrouve dans la Carte du ciel où la dodécatémorie Hiuan-hiao 玄枵 est appelée Yuan-hiao 元枵. La raison de cette singularité ne se laisse pas apercevoir au premier abord, car aucun empereur de la dynastie Song n'a le caractère 玄 dans son nom personnel. Les textes historiques nous permettent cependant de résoudre le problème : on sait que l'empereur Tchen-tsong 眞宗 (998-1022) fut un des empereurs les plus superstitieux qui soient jamais montés sur le trône de Chine ; le dixième mois de la cinquième année ta-tchong siang-fou (1012), il crut recevoir la visite d'un personnage surnaturel qui n'était autre que la grande divinité taoïste kieou-t'ien sseu-ming t'ien-tsouen 九天司命天尊[1]; « je suis, lui dit cet auguste personnage, un des neuf souverains humains 人皇 de la haute antiquité[2]; plus tard, je réapparus dans le monde et je fus Houang ti 皇帝 ; plus tard enfin, sous les T'ang, il y a plus de cent ans de cela, je fus le fondateur de la famille Tchao 趙, qui est celle de la dynastie Song » ; son nom était alors Tchao Hiuan-lang 趙玄朗[3]. L'empereur Tchen-tsong, ébloui de cette glorieuse généalogie, n'hésita pas à reconnaître cet homme surnaturel pour son ancêtre ; le 21 novembre 1012, il lui conféra le nom de temple de Cheng tsou 聖祖; le 24 novembre, il prohiba par décret l'usage

1. Cf. *Tong tou che lio*, chap. IV, p. 5 *b*.

2. Sur les neuf souverains humains, voyez les *Annales principales des trois souverains* de Sseu-ma Tchong (dans *Sseu-ma Ts'ien*, trad. fr., t. I, p. 19).

3. Ce nom nous est indiqué dans le *T'ong kien tsi lan*, à la date du dixième mois de la cinquième année ta-tchong siang-fou.

d'un des caractères faisant partie du nom personnel de Cheng-tsou[1], et c'est ainsi que le mot 玄 fut frappé de tabou ; enfin le 23 janvier 1013, on changeait le nom honorifique de Confucius qui, depuis l'an 1008, était appelé hiuan-cheng wen-siuan wang 玄聖文宣王, et qui s'appela dès lors tche-cheng wen-siuan wang 至聖文宣王[2] ; c'est donc pour éviter l'emploi du caractère hiuan 玄, faisant partie du nom personnel du mythique empereur Cheng-tsou, que fut instituée cette épithète de tche-cheng qui est restée jusqu'à nos jours en usage dans les temples où on vénère Confucius, l'ancien maître parfaitement saint 至聖先師孔子. On voit à la suite de quelles bizarres circonstances l'emploi du caractère 玄 fut prohibé sous la dynastie Song, à partir de l'année 1012, et on comprend pourquoi nos stèles substituent régulièrement au caractère 玄 le caractère 元.

A la dynastie des T'ang succèdent les cinq petites dynasties éphémères qui sont les Leang 梁, les T'ang 唐, les Tsin 晉[3], les Han 漢 et les Tcheou 周.

Nous arrivons enfin à la dynastie des Song qui, étant la dynastie régnante au moment où fut composé le tableau, a son nom précédé du qualificatif 大 « grand ». En outre, les noms de temple de chacun des empereurs sont uniformément suivis de l'épithète houang ti 皇帝, tandis que, pour les autres dynasties, on se contente soit du nom de temple, soit du nom posthume accompagné du terme 帝.

On remarquera que la liste des empereurs de la dynastie Song se termine à « l'empereur actuel » 今上皇帝, lequel suit l'empereur désigné par le nom de temple Ning tsong 寧宗. « L'empereur actuel » est donc celui qui, après sa mort, reçut le nom de temple Li tsong 理宗 et qui régna de 1225 à 1264. On voit ainsi que le graveur de 1247 a mis à jour pour son époque la liste des souverains Song ; le tableau primitif rédigé vers 1193 devait se terminer à « l'empereur actuel » qui était celui que nous connaissons sous le nom de temple Kouang tsong 光宗 (1190-1194).

A côté des dynasties qui ont été reconnues comme légitimes par les chroniqueurs chinois, il y a eu des royaumes plus ou moins durables qui sont restés en marge de l'histoire. L'auteur de notre tableau chronologique n'a pas manqué d'en tenir compte et il a dressé, à droite de la stèle, la liste

1. 詔避聖祖名 (ap. *Tong lou che lio*, chap. IV, p. 5 *b*).

2. Cf. *Song che*, chap. VIII, p. 3 *a*. — Le *T'ong kien kang mou* (cinquième année ta-tchong siang-fou, onzième mois) dit expressément à ce propos : « Parce que l'usage du caractère hiuan violait le tabou du nom personnel de Cheng-tsou, on changea hiuan cheng en tche-cheng » 以玄字犯聖祖諱改玄聖爲至聖.

3. Sur la stèle, par suite d'une brisure de la pierre, la petite dynastie T'ang et le nom de la petite dynastie Tsin ont disparu.

des dynasties barbares qui, à l'époque des Tsin orientaux (317-419), s'implantèrent en divers points du territoire chinois 東晋夷狄散處中夏 ; à gauche de la stèle, il a inscrit les usurpateurs de l'époque des cinq dynasties (907-960) 五代僭僞. Les renseignements qu'il nous donne ainsi sur quelques parties fort confuses de l'histoire de Chine méritent d'être intégralement reproduits.

Considérons d'abord les dynasties barbares de l'époque des Tsin orientaux. Elles sont au nombre de 16 qui sont : 5 dynasties Leang 五梁 ; 4 dynasties Yen 四燕 ; 3 dynasties Ts'in 三秦 ; 2 dynasties Tchao 二趙 ; 1 dynastie Hia 一夏 ; 1 dynastie Chou 一蜀.

Commençons par les cinq dynasties Leang. La première d'entre elles est la dynastie des Leang antérieurs 前梁. Elle a pour princes : 1° Tchang Kouei 張軌 (301-314) ; 2° Tchang Che 寔 (314-320) ; 3° Tchang Mao 茂 (320-324) ; 4° Tchang Siun 駿 (324-346) ; 5° Tchang Tch'ong-houa 重華 (346-353) ; 6° Tchang Ling-yao 靈耀 (353) ; 7° Tchang Tsou 祚 (353-355) ; 8° Tchang Yuan-tsing[1] 元靚 (355-363) ; 9° Tchang T'ien-si 天錫 (363-376). — La capitale de cette dynastie fut Leang tcheou 涼州[2].

La dynastie des Leang postérieurs 後梁 eut pour princes : 1° Lu Kouang 呂光 (376-399) ; 2° Lu Chao 紹 (399) ; 3° Lu Tsouan 纂 (399-401) ; 4° Lu Long 隆 (401-403). — La capitale de cette dynastie fut Kou-tsang 姑臧[3].

La dynastie des Leang occidentaux 西梁 eut pour princes : 1° Li Kao 李暠 (400-417) ; 2° Li Hin 李歆 (417-420). — La capitale de cette dynastie fut Kou-tsang 姑臧[4].

La dynastie des Leang méridionaux 南梁 eut pour princes : 1° T'ou-fa Wou-nou[5] 禿髮烏奴 (397-399) ; 2° T'ou-fa Li-lou-kou 利鹿孤 (400-402) ; 3° T'ou-fa Jou-t'an[6] 辱檀 (403-415). — La capitale de cette dynastie fut Kouang-wou 廣武[7].

La dynastie des Leang septentrionaux 北梁 eut pour princes : 1° Tsiu-k'iu Mong-souen 沮渠蒙遜 (401-433) ; 2° Tsiu-k'iu Mao-k'ien 茂虔 (433-439). — La capitale de cette dynastie fut Tchang-yi 張掖[8].

1. En réalité, ce prince s'appelle Tchang Hiuan-tsing. Sur la substitution du caractère 元 au caractère 玄, cf. p. 37-38.

2. Aujourd'hui Leang-tcheou fou 涼州府, dans la province de Kan-sou.

3. Kou-tsang n'est autre que Leang-tcheou fou.

4. Cf. la note précédente.

5. Le *Che lieou kouo tch'ouen ts'ieou* (chap. LXXXVIII, p. 1 *a*) et le dictionnaire de Li Tchao-lo appellent ce prince T'ou-fa Wou-kou, le dernier caractère étant 孤 au lieu de 奴.

6. Le *Che lieou kouo tch'ouen ts'ieou* (chap. LXXXIX, p. 1 *a*) et le dictionnaire de Li Tchao-lo appellent ce prince T'ou-fa Nou-t'an, le caractère 傉 étant substitué au caractère qui me paraît être 辱 sur l'estampage.

7. A 220 li à l'Ouest de l'actuel Lan-tcheou fou 蘭州府, dans la province de Kan-sou.

8. Aujourd'hui, Kan-tcheou fou 甘州府, dans la province de Kan-sou.

Nous passons maintenant aux quatre dynasties Yen :

La dynastie des Yen antérieurs 前燕 eut pour princes : 1° Mou-jong K'ouei 慕容廆 (285-333); 2° Mou-jong Houang 皝 (333-349); 3° Mou-jong Tsiun[1] 儁 (349-360); 4° Mou-jong Wei 暐 (360-370). — La capitale de cette dynastie fut Ye 鄴[2].

La dynastie des Yen postérieurs 後燕 eut pour princes : 1° Mou-jong Tch'ouei 慕容垂 (384-396); 2° Mou-jong Pao 寶 (396-398); 3° Mou-jong Cheng 盛 (398-401); 4° Mou-jong Hi 熙 (401-407); 5° Mou-jong Yun 雲 (407-409) — La capitale de cette dynastie fut Kouang-wou 武廣[3].

La dynastie des Yen septentrionaux 北燕 eut pour princes : 1° Fong Pa 馮跋 (409-430); Fong Hong 洪 (430-436). — La capitale de cette dynastie fut Tch'ang-li 昌黎[4].

La dynastie des Yen méridionaux 南燕 eut pour princes : 1° Mou-jong Tö 慕容德 (400-405); 2° Mou-jong Tch'ao 超 (405-410). — La capitale de cette dynastie fut Kouang-kou 廣固[5].

Voici maintenant les trois dynasties Ts'in :

Les Ts'in antérieurs 前秦 ont eu pour princes : 1° Fou Kien 苻健 (351-355); 2° Fou Kien 堅 (355-385); Fou P'ei 丕 (385-386); Fou Teng 登 (386-394). — La capitale de cette dynastie fut Tch'ang-ngan 長安[6].

Les Ts'in postérieurs 後秦 eurent pour princes : 1° Yao Tch'ang 姚萇 (386-393); 2° Yao Hing 興 (393-416); 3° Yao Hong 泓 (416-417). — La capitale de cette dynastie fut Tch'ang-ngan 長安[7].

Les Ts'in occidentaux 西秦 eurent pour princes : 1° K'i-fou Kouo-jen 乞伏國仁 (385-412); 2° K'i-fou Che-p'an 熾磐 (412-428); 3° K'i-fou Mou-mo 暮末 (428-431). — La capitale de cette dynastie fut Kin-tch'eng 金城[8].

Les deux dynasties Tchao se distinguent en Tchao antérieurs et Tchao postérieurs.

Les Tchao antérieurs 前趙 eurent pour princes : 1° Lieou Yuan-hai

1. Sur la stèle, ce mot est écrit sans la clef de l'homme à gauche.

2. A 40 li au Sud-Ouest de la sous-préfecture actuelle de Lin-tchang 臨漳, qui dépend de la préfecture de Tchang-tö 彰德, dans la province de Ho-nan.

3. Cf. p. 39, n. 7.

4. Il ne semble pas qu'il faille identifier rigoureusement Tch'ang-li avec la sous-préfecture de ce nom qui dépend de la préfecture de Yong-p'ing, au Nord-Est de la province de Tche-li. La capitale des Yen septentrionaux paraît avoir été plus à l'Est; on s'accorde en effet à la placer à l'Est de Lieou tch'eng 柳城; or cette ville elle-même n'est autre que la sous-préfecture actuelle de Tch'ang-li.

5. Au Nord-Ouest de la ville préfectorale actuelle de Ts'ing-tcheou fou 青州府, dans la province actuelle de Chan-tong.

6. Si-ngan fou 西安府, capitale de la province de Chàn-si.

7. Cf. la note précédente.

8. A l'Ouest de Lan-tcheou fou 蘭州府, dans la province de Kan-sou.

淵元海 (304-310); 2° Lieou Ts'ong 聰 (310-318); 3° Lieou Yao 曜 (318-329). — La capitale de cette dynastie fut P'ing-yang 平陽[1].

Les Tchao postérieurs 後趙 eurent pour princes : 1° Che Le 石勒 (328-333); 2° Che Ta-ya 石大雅, nom personnel Hong 弘 (333-334); 3° Che Ki-long 世季龍 (334-348); 4° Che Che 世 (348); 5° Che Tsouen 遵 (349); 6° Che Kien 鑒 (349-350). — La capitale de cette dynastie fut Siang-kouo 襄國[2].

La dynastie Hia 夏 eut pour princes : 1° Ho-lien P'o-p'o 赫連勃勃 (419-425); 2° Ho-lien Tch'ang 昌 (425-428); 3° Ho-lien Ting 定 (428-432). — Cette dynastie résida dans le Cho-fang 朔方[3].

La dynastie Chou 蜀 eut pour princes : 1° Li T'o 李特 (303); 2° Li Hiong 雄 (304-333); 3° Li Pan 班 (334); 4° Li K'i 期 (335-337); 5° Li Cheou 壽 (338-343); 6° Li Che 勢 (344-347). — La capitale de cette dynastie fut Yi tcheou 益州[4].

Considérons maintenant la liste qui est inscrite sur la gauche de la stèle ; elle contient les noms des treize usurpateurs de l'époque des cinq dynasties ; ces princes sont :

1. Ts'ien Lieou 錢鏐[5]. — Il occupa la région des deux Tchö 兩浙 et prit le titre de roi souverain de Wou et de Yue 吳越國王.

2. Ma Yin 馬殷[6]. — Il occupa la région du Hou-nan 湖南. Son royaume fut appelé Tch'ou 楚.

3. Kao Ki-hing 高季興[7]. — Il occupa la région du King-nan 荊南.

4. Li Mao-tcheng 李茂正[8]. — Il occupa la région de Fong-siang 鳳翔 (aujourd'hui, Fong-siang fou du Chàn-si). Son royaume fut appelé Ts'in 秦.

1. Aujourd'hui, ville préfectorale de P'ing-yang, dans la province de Chàn-si.

2. Chouen-tö fou 順德府, dans la province de Tche-li.

3. Au sommet Nord-Ouest de la grande boucle que décrit le Houang ho dans le pays des Ordos.

4. Aujourd'hui, Tch'eng-tou fou 成都府, capitale du Sseu-tch'ouan.

5. Ts'ien Lieou vécu de 852 à 932 ; pour avoir contribué à vaincre le rebelle Houang Tch'ao, il fut nommé par la dynastie T'ang roi de Yue 越王 en 902, puis roi de Wou 吳王 en 904. Lors des troubles des cinq petites dynasties, il fut presque indépendant ; sa capitale était Hang tcheou 杭州. Mais, lorsque la dynastie Song eut rétabli l'ordre en Chine, Ts'ien Chou 錢俶, quatrième roi de Wou et de Yue, vint spontanément en 978 faire sa soumission à l'empire. Cf. *Wou tai che*, chap. LXVII.

6. Ma Yin vécut de 852 à 930. C'est en 896 qu'il reçut de l'empereur de la dynastie T'ang le titre de roi de Tch'ou ; sa capitale fut Tch'ang-cha 長沙, aujourd'hui encore capitale de la province du Hou-nan. Il mourut en 930. Son royaume dura jusqu'en 951. Cf. *Wou tai che*, chap. LXVI.

7. Kao Ki-hing vécut de 858 à 928. En 907, il fut chargé d'administrer le King-nan 荊南. En 925 il reçut le titre de roi de Nan-p'ing 南平王 et c'est sous ce nom qu'est désignée sa dynastie dans le chap. LXIX du *Wou tai che*, où on trouvera sa biographie et celles de ses successeurs. Son royaume prit fin en 963.

8. Le nom de Li Mao-tcheng s'écrit en réalité 李茂貞 ; sur la substitution de 正 à 貞 et à 貞 dans notre stèle, cf. p. 36, n. 1. Li Mao-tcheng vécut de 856 à 924 ; sa capitale était Fong-siang fou, dans la province actuelle de Chàn-si ; il ne paraît pas avoir eu de successeur. Sa biographie se trouve au début du chap. XL du *Wou tai che*.

5. Yang Hing-mi 楊行密[1]. — Il occupa la région du Houai-nan 淮南. Son royaume fut appelé Wou 吳.

6. Li Pien 李昪[2]. — Il occupa la région du Kiang-nan 江南. Sa dynastie fut appelée celle des T'ang méridionaux 南唐.

7. Wang Chen-tche 王審知[3]. — Il occupa la région de Fou-tcheou 福州. Le nom de son royaume fut Min 閩.

8. Wang Yen-tcheng 王延政[4]. — Il occupa la région de Kien tcheou 建州. Le nom de sa dynastie fut Yin 殷.

9. Wang Kien 王建[5]. — Il occupa la région de Si-tch'ouan 西川. Le nom de sa dynastie fut Chou 蜀.

10. Mong Tche-siang 孟知祥[6]. — Il occupa la région de Si-tch'ouan 西川. Sa dynastie est celle des Chou postérieurs 後蜀.

11. Lieou Cheou-kouang 劉守光[7]. — Il occupa la région de Yeou tcheou 幽州. Le nom de sa dynastie fut Yen 燕.

12. Lieou Tche 劉陟[8]. — Il occupa la région de Kouang tcheou 廣州. Le nom de sa dynastie fut Han 漢.

13. Lieou Tch'ong 劉崇[9]. — Il occupa la région de T'ai-yuan 太原. Sa dynastie fut celle des Han postérieurs 後漢[10].

1. Yang Hing-mi vécut de 852 à 905. Son histoire et celle de sa lignée se trouvent dans le chap. LXI du *Wou tai che*. Sa capitale était Yang-tcheou 揚州, dans la province actuelle de Kiang-sou. Sa dynastie dura jusqu'en 937.

2. Li Pien vécut de 887 à 942. Son royaume, fondé en 937, dura jusqu'en 975. Sa capitale était à Kin-ling 金陵 (Nanking). Le chapitre LXII du *Wou tai che* est consacré à la dynastie des T'ang méridionaux.

3. Wang Chen-tche vécut de 862 à 925. Son royaume, dont la capitale était Fou-tcheou, dans la province du Fou-kien, dura de 892 à 943. Voyez le chapitre LXVIII du *Wou tai che*.

4. Wang Yen-tcheng était un fils de Wang Chen-tche ; en 943, il se révolta contre la tyrannie de son frère Wang Yen hi 王延羲 qui avait succédé à Wang Chen-tche et il fonda un royaume indépendant à Kien tcheou, dans la province de Fou-kien. Ce royaume ne dura que jusqu'en 946. Voyez *Wou tai che*, chap. LXVIII, p. 4 *a* et *b*.

5. Wang Kien a vécu de 844 à 918. En 891, il fut nommé gouverneur du Si-tch'ouan, avec résidence à Tch'eng-tou 成都, dans la province actuelle de Sseu-tch'ouan. C'est cette ville qui devint sa capitale lorsqu'il se proclama indépendant en 907. Sa dynastie dura jusqu'en 925. Voyez *Wou tai che*, chap. LXIII.

6. Mong Tche-siang mourut en 934, l'année même où il avait fondé à Tch'eng-tou la dynastie des Chou postérieurs. Sa dynastie dura jusqu'en 965. Voyez *Wou tai che*, chap. LXIV.

7. C'est en 911 que Lieou Cheou-kouang s'arrogea, dans la ville qui est aujourd'hui Péking, le titre d'empereur de la grande dynastie Yen 大燕皇帝. Il fut pris et mis à mort dès l'année suivante. Voyez *Wou tai che*, chap. XXXIX, pp. 5 *b*-7 *b*.

8. En 905, Lieou Yin 劉隱 fut nommé par les T'ang gouverneur de Canton, et en 911, roi de Nan-hai 南海 ; il mourut cette année-là. Son frère cadet Lieou Yen 龑 lui succéda et se proclama indépendant à Canton en 917. Sa dynastie dura jusqu'en 971. Voyez *Wou tai che*, chap. LXV. C'est vraisemblablement Lieou Yin qui est appelé Lieou Tche dans notre stèle, mais je ne vois pas pour quelle raison le caractère 隱 yin est remplacé par le caractère 陟 tche.

9. Lieou Tch'ong fut plus tard appelé Lieou Min 旻. Il se déclara indépendant en 951 à T'ai-yuan fou, dans la province actuelle de Chàn-si ; il mourut en 954 ; son royaume dura jusqu'en 979.

10. Pour le *Wou tai che* (chap. LXX), cette dynastie est celle des Han orientaux et la dynastie précédente est celle des Han méridionaux.

## III

### CARTE ASTRONOMIQUE

(Planche VIII)

La notice placée en bas de la carte est ainsi conçue :

NOTICE

« Avant que le principe suprême se fût divisé, les trois pouvoirs qui sont le Ciel, la Terre et l'Homme étaient enfermés en lui ; le terme Chaos par lequel on le désigne donne à entendre que le Ciel, la Terre et l'Homme étaient dans un état de mélange et n'étaient point encore séparés. Quand le principe suprême se fut divisé, les parties légères et pures formèrent le Ciel; les parties lourdes et troubles formèrent la Terre ; celles qui étaient à la fois pures et troubles formèrent l'Homme. Les parties légères et pures constituent l'esprit ; les parties lourdes et troubles constituent les formes corporelles ; l'Homme résulte de l'union de l'esprit avec une forme corporelle.

Ainsi, toutes les manifestations de l'esprit qui sont visibles dans le ciel émanent de la raison directrice qui est naturellement dans le principe suprême ; en évoluant, cette raison directrice forme le soleil et la lune ; en se divisant, elle devient les cinq planètes ; en se distribuant suivant un ordre, elle devient les vingt-huit mansions ; en se rassemblant, elle devient la Grande Ourse et l'étoile polaire ; il n'est aucun de tous ces termes qui ne contienne en soi la raison directrice constante et qui ne soit en rapport avec le principe rationnel de l'homme ; on peut donc par la raison les connaître. Maintenant j'ai recueilli en résumé ce qui est essentiel à ce sujet et je l'ai exposé comme suit :

La forme du ciel est ronde ; la forme de la terre est carrée ; ce qui est rond est en mouvement, ce qui est carré est en repos. Le ciel embrasse la terre; la terre s'appuie sur le ciel.

### *Forme du ciel.*

La circonférence du ciel est partout de 365 degrés 1/4[1]; son diamètre est de 121 degrés 3/4[2]. Chaque degré étant divisé en 100 parties, 1/4 de degré équivaut à 25 centièmes, et 3/4 de degré à 75 centièmes. Le ciel tourne en allant à gauche[3]; à l'Est, il s'élève au-dessus de la terre; à l'Ouest, il s'enfonce au-dessous de la terre. Il se meut sans jamais s'arrêter; dans l'espace d'un jour et d'une nuit, il parcourt 366 degrés 1/4. [Comme le soleil parcourt vers l'Est 1 degré, pour cette raison, quand le ciel en tournant vers la gauche a parcouru 366 degrés, le lendemain le soleil apparaît à l'orient.]

### *Forme de la terre.*

La terre mesure 24 degrés d'un de ses côtés à l'autre[4]; elle est d'une épaisseur moitié moindre; sa configuration l'abaisse vers le Sud-Est[5]; l'augmentation de hauteur qu'elle a au Nord-Ouest ne dépasse pas 1 degré.

Chao Yong[6] dit que l'eau, le feu, le sol et la pierre s'unissent pour former la terre. Mais maintenant, ce que nous disons avoir 24 degrés d'un côté à

1. Cette division correspond au nombre des jours de l'année. On remarquera que le degré chinois est un peu plus petit que le degré de la science occidentale puisque celle-ci compte 360 degrés dans la circonférence, tandis que les Chinois en comptent 365 et un quart. Le jour étant notre jour solaire moyen, le soleil fait exactement un tour par jour. Les étoiles font plus d'un tour puisqu'au bout d'une année (365 jours un quart) elles doivent avoir fait un tour de plus que le soleil. Chaque jour le ciel fait 1 tour plus $\frac{1}{365\ 1/4}$. Il est donc naturel de diviser la circonférence céleste en 365 parties un quart de manière que chaque jour le ciel avance d'une de ces parties sur le soleil. En un jour le soleil tourne de 365 degrés et un quart et le ciel de 366 degrés et un quart.

On peut encore dire que le soleil recule chaque jour d'un degré vers l'Est par rapport au ciel, le soleil se déplaçant sur la sphère céleste de 1 degré par jour vers l'Est.

2. Cette mesure suppose que le rapport de la circonférence au diamètre est égal à 3.

3. Par rapport à un observateur faisant face au pôle Nord, la rotation apparente de la sphère céleste se fait de droite à gauche.

4. Comme on le verra plus loin, il ne s'agit ici que de la terre solide; mais, si on considère la terre avec l'océan qui l'entoure, le diamètre total sera égal à celui du ciel, soit 121 degrés et trois quarts. Dans l'architecture rituelle des Chinois, le pi-yong, qui est un bâtiment carré entouré d'un étang circulaire, symbolise la terre entourée de l'océan.

5. C'est pour cette raison, pensent les Chinois, que les fleuves coulent en général vers le Sud-Est.

6. Chao Yong a vécu de 1011 à 1077. Cf. GILES, *Biographical Dictionary*, n° 1683.

l'autre, c'est seulement ce qui est constitué par le sol et la pierre; en dehors du sol et de la pierre, il y a l'eau qui touche au ciel; l'ensemble de tout cela constitue la forme de la terre qui, elle aussi, doit mesurer, d'un de ses côtés à l'autre, 121 degrés et 3/4[1]. Les deux pôles, celui du Nord et celui du Sud, sont les extrémités supérieure et inférieure de l'axe; c'est le Nord qui est en haut et le Sud qui est en bas quand on les regarde de dessus la terre.

### *Pôle nord.*

Le pôle nord est à plus de 35 degrés au-dessus de la terre[2].

### *Pôle sud.*

Le pôle sud est lui aussi à plus de 35 degrés au-dessous de la terre. La ligne qui est à égale distance des deux pôles est distante d'eux en tous ses points de 91 degrés et 1/3; elle est ce qu'on appelle

### *La voie rouge (l'équateur).*

La voie rouge encercle horizontalement le ventre du ciel; elle sert à mesurer les distances entre les 28 mansions. En somme, par rapport aux deux pôles, elle se trouve exactement à mi-distance entre le Sud et le Nord; elle constitue le cœur du ciel; l'esprit central y réside. Elle se meut d'une manière constante, sans jamais accélérer ni ralentir son mouvement; jour et nuit elle tourne; elle est le mécanisme qui fait tourner la révolution du ciel et le fait aller de l'Est à l'Ouest. Elle divise et fait être les quatre saisons; elle est ce par quoi le froid et le chaud sont égalisés.

1. Ainsi, la terre solide n'a que 24 degrés de côté; mais, en tant qu'elle est entourée d'eau, son diamètre mesure 121 degrés trois quarts; elle touche donc au ciel dont le diamètre est aussi de 121 degrés trois quarts.

2. Si le degré chinois était rigoureusement égal à notre degré, ceci supposerait que l'observateur était placé à 35 degrés de latitude puisque la latitude d'un lieu est égale à la hauteur du pôle au-dessus de l'horizon de ce lieu. Mais, comme les Chinois comptent 365 degrés un quart, là où nous en comptons 360, la latitude est en réalité d'environ 34 degrés et demi de latitude Nord.

ce par quoi le yin et le yang sont mis en harmonie. Elle est le principe suprême du ciel postérieur. Le principe suprême du ciel antérieur a constitué le ciel et la terre dans ce qui était sans forme ; le principe suprême du ciel postérieur fait évoluer le ciel et la terre dans le monde des formes. Les aptitudes mystérieuses des trois pouvoirs[1] se forment toutes sur (la voie rouge).

## *Le soleil.*

Le soleil est l'essence du principe yang. Il préside à la vertu bienfaisante qui produit l'existence et qui l'entretient[2]. Il symbolise le souverain des hommes : quand le souverain des hommes est sage, alors le soleil est des cinq couleurs ; quand il est déraisonnable, alors le soleil montre ses défauts ; il réprimande ainsi le souverain des hommes et lui donne un avertissement ; voilà de quelle sorte sont les phénomènes que rapportent les chroniques quand elles parlent des éclipses de soleil ou du corbeau qui apparaît dans le soleil, ou des points noirs qui sont dans le soleil, ou de la couleur rouge du soleil, ou du soleil sans éclat, ou du soleil transformé en une comète qui apparaît dans la nuit au milieu du ciel et qui fait déborder dans les quatre directions de l'espace ses rayons étincelants. Le soleil a un diamètre de 1 degré et demi[3] ; il se meut de l'Ouest vers l'Est en parcourant 1 degré par jour ; en un an, il fait le tour complet du ciel ; le chemin qu'il parcourt est ce qu'on appelle

## *La voie jaune (l'écliptique).*

La voie jaune croise la voie rouge ; elle est à moitié en dehors et à moitié en dedans de la voie rouge ; le jour du solstice d'hiver, la voie jaune

1. Le ciel, la terre et l'homme.

2. Le caractère à demi effacé sur l'estampage est le caractère 養.

3. La science occidentale évalue à 32′ 3″, c'est-à-dire à un peu plus d'un demi-degré, le diamètre apparent du soleil. Le degré chinois étant un peu plus petit que le degré occidental, le diamètre apparent du soleil devrait être estimé comme étant légèrement plus fort ; cependant, même avec cette correction, on ne s'éloignerait guère d'un demi-degré. L'erreur de notre texte est donc assez forte ; on peut se demander si, au lieu de « 1 degré et demi » 一度半, il ne devait pas y avoir primitivement, dans le traité astronomique auquel notre auteur prend ses renseignements, la leçon « un demi-degré » 一度之半.

est à 24 degrés en dehors de la voie rouge[1] ; c'est alors qu'elle est le plus loin du pôle nord ; le soleil se lève à l'heure tch'en[2] et se couche à l'heure chen[3] ; c'est pourquoi la température est froide, le jour est court et la nuit est longue. Le jour du solstice d'été, la voie jaune est à 24 degrés en dedans de la voie rouge ; c'est alors qu'elle est la plus voisine du pôle nord ; le soleil se lève à l'heure yin[4] et se couche à l'heure siu[5] ; c'est pourquoi la température est chaude, le jour est long et la nuit est courte. A l'équinoxe de printemps et à l'équinoxe d'automne, la voie jaune et la voie rouge se croisent ; la voie jaune est alors à mi-distance entre les deux pôles ; le soleil apparaît à l'heure mao[6] et se couche à l'heure yeou[7] ; c'est pourquoi la température est tempérée et le jour et la nuit sont égaux.

### *La lune.*

La lune est l'essence du principe yin. Elle préside à l'autorité redoutable qui punit et qui châtie. Elle symbolise les principaux ministres. Quand les principaux ministres sont vertueux et quand ils peuvent observer complètement la conduite qui convient à des conseillers, la lune alors a sa marche constante[8] et bien réglée. S'il arrive que les principaux ministres s'emparent de toute l'autorité ou que les affaires soient dirigées par ceux qui sont apparentés à l'empereur et élevés en dignité, ou par les eunuques, la lune alors montre ses défauts et des phénomènes étranges se produisent ; tels sont les prodiges dont parlent les chroniques quand elles relatent qu'il y eut une éclipse de lune, ou que la lune cacha les cinq planètes, ou que les cinq planètes entrèrent dans la lune, ou que l'éclat de la lune apparut en plein jour, ou que la lune se transforma en une comète qui envahit le palais de pourpre ou qui assaillit et balaya les mansions rangées à leurs places.

La figure de la lune a un diamètre de 1 degré et demi[9]. Chaque jour la

1. La science occidentale évalue à 23° 27′ l'angle que font entre eux le plan de l'écliptique et celui de l'équateur. Le degré chinois étant un peu plus petit que le nôtre, on voit que l'évaluation à 24 degrés est très près de l'exactitude.

2. 8 heures (en supposant que minuit = 0).

3. 16 heures.

4. 4 heures.

5. 20 heures.

6. 6 heures.

7. 18 heures.

8. Le mot effacé est le caractère 常.

9. Ici encore, nous proposerons, comme nous l'avons fait pour le diamètre apparent du soleil, de lire « un demi-degré », au lieu de « un degré et demi ». En effet, le diamètre apparent de la lune varie de 28′ 14″ à 33′ 50″, c'est-à-dire qu'il se maintient aux environs d'un demi-degré.

lune parcourt 13 degrés et 37 centièmes de degré[1]. En un peu plus de 27 jours[2] elle accomplit sa révolution autour du ciel ; le chemin qu'elle parcourt s'appelle

*La voie blanche (l'orbite de la lune).*

La voie blanche croise la voie jaune ; elle est à moitié en dehors et à moitié en dedans de la voie jaune ; soit en dehors, soit en dedans, elle ne s'éloigne pas d'elle de plus de 6 degrés[3] ; c'est de la même manière que la voie jaune s'écarte de la voie rouge de 24 degrés soit en dehors, soit en dedans. L'essence du principe yang est comme le feu ; l'essence du principe yin est comme l'eau ; le feu est ce qui possède de l'éclat ; l'eau est ce qui concentre l'ombre. C'est pourquoi la clarté de la lune est produite par l'éclairement du soleil ; l'obscurité de la lune est produite par le non-éclairement du soleil ; quand elle est en opposition avec le soleil, alors son éclat est brillant ; quand elle est en conjonction avec le soleil, alors son éclat disparaît. Quand elle est dans le même[4] degré que le soleil, c'est ce qu'on appelle cho (le premier du mois) [la lune dans sa marche se cache sous le soleil et est en conjonction avec lui]. Quand elle est rapprochée du soleil de un quart de la circonférence céleste ou quand elle est éloignée du soleil de trois quarts de la circonférence céleste, c'est ce qu'on appelle les cordes d'arc (quadratures). [Quand on divise la circonférence céleste en 4, cela veut dire le huitième et le vingt-troisième jour de la lunaison ; en effet, quand la lune dans sa marche est près du soleil en en étant distante de un quart de circonférence céleste, on l'appelle alors « proche de un » (premier quartier) ; quand elle est loin du soleil en en étant distante de trois quarts de circonférence céleste, on l'appelle alors « éloignée de trois » (dernier quartier). Quand elle est proche du soleil en en étant distante de un quart de circonférence céleste, elle reçoit la moitié de l'éclat du soleil et c'est pourquoi elle est à moitié claire et à moitié sombre ; elle est semblable à la corde tendue d'un arc. Lors de la corde supérieure (premier quartier), elle apparaît le soir et

1. Si on divise la circonférence céleste de 360 degrés par la durée de la révolution de la lune qui est de 27 jours, 7 heures et 43 minutes, on trouve que la lune doit parcourir par jour 13 degrés et 104 millièmes de degré. Ici encore l'approximation des Chinois qui comptent 13 degrés et 37 centièmes est sensiblement exacte.

2. Exactement de 27 jours, 7 heures et 43 minutes.

3. L'inclinaison de l'orbite de la lune sur l'écliptique varie, pour la science occidentale, de 5 degrés à 5° 17'.

4. Le mot effacé est le caractère 同.

c'est pourquoi sa partie claire est à l'Ouest; lors de la corde inférieure (dernier quartier), elle apparaît le matin et c'est pourquoi sa partie claire est à l'Est.] Quand le soleil et la lune sont répartis en se faisant équilibre dans le ciel, c'est ce qu'on appelle wang (la pleine lune) [cela signifie que, le soir du quinzième jour, le soleil se cache à l'Ouest et la lune apparaît à l'Est; l'Est et l'Ouest se font face mutuellement; la clarté est complète et l'obscurité a disparu]. Quand la clarté a pris fin et que la forme visible de la lune s'est cachée, c'est ce qu'on appelle houei (le dernier jour de la lunaison); [cela signifie que le trentième jour, la lune dans sa marche se trouve être le plus près du soleil; son éclat ni sa forme ne sont plus visibles].

Quand la lune, en suivant la voie blanche, se trouve juste à l'endroit où celle-ci croise la voie jaune, si cette circonstance se produit le premier de la lune il y a éclipse de soleil; si elle se produit à la pleine lune, il y a éclipse de lune[1]. Dans les éclipses de soleil, c'est la forme de la lune qui cache l'éclat du soleil. Dans les éclipses de lune, c'est la lune qui entre dans le vide obscur et qui ne reçoit plus l'éclat du soleil [le vide obscur se produit quand le soleil est droit en face de l'endroit éclairé].

### *Astres immobiles*[2] (*étoiles fixes*).

Les étoiles immobiles sont les trois Enceintes[3], les vingt-huit mansions, les magistrats[4] et les étoiles du milieu et de l'extérieur.

On compte 283 magistrats et 1.565 étoiles. Ces astres sont immobiles.

Les trois Enceintes sont celles du Tseu wei, du T'ai wei et du T'ien-che.

Pour ce qui est des vingt-huit mansions, les sept mansions de l'Est, qui sont Kio, K'ang, Ti, Fang, Sin, Wei, Ki, forment la figure du dragon vert; les sept mansions du Nord, qui sont Teou, Nieou, Niu, Hiu, Wei, Che, Pi, forment la figure de la tortue surnaturelle; les sept mansions de l'Ouest, qui sont K'ouei, Leou, Wei, Mao, Pi, Tsouei, Chen, forment la

1. Si la trajectoire de la lune coupe l'écliptique au moment où la lune est en conjonction avec le soleil, il y a éclipse de soleil. Si la trajectoire de la lune coupe l'écliptique au moment où la lune est en opposition avec le soleil, il y a éclipse de lune.

2. La chaîne (king) d'une étoffe reste immobile sur le métier.

3. Sur les groupes d'étoiles formant les trois enceintes appelées Tseu-wei yuan 紫微垣, T'ai-wei yuan 太微垣 et T'ien-che yuan 天市垣, voyez SCHLEGEL, *Uranographie chinoise*, pp. 534-541.

4. On sait que Sseu-ma Ts'ien a donné à son traité astronomique le titre de « Traité sur les magistrats célestes » 天官書.

figure du tigre blanc; les sept mansions du Sud, qui sont Tsing, Kouei, Lieou, Sing, Tchang, Yi, Tchen, forment la figure de l'oiseau rouge.

Les magistrats et les étoiles du milieu et de l'extérieur symbolisent à la cour les fonctionnaires tels que les trois éminences[1], les seigneurs, les neuf hauts dignitaires, les officiers de cavalerie, les yu-lin[2].

Dans la campagne (les magistrats et les étoiles du milieu et de l'extérieur) symbolisent des animaux tels que les coqs, les chiens, les loups, les poissons, les tortues et les tortues molles.

Parmi les hommes (les magistrats et les étoiles du milieu et de l'extérieur) symbolisent des œuvres humaines telles que les palais particuliers, les chemins suspendus, les dais ornés, les cinq chars.

Quant aux autres étoiles, on leur a donné un nom d'après la signification qu'elles ont; il suffit donc de considérer leur nom pour connaître leur signification.

Les astres immobiles restent tous à des places immuables; ils tournent en suivant la révolution du ciel.

De même que les cent sortes de fonctionnaires et les myriades d'hommes du peuple, chacun d'eux conserve ses fonctions et ses occupations, mais tous obéissent aux ordres des sept gouverneurs[3]. Dans la marche des sept gouverneurs et même dans la place qu'ils occupent, il y a parfois des avances ou des reculs, ou des modifications et des prodiges insolites, ou des violations de rang, alors en concordance avec cela il se produit des calamités ou des faits heureux, tout comme l'écho répond au son et tout comme l'ombre suit le corps; on peut donc tirer des pronostics de ces phénomènes et connaître ce qui se passera.

## *Les astres mobiles*[4] *(planètes).*

Pour ce qui est des essences des cinq éléments, celle du bois s'appelle la planète de l'année (Jupiter); celle du feu s'appelle Yong-houo (Mars); celle de la terre s'appelle la planète Tchen (celle qui gouverne = Saturne);

1. Ce sont les trois plus hauts fonctionnaires de l'empire; on les désigne aussi sous le nom de 三公 « les trois ducs (du palais) ».

2. Les yu-lin formaient un corps de cavalerie spécialement attaché à la personne de l'empereur (cf. *Sseu-ma Ts'ien*, trad. fr., t. II, pp. 538-539).

3. Les cinq planètes, le soleil et la lune; voyez plus bas, p. 51, l. 2-4.

4. La trame (wei) d'une étoffe est le fil que la navette fait courir entre les fils de la chaîne.

celle du métal s'appelle T'ai-po (la grande blanche = Vénus); celle de l'eau s'appelle la planète Tch'en (Mercure). Quand on mentionne les cinq planètes en les associant au soleil et à la lune, on en parle sous le nom de « les sept gouverneurs ». Tous sont adhérents au ciel. Le ciel marche vite et les sept gouverneurs marchent lentement; ce qui est lent est emporté par ce qui est rapide ; c'est pourquoi (les sept gouverneurs), comme le ciel, apparaissent à l'Est et se couchent à l'Ouest.

Les cinq planètes assistent et aident le soleil et la lune: elles sont le mécanisme qui fait évoluer les cinq influences[1] ; c'est de la même manière que les six classes de fonctionnaires ont chacune des attributions distinctes et imposent leurs ordres. Dans tout l'empire le profit et le dommage, le repos et le péril viennent de là. Aux époques de gouvernement parfait, les actions humaines sont régulières et alors chaque planète marche en suivant sa loi. Mais s'il arrive que le prince empiète sur les attributions des sujets ou que les sujets s'arrogent l'autorité du prince, l'administration et les ordres tombent dans la confusion et l'erreur, les mœurs et les enseignements se pervertissent. Émues par ces influences contraires, les planètes alors changent de plusieurs manières et ne se conforment plus à leur norme. C'est ainsi que les chroniques rapportent des faits de l'ordre que voici : Yong-houo (Mars) disparut dans P'ao-koua et pendant tout un soir fut invisible; or P'ao-koua est à plus de 30 degrés au Nord de la voie jaune. Ou encore : (Yong-houo), dans sa marche, fit un crochet vers la direction sseu ; ses rayons étincelants étaient d'un éclat effrayant et (la planète était grosse) comme une mesure de cinq boisseaux. (Ou encore :) T'ai-po (Vénus) brusquement heurta l'étoile lang ; or l'étoile lang est à plus de 40 degrés au sud de la voie jaune. Ou encore : (T'ai-po) fut visible en plein jour; elle traversa le ciel en rivalisant d'éclat avec le soleil. Dans les cas les plus graves, les planètes se transforment en astres de mauvais présage; c'est ainsi que l'essence de la planète de l'année (Jupiter) se transforma en une comète de l'espèce tch'an-tch'eng; l'essence de Yong-houo (Mars) se transforma en une comète de l'espèce appelée Étendard de Tch'e-yeou ; l'essence de la planète Tchen (Saturne) se transforma en une comète de l'espèce appelée T'ien-tsei (brigand céleste); l'essence de T'ai-po (Vénus) se transforma en un météore de l'espèce T'ien-keou (chien céleste) ; l'essence de la planète Tch'en (Mercure) se transforma en un météore de l'espèce wang-

1. Les influences des cinq éléments.

che (flèche courbe). De même, l'essence du soleil se transforme en une comète de l'espèce pei, et l'essence de la lune se transforme en une comète de l'espèce houei. Ainsi, quand le gouvernement et les enseignements sont fautifs ici-bas, ces prodiges apparaissent là-haut ; ceux qui exercent le gouvernement doivent donc observer ces phénomènes avec la plus grande attention.

### *Le fleuve céleste (la voie lactée).*

La voie lactée est l'essence des quatre grands cours d'eau[1]. Elle part de la (dodécatémorie) chouen-houo, traverse les mansions de la région de l'Ouest, puis elle passe au Nord et, arrivée aux constellations ki et wei, elle entre sous la terre.

### *Les vingt-quatre k'i[2].*

Les vingt-quatre k'i ne sont au fond qu'un seul k'i. Si on prend en considération l'année entière, il n'y a qu'un seul k'i ; si on prend en considération les quatre saisons, le k'i unique se subdivise en 4 k'i ; si on prend en considération les douze mois solaires, le k'i unique se subdivise en 6 k'i ; c'est ainsi que les 6 (k'i se rattachant au principe) yin et les 6 (k'i se rattachant au principe) yang forment 12 k'i. En outre, dans chacun des 6 k'i du principe yin et des 6 k'i du principe yang, on distingue le début et la fin ; il y a donc de ce chef une nouvelle subdivision en 24 k'i. A l'intérieur de chacun des 24 k'i, il y a 3 correspondances et c'est pourquoi chaque k'i se divise en trois moments ; de là résultent les 72 moments. Si on remonte à l'origine, il

1. Les quatre cours d'eau, dit Sseu-ma Ts'ien (trad. fr., t. III, p. 418) sont le Kiang 江 (le Yang tseu kiang), le Ho 河 (le Houang ho), le Houai 淮 et le Tsi 濟. La voie lactée étant considérée comme le fleuve du ciel, elle est l'essence des quatre principaux cours d'eau de l'empire.

2. Les Chinois divisent l'année en 24 k'i ou tsie-k'i 節氣 qui sont les quatre commencements des saisons, les deux équinoxes et les deux solstices, puis seize moments intermédiaires caractérisés par certains aspects de la vie de la nature ; ainsi, l'année débute par le commencement du printemps 立春 ; viennent ensuite les deux moments appelés eau de pluie 雨水 et réveil des insectes 驚蟄 ; puis on arrive à l'équinoxe du printemps 春分. D'après l'auteur de la notice, il n'y a en réalité qu'un k'i unique qui est la vie annuelle de la nature ; mais on peut diviser cette évolution annuelle en quatre parties qui sont les quatre saisons, ou en douze parties qui sont les douze mois solaires, ou en vingt-quatre parties qui sont les vingt-quatre tsie k'i, ou en soixante-douze parties qui sont les soixante-douze moments.

n'y a en réalité au début qu'un seul k'i ; de 1, il devient 4 ; de 4, il devient 12 ; de 12, il devient 24 : de 24, il devient 72 ; ce ne sont là que les articulations d'un k'i unique.

### *Les douze caractères cycliques*[1].

Les douze caractères cycliques sont les endroits qu'indique le guide de la Grande Ourse pendant les douze mois. Le caractère cyclique qu'indique

1. Dans un article publié dans le *Journal Asiatique* de nov.-déc. 1890 (pp. 463-510), j'ai essayé de rendre compte des deux théories qui sont exposées dans ce paragraphe, à savoir : d'une part la théorie des correspondances successives d'une certaine étoile de la Grande Ourse avec les douze points de l'horizon aux douze mois de l'année, d'autre part la théorie des trois observations faites à six heures du soir avec l'étoile $\eta$ de la Grande-Ourse, à minuit avec l'étoile $\varepsilon$, et à six heures du matin avec l'étoile $\alpha$ de la même constellation, ces trois observations devant aboutir à la détermination d'un même point de l'horizon. Au cours de ses remarquables études sur l'ancienne astronomie chinoise, M. Léopold de Saussure a critiqué (*T'oung pao*, juillet 1911, pp. 367-373) ce travail de jeunesse. — Ce qu'il dit au sujet de la théorie des trois observations est exact dans sa partie destructive, mais paraît enlever toute valeur positive à l'énoncé parfaitement net des Chinois : « Dans le mois dont le caractère cyclique est fixé en yin, à six heures du soir c'est l'étoile piao ($\eta$) qui indique yin ; à minuit, c'est l'étoile heng ($\varepsilon$) qui indique yin ; à six heures du matin, c'est l'étoile k'ouei ($\alpha$) qui indique yin. Il en va d'une manière analogue pour les autres mois. » Mon collègue au Collège de France, M. Langevin, que j'ai consulté à ce sujet, a bien voulu m'écrire ce qui suit : « Pour que ce texte ait un sens il faut que l'on ait lié à la Grande Ourse trois directions dont la première et la troisième sont opposées et la seconde perpendiculaire aux deux autres.

La première (piao) irait de $\alpha$ vers $\eta$, du boisseau vers le manche ; la troisième (k'ouei) serait opposée, allant de $\eta$ vers $\alpha$, du manche vers le boisseau, et la deuxième (heng) serait perpendiculaire aux deux autres au milieu de la Grande Ourse.

Au cours d'une année, chacune de ces directions, prise à une même heure, coupe l'horizon successivement en ses différents points. D'autre part, la deuxième direction succède à la première et la troisième à la deuxième à six heures d'intervalle. Un même point de l'horizon est déterminé à six heures du soir par $\alpha\ \eta$, à six heures du matin par $\eta\ \alpha$, et à minuit par la perpendiculaire passant par $\varepsilon$.

Les directions $\alpha\ \eta$ et $\eta\ \alpha$ se substituent sensiblement l'une à l'autre à douze heures d'intervalles si on admet qu'en l'an 2000 av. J.-C. la polaire se trouvait à peu près dans le prolongement de $\eta\ \alpha$. Quant à la direction perpendiculaire passant par $\varepsilon$, elle ne peut venir rencontrer l'horizon au même point, six heures après $\alpha\ \eta$, que si on néglige l'erreur provenant de la distance entre la Grande Ourse et le pôle — à moins que les Chinois de la haute antiquité n'aient fait inconsciemment le transport au zénith de la direction indiquée à un moment donné par une des trois lignes liées à la Grande Ourse. » — Quant à la théorie des correspondances successives d'une certaine étoile de la Grande Ourse avec les douze points de l'horizon aux douze mois de l'année, M. de Saussure a eu parfaitement raison de montrer que l'explication que j'en ai donnée d'après les commentateurs chinois ne serait exacte qu'au pôle de la terre, c'est-à-dire dans une région où le pôle céleste se confond avec le zénith, et l'équateur céleste avec l'horizon (*T'oung pao*, juillet 1911, p. 373). Mais il a tort, me semble-t-il, en déniant toute valeur pratique à la théorie chinoise ; la raison qui motive son opinion est que, les étoiles de la Grande Ourse étant circumpolaires, elles ne peuvent être observées au-dessus des signes de l'horizon qu'au Nord, au Nord-Est ou au Nord-Ouest (*ibid.*, p. 373, l. 19-22) ; mais c'est une erreur de croire que les Chinois considéraient la projection de ces étoiles comme devant être opérée toujours sur la partie de l'horizon dont elles sont le plus rapprochées ; les Chinois, comme me l'a indiqué M. Langevin, « projetaient ces étoiles sur l'horizon au moyen d'un grand cercle (méridien) issu du pôle ; le point d'intersection de ce grand cercle avec l'horizon tourne tout autour de celui-ci en même temps que l'étoile-guide tourne autour du pôle. De cette façon cette projection, faite à une même heure du jour, occupe successivement au cours de l'année les diverses régions de l'horizon.

le guide de la Grande Ourse est l'endroit où se trouve pendant tout le mois correspondant le k'i primordial. Le premier mois, la Grande Ourse indique yin; le second mois, elle indique mao; le troisième mois, elle indique tch'en; le quatrième mois, elle indique sseu; le cinquième mois, elle indique wou; le sixième mois, elle indique wei; le septième mois, elle indique chen; le huitième mois, elle indique yeou; le neuvième mois, elle indique siu; le dixième mois, elle indique hai; le onzième mois, elle indique tseu; le douzième mois, elle indique tch'eou. C'est là ce qu'on appelle la fixation des mois. Le k'i primordial du ciel n'a aucune forme extérieure qui permette de le voir; il faut observer le caractère cyclique que détermine le guide de la Grande Ourse pour le reconnaître.

La Grande Ourse a sept étoiles; la première se nomme k'ouei; la cinquième se nomme heng; la septième se nomme piao; ce sont ces trois étoiles qui constituent ce qu'on appelle le guide de la Grande Ourse. Par exemple, dans le mois dont le caractère cyclique est fixé en yin, à six heures du soir, c'est l'étoile piao qui indique yin; à minuit, c'est l'étoile heng qui indique yin; à six heures du matin, c'est l'étoile k'ouei qui indique yin. Il en va d'une manière analogue pour les autres mois.

### *Les douze ts'eu (dodécatémories).*

Les douze dodécatémories sont les régions (du ciel) où le soleil et la lune se réunissent[1]; en une année entière, le soleil et la lune se réunissent douze fois et c'est pourquoi il y a douze dodécatémories. Dans le mois dont le caractère cyclique est fixé en tseu, le nom de la dodécatémorie est yuan-hiao[2]; dans le mois dont le caractère cyclique est fixé en tch'eou, le nom de

La critique de M. de Saussure repose sur l'hypothèse que la projection de l'étoile-guide était faite au moyen d'un grand cercle issu du zénith, auquel cas la théorie chinoise devient tout à fait absurde puisque la projection oscille dans une partie seulement de la moitié septentrionale de l'horizon. »

Comme on le voit, la projection faite de la manière indiquée par M. Langevin occupe successivement au cours de l'année les diverses régions de l'horizon et forme le cercle complet; assurément les segments de l'horizon correspondant aux divers mois étaient loin d'être égaux entre eux, puisque le lieu d'observation était à une distance polaire d'environ 55°; mais on peut très bien concevoir que, par un effort d'imagination, les Chinois aient schématisé la théorie en rendant les segments égaux. Je crois donc qu'on peut maintenir les explications que j'ai données sous la réserve que la théorie chinoise, quoique fondée en réalité, est schématique et ne serait absolument exacte qu'au pôle.

1. Les positions du soleil au moment de la nouvelle lune sont sensiblement constantes pour chacun des douze mois lunaires; ces positions ne sont d'ailleurs pas autre chose que celles qui correspondent aux douze signes du zodiaque.

2. Cf. p. 37, l. 15-17.

la dodécatémorie est sing-ki; dans le mois dont le caractère cyclique est fixé en yin, le nom de la dodécatémorie est si-mou; dans le mois dont le caractère cyclique est fixé en mao, le nom de la dodécatémorie est ta-houo; dans le mois dont le caractère cyclique est fixé en tch'en, le nom de la dodécatémorie est cheou-sing; dans le mois dont le caractère cyclique est fixé en sseu le nom de la dodécatémorie est chouen-wei; dans le mois dont le caractère cyclique est fixé en wou, le nom de la dodécatémorie est chouen-houo; dans le mois dont le caractère cyclique est fixé en wei, le nom de la dodécatémorie est chouen-cheou ; dans le mois dont le caractère cyclique est fixé en chen, le nom de la dodécatémorie est che-tch'en; dans le mois dont le caractère cyclique est fixé en yeou, le nom de la dodécatémorie est ta-leang; dans le mois dont le caractère cyclique est fixé en siu, le nom de la dodécatémorie est hiang-leou; dans le mois dont le caractère cyclique est fixé en hai, le nom de la dodécatémorie est tsiu-tseu.

*Les douze régions réparties*[1].

Les douze régions réparties sont les pays qui sont dominés par les tch'en[2] et les ts'eu[3]. Dans le ciel, ce qui est les 12 tch'en et les 12 ts'eu, sur la terre c'est les 12 royaumes et les 12 provinces[4]. Toutes les fois que le soleil et la lune s'éclipsent réciproquement ou que les étoiles fixes et les planètes présentent des transformations, on peut en tirer des pronostics, soit favorables, soit défavorables pour la région correspondante : dans chaque cas, il y a une corrélation nécessaire. »

Considérons maintenant la carte du ciel (pl. VIII) au-dessous de laquelle est placée la notice que nous venons de traduire :

Le cercle le plus extérieur indique les correspondances entre les caractères du cycle duodénaire, les dodécatémories, les douze royaumes de

1. Les Chinois appellent 分野 le système astrologique qui établit des corrélations entre certaines régions de la terre et les régions correspondantes du ciel. Cette géographie astrologique se retouve dans la science chaldéenne et un texte grec cité par Boll (*Sphaera*, p. 297) met en corrélation avec douze pays les douze animaux symbolisant les constellations au moyen desquelles on divisait l'équateur en douze parties.

2. Les douze caractères cycliques distribués sur l'horizon.

3. Les dodécatémories.

4. Nous donnons un peu plus loin la liste de ces correspondances.

l'époque des Tcheou et les douze provinces de l'empereur Chouen. La série se lit dans le sens des aiguilles d'une montre, mais elle énumère les caractères du cycle duodénaire dans l'ordre inverse de l'ordre normal; nous pouvons donc dresser le tableau suivant :

| CARACTÈRES DU CYCLE DUODÉNAIRE | | DODÉCATÉMORIES | | ROYAUMES | | PROVINCES | |
|---|---|---|---|---|---|---|---|
| 亥 | hai. | 娵訾 | tsiu-tseu. | 衛 | Wei. | 并州 | Ping tcheou. |
| 戌 | siu. | 降婁 | hiang-leou. | 魯 | Lou. | 徐州 | Siu tcheou. |
| 酉 | yeou. | 大梁 | ta-leang. | 趙 | Tchao. | 冀州 | Ki tcheou. |
| 申 | chen. | 實沈 | che-tch'en. | 晉 | Tsin. | 益州 | Yi tcheou. |
| 未 | wei. | 鶉首 | chouen-cheou. | 秦 | Ts'in. | 雍州 | Yong tcheou. |
| 午 | wou. | 鶉火 | chouen-houo. | 周 | Tcheou. | 三河 | San ho. |
| 巳 | sseu. | 鶉尾 | chouen-wei. | 楚 | Tch'ou | 荊州 | King tcheou. |
| 辰 | tch'en. | 壽星 | cheou-sing. | 鄭 | Tcheng. | 兗州 | Yen tcheou. |
| 卯 | mao. | 大火 | ta-houo. | 宋 | Song. | 豫州 | Yu tcheou. |
| 寅 | yin. | 析木 | si-mou. | 燕 | Yen. | 幽州 | Yeou tcheou. |
| 丑 | tch'eou. | 星紀 | sing-ki. | 吳 | Wou. | 楊州 | Yang tcheou. |
| 子 | tseu. | 元枵 | yuan-hiao. | 齊 | Ts'i. | 青州 | Ts'ing tcheou. |

A l'intérieur du cercle que nous venons d'étudier, un autre cercle concentrique au premier est le lieu auquel aboutissent les rayons tirés du pôle et passant par les 28 mansions lunaires; les distances respectives des points où ces rayons aboutissent sur le cercle sont indiquées en degrés, chaque distance étant marquée pour chaque point par rapport à celui qui le suit; les indications contenues dans le cercle se lisent dans le sens où marchent les aiguilles d'une montre; si nous commençons au point correspondant à la mansion kio[1], nous obtenons le tableau suivant où le chiffre qui suit le nom de la mansion indique en degrés la distance qui sépare le point du cercle qui lui correspond du point du cercle qui correspond à la mansion suivante :

| | | | | | | | |
|---|---|---|---|---|---|---|---|
| kio . . . . . | 12 | teou . . . . | 25 | k'ouei . . . | 16 | tsing. . . . | 34 |
| k'ang. . . . | 9 | nieou . . . | 7 | leou . . . . | 12 | kouei . . . | 2 |
| ti. . . . . . | 16 | niu. . . . . | 11 | wei. . . . . | 15 | lieou. . . . | 14 |
| fang . . . . | 6 | hiu. . . . . | 9* | mao . . . . | 11 | sing . . . . | 7 |
| sin. . . . . | 6 | wei. . . . . | 16 | pi . . . . . | 17 | tchang. . . | 17 |
| wei. . . . . | 19 | che. . . . . | 17 | tsouei . . . | 1 | yi. . . . . . | 19 |
| ki . . . . . | 11 | pi . . . . . | 9 | chen . . . . | 10 | tchen . . . | 17 |

Pour la mansion hiu, le chiffre 9 est suivi des mots : 少強 « et un petit

1. A gauche et en bas du tableau.

excédent ». Si on additionne tous les nombres du tableau ci-dessus, on obtient un total de 365 et, en tenant compte de l'excédent indiqué pour la mansion hiu, on doit arriver au total de 365 degrés 1/4 qui est en effet la mesure de la circonférence céleste.

Si on avance plus à l'intérieur dans le tableau, on voit deux cercles qui se coupent mutuellement; celui qui est concentrique avec les deux cercles les plus extérieurs est la voie rouge ou équateur; celui qui n'est pas concentrique est la voie jaune ou écliptique.

Enfin, un dernier cercle plus petit, concentrique à l'équateur, détermine la région des étoiles circumpolaires.

La voie lactée 天河 est marquée par deux lignes qui délimitent ses deux bords[1].

Parmi les constellations, les noms de celles qui figurent dans la liste des 28 mansions sont entourés d'un cercle.

Les trois enceintes 三垣[2] sont, elles aussi, distinguées des autres régions du ciel en ce que leur nom est inscrit dans un cartouche; près du pôle, on trouvera, gravé en relief, le nom du Tseu wei yuan 紫微垣; sur la ligne du rayon qui passe par la mansion tchen 軫, on rencontrera le nom du T'ai wei yuan 太微垣; enfin, dans la région comprise entre le rayon qui passe par la mansion wei 尾 et le rayon qui passe par la mansion ki 箕, est inscrit le nom du T'ien che yuan 天市垣.

1. Une des extrémités de la voie lactée est en bas du tableau, à l'endroit qui correspond dans le cercle le plus extérieur au caractère cyclique 午; l'autre extrémité de la voie lactée est sur la gauche du tableau, à l'endroit qui correspond dans le cercle le plus extérieur au caractère cyclique 寅.

2. Cf. p. 49, n. 3.

## IV

### PLAN DE LA VILLE DE SOU-TCHEOU [1]

(Planche IX)

Cette stèle porte le titre de Plan de P'ing-kiang 平江圖. Ce nom de P'ing-kiang apparaît pour la première fois en 975; la ville, qui faisait alors partie des États de Ts'ien Chou 錢俶, prince de Wou et de Yue, reçut à cette date le nom de gouvernement militaire de P'ing-kiang 平江軍節度. Lorsque, en 978, Ts'ien Chou eut livré ses États aux Song, ceux-ci rendirent à la ville le nom, qu'elle avait déjà porté autrefois, de Sou-tcheou 蘇州, mais ils lui conservèrent en même temps le titre de circonscription militaire de P'ing-kiang 平江軍[2]. En 1113, la ville fut appelée préfecture de P'ing-kiang 平江府 et ce nom lui resta jusqu'à l'époque des Ming. On voit donc que notre carte, gravée en 1247, ne pouvait pas porter un autre titre que celui qu'elle présente effectivement.

La ville affecte une forme quadrangulaire qui ne laisse pas que d'être quelque peu schématisée; elle est coupée par toute une série de canaux, les uns horizontaux, les autres verticaux, qui sont franchis par d'innombrables ponts; on sait que Marco Polo [3] comptait six mille ponts à Sou-tcheou. Ces

1. Cette stèle a déjà été décalquée et transcrite par Yule (dans *Marco Polo*, éd. Yule et Cordier, vol. II, en regard de la p. 182); je n'avais donc pas à recommencer ce travail; aussi bien n'aurais-je pu le faire d'une manière satisfaisante, mon estampage paraissant être moins distinct que l'estampage, plus ancien d'une cinquantaine d'années, dont Yule a fait usage. Au cours des explications que je donne au sujet de ce plan, j'ai marqué entre parenthèses les transcriptions proposées par Yule.

Dans les lignes qui vont suivre, j'aurai à citer, outre la grande géographie *Ta T'sing yi t'ong tche* (édition lithographique de 1897) et l'encyclopédie *T'ou chou tsi tch'eng*, la monographie de la préfecture de Sou-tcheou 蘇州府志 que possède la Bibliothèque nationale (fonds Pelliot, II, n° 822). Cet ouvrage, qui comprend quatre-vingts fascicules, a été entrepris en 1869 et achevé d'imprimer en 1882; il a pour principal auteur Fong Kouei-fen 馮桂芬, appellation Tchong-yun 中允.

2. Cf. *Sou tcheou fou tche*, chap. II, pp. 11 *b*-12 *a*.

3. Ed. Yule et Cordier, vol. II, p. 181. Marco Polo dit expressément que ces ponts sont ceux qui sont « en cette cité », c'est-à-dire à l'intérieur de la ville. Or, dans le *T'ou chou tsi tch'eng* (section *Tche fang*, chap. CCLXXI, pp. 1 *a*-6 *b*) où il y a une énumération très complète des ponts de Sou-tcheou, on en compte 272. Il est donc évident que le nombre

canaux communiquent entre eux et se rattachent en définitive au Grand Canal de transport ou Yun-ho 運河 qui va de T'ien-tsin à Hang-tcheou ; le Grand Canal passe le long du mur occidental de Sou-tcheou ; le nom de Yun-ho 運河 apparaît trois fois sur notre carte : d'abord au point d'arrivée du canal (troisième cours d'eau de gauche à partir du haut), puis au point de sortie (tout au bas de la carte, à gauche du gros caractère « Sud » 南), enfin sur un des canaux intérieurs de la ville (peu avant le point où ce canal franchit la porte de l'angle Sud-Ouest) ; cette dernière indication prouve que les canaux de la ville sont considérés comme faisant partie du système du Grand Canal.

Dans l'angle inférieur de gauche de la carte, on aperçoit une vaste étendue d'eau ; c'est le T'ai hou 太湖 ou Vaste Lac. Ce lac est rattaché au Grand Canal par un cours d'eau, le Siu-k'eou chouei 胥口水[1], qui y aboutit au point où s'élève la porte de la ville appelée porte Siu 胥門 ; le Siu k'eou chouei passe au Nord de la montagne Siu 胥 ; une tradition veut que ces noms aient conservé le souvenir du fameux Wou Yun 伍員, appellation Tseu-siu 子胥 qui, vers l'an 500 av. J.-C., fut obligé de se suicider malgré les services qu'il avait rendus aux princes de Wou 吳[2]. Mais on a fait observer que le nom de la montagne Siu apparaît dans un texte qui est vraisemblablement antérieur à Wou Tseu-siu[3].

A l'angle supérieur de droite de la stèle, un autre lac considérable dont on ne voit qu'une partie sur la carte est le Yang-tch'eng hou 陽城湖, qui se rattache au système hydrographique de la rivière Wou-song 吳淞江. Au Sud de ce lac est la colline San-fei 三腓堆.

A l'angle supérieur de gauche de la stèle, on voit une montagne nommée le Hou-k'ieou chan 虎丘山 ; elle est surmontée d'une pagode auprès de laquelle on lit les mots « temple Yun-yen » 雲巖寺, tandis que plus à l'Ouest, un monument moins considérable est appelé le « temple de l'Ouest » 西庵.

La montagne Hou-k'ieou est celle où fut enterré Ho-lu 闔閭, roi de Wou, mort en 496 av. J.-C. ; trois jours après l'enterrement, un tigre blanc s'accroupit sur la tombe et c'est pourquoi la montagne fut appelée Hou-

indiqué par Marco Polo est fautif ; si on considère que, parmi les 272 ponts du *T'ou chou tsi tch'eng*, la majeure partie est de construction moderne, on conclura que, au temps de Marco Polo, le nombre des ponts de Sou-tcheou devait être plus vraisemblablement 60 que 6.000.

1. Ce nom est celui que nous trouvons dans un passage de Tcheou Pi-ta 周必大 cité dans le *Ta Ts'ing yi t'ong tche* (chap. LIV, p. 3 *b*) ; sur notre carte, on lit 胥〇口 : peut-être le second mot doit-il être restitué en 塘.

2. Cf. *Sseu-ma Tsien*, trad. fr., t. IV, pp. 29-30 et pp. 427-428.

3. Cf. *Ta T'sing yi t'ong tche*, chap. LIV, p. 3 *b*.

k'ieou, « la colline du tigre » ; suivant une autre tradition, le tigre apparut lorsque Ts'in Che houang ti voulut violer la sépulture de Ho-lu afin de prendre les joyaux qui s'y trouvaient, et plus particulièrement les deux célèbres épées du roi de Wou[1].

Quant aux deux temples bouddhiques de la montagne Hou-k'ieou, leur origine est ancienne. C'est en 327 p. C., en effet, que deux frères nommés Wang Siun 王珣 et Wang Min 王珉, donnèrent leur habitation pour en faire un lieu de culte. Les deux temples étaient d'abord au pied de la montagne ; plus tard, l'un d'eux fut réédifié au sommet et prit le nom de « temple de la montagne Hou-k'ieou » 虎邱山寺 ; mais, pendant la période tche-tao (995-998), il fut appelé temple Yun-yen 雲巖寺[2].

On quitte la montagne Hou-k'ieou, soit en traversant au Sud le pont Pien-chan k'iao 便山橋, soit en suivant plus à l'Ouest la chaussée qui franchit, sur le pont Tong 洞橋, le cours d'eau venu du lac Tch'ang t'ang 長蕩 ; cette chaussée se poursuit jusqu'à la porte de la ville appelée porte Tch'ang 閶門.

En suivant toujours le bord gauche de la stèle, nous voyons, au Sud de la montagne Hou-k'ieou, le temple Pan-t'ang 半塘, qu'on appelle aujourd'hui temple Cheou-cheng 壽聖寺[3]. La pagode qui s'y trouve fut fondée en l'année 415 p. C. On accède à ce temple par le pont Ts'ai-yun 綵雲, ou, du côté du Sud, par le « pont qui est devant le temple » 寺前橋.

Plus au Sud se trouve un grand temple dont le nom est effacé ; sa position nous permet de l'identifier avec le temple Han-chan 寒山寺[4]. En avant du temple sont quatre petits bâtiments ; le nom de l'un d'eux seul est bien lisible ; c'est le Li-tsi yuan 利濟院. En arrière du temple, on lit le nom du pont Fong 楓橋 qui est important, car il désigne aujourd'hui encore une des étapes sur la voie du Grand Canal[5].

Si nous suivons maintenant le bord supérieur de la stèle, extérieurement à la ville, nous voyons, à droite du gros caractère 北 « Nord », un canal qui est le canal Tch'ang-chou 常熟 (*Yule*: Chang shuh Canal) ; plus loin, une chaussée aboutit à la porte de la ville appelée porte Ts'i 齊門. Plus à l'Est, à côté d'un bâtiment dont le nom est effacé (*Yule* lit : Commandant of Chang-chou), est le champ de manœuvres 教場 (*Yule :* Parade ground).

1. Voyez les textes réunis dans le *Ta T'sing yi t'ong tche*, à l'article de la montagne Hou-k'ieou, chap. LIV, p. 4 *b* ; les traditions relatives à la sépulture de Ho-lu ont été aussi relatées par le P. Tschepe dans son *Histoire du royaume de Ou*, pp. 99-100.

2. Cf. *Ta Ts'ing yi t'ong tche*, chap. LV, p. 4 *a*.

3. Cf. *Ta Ts'ing yi t'ong tche*, chap. LV, p. 5 *a*.

4. Cf. *Ta Ts'ing yi t'ong tche*, chap. LV, p. 5 *a*.

5. Cf. le P. Gandar, *Le Canal impérial*, p. 67.

Plus à l'Est encore est le 程○墳, c'est-à-dire la tombe de Tch'eng ○ ; mais je ne suis pas parvenu à déterminer qui était ce personnage.

Sur les bords occidentaux et méridionaux de la stèle, je n'ai pu identifier aucun des bâtiments représentés.

Considérons maintenant la ville elle-même. Les portes de la ville sont au nombre de six : sur la face Nord se trouve la porte Ts'i 齊 (*Yule*: Tse Gates) ; sur la face Est, il y a deux portes : la plus septentrionale est la porte Leou 婁 (*Yule*: Lao G.) ; la plus méridionale est la porte Fong 葑 (*Yule* : Fäng Gates)[1] ; du côté du Sud, il n'y a qu'une seule porte qui est située à l'angle saillant que forment les remparts au Sud-Ouest ; c'est la porte P'an 盤 (*Yule* : Pwan Gates)[2] ; sur la face Ouest, il y a deux portes : la plus septentrionale est la porte Tch'ang 閶門 (*Yule* : Chang G.) ; la plus méridionale est la porte Siu 胥 (*Yule* : nom omis).

A l'intérieur de la ville, nous voyons au Nord et un peu à l'Ouest le groupe imposant des bâtiments du temple Pao-ngen 報恩 (*Yule* : Great Pao-ngan Pagoda). L'origine de ce temple remonte jusqu'au milieu du troisième siècle de notre ère : c'est alors en effet que la mère de Souen K'iuan 孫權, roi du royaume de Wou 吳, abandonna sa demeure pour en faire un sanctuaire bouddhique. A l'époque des Leang (502-556), le religieux Tcheng-houei 正慧 y fit élever une pagode à onze étages ; cet édifice fut détruit par le feu pendant la période kien-yen (1127-1131) ; on le reconstruisit, mais jusqu'à la hauteur de neuf étages seulement, pendant la période chao-hing (1131-1163)[3] ; tel était l'état où devait se trouver la pagode à l'époque de notre plan. Sur ce plan, on a marqué, à gauche de la pagode, trois bâtiments qui sont le Fa-houa yuan 法華院 (salle du Saddharma puṇḍarīka), le P'ou-hien yuan 普賢院 (salle de Samantabhadra), et le Wen-chou yuan 文殊院 (salle de Mañjuçrī) ; à droite de la pagode, trois autres bâtiments sont le Sseu-tcheou yuan 泗洲院, le Chouei-yuan t'ang 水院堂[4] et le P'ou-men yuan 普門院. De ces trois salles, la première est devenue pendant la période king-ting (1260-1265) un temple indépendant qui a été édifié au Sud-Ouest de la ville, à l'Ouest du Wen miao ou temple de la littérature ; c'est là que se trouve aujourd'hui le Sseu tcheou kiao sseu 泗州教寺[5].

1. D'après M. Tchou Kia-kien, qui est originaire de Sou-tcheou, la prononciation locale de ce nom est « fou ».

2. C'est cette porte dont Yule a donné le facsimilé d'après un estampage semblable au nôtre (voyez *Marco Polo*, éd. Yule et Cordier, vol. II, p. 183).

3. Cf. *Ta T'sing yi t'ong tche*, chap. LV, p. 3 *b*, et *Sou tcheou fou tche*, chap. XXXIX, p. 1 *a*-7 *b*.

4. Je crois qu'il faut lire plutôt 水陸院. Le *Sou tcheou fou tche*, chap. XXXIX, p. 2 *a*, parle en effet du 水陸院 dans le temple Pao-ngen.

5. Cf. *Sou tcheou fou tche*, chap. XXXIX, p. 18 *b*-19 *a*.

A gauche de l'enceinte du temple Pao-ngen, on aperçoit quelques bâtiments avec l'inscription 六十五營; Yule traduit « Camp n° 65 », nous trouverons plus loin (p. 64, l. 12-13) une mention du « vingt-huitième camp »; mais il est difficile de voir ce que signifient ces indications.

A l'Est du temple Pao-ngen est marqué le sanctuaire septentrional de Kouan-yin 北觀音院 (*Yule* : T. of Kwan-yin).

Plus à l'Est encore, au sud de la porte Ts'i, est le temple septentrional du dhyâna 北禪寺 (*Yule* : Pih-shen); il date de l'époque des Tsin; c'est alors que le dévot Tai Yong 戴顒 donna sa demeure pour qu'on en fît un temple bouddhique[1].

Tout à fait à l'Est, auprès de la porte Leou est le temple Pao-kouang 寶光 dont le nom remonte à la période tch'e-wou (238-251) de l'époque du royaume de Wou 吳[2].

Si nous considérons maintenant dans le territoire enclos par les murs de la ville une nouvelle bande horizontale située au Sud de celle que nous venons d'étudier, nous trouvons d'abord à l'Est le temple Tche-tö 至德廟 (*Yule* : Chi-tih B. T.). Ce temple n'est pas, comme le croit Yule, un temple bouddhique; c'est un sanctuaire consacré à T'ai-po 吳太伯, ancêtre légendaire des princes de Wou; on y sacrifie en même temps au frère cadet de T'ai-po, Tchong-yong 仲雍 qui, d'après la tradition, accompagna son aîné lorsque celui-ci s'enfuit chez les barbares du Sud[3]. Ce culte a une origine ancienne puisque c'est, dit-on, en 154 p. C. qu'un gouverneur chinois fonda un temple consacré à T'ai-po, en dehors de la porte Tch'ang; entre 911 et 915, sous la dynastie des princes de Wou et de Yue, le temple fut transféré à l'endroit qu'il occupe sur notre plan; en 1091 on donna à ce bâtiment le nom de Tche-tö miao; entre 1098 et 1101, T'ai-po fut anobli rétrospectivement et nommé marquis Tche-tö 至德侯; en 1102, il fut nommé roi Tche-tö 至德王[4].

Au Sud de ce temple, au débouché de la porte Tch'ang est situé un petit temple du dieu local 土地廟.

A l'Ouest du temple Tche-tö est le grand temple taoïste Tch'ong-tchen kong 崇眞宮 (*Yule* : Tsung-chin, T. T.). C'est en 1118 qu'un habitant de

1. Cf. *Ta Ts'ing yi t'ong tche*, chap. LV, p. 4 a; *T'ou chou tsi tch'eng*, section *Tche fang*, chap. DCLXXVIII, p. 2 b.

2. Cf. *Ta Ts'ing yi t'ong tche*, chap. LV, p. 4 a; *T'ou chou tsi tch'eng*, section *Tche fang*, ch. DCLXXVIII, p. 2 b-3 a.

3. Cf. *Sseu-ma Ts'ien*, traduction française, t. IV, pp. 1-2.

4. Cf. *Ta Ts'ing yi t'ong tche*, chap. LV, p. 3 a; *T'ou chou tsi tch'eng*, section *Tche fang*, chap. DCLXXVII, p. 1 b.

la localité nommé Houang Wou-wei 黄悟微 donna son habitation à des religieux taoïstes pour en faire un lieu de culte[1].

Plus à l'Est, nous trouvons l'ensemble des constructions qui appartiennent au temple bouddhiste Neng-jen 能仁寺 (*Yule* : Nang-jin, B. T.). Ce temple fut fondé sous la dynastie des Leang (502-556); il se nomma d'abord Kouang-tö tch'ong-yuan sseu 廣德重元寺. Au début des Song, on l'appela Tch'eng-t'ien sseu 承天寺; mais, pendant la période siuan-ho (1119-1126), on frappa de tabou les caractères 天, 聖, 皇 et 王; c'est alors que le temple devint le Neng-jen sseu 能仁寺, nom sous lequel il apparaît sur notre plan. La dynastie mongole réunit les deux dernières dénominations et, depuis lors et jusqu'à nos jours, le temple fut désigné comme étant le Tch'eng-t'ien neng-jen sseu 承天能仁寺[2]. Comme bâtiments annexes, notre plan marque, à gauche, le Fou-tch'ang yuan 福昌院, le P'ou-hien yuan 普賢院 et le Yuan-t'ong yuan 圓通院; à droite, le Chouei-lou yuan 水陸院 et le Pao-tch'ouang yuan 寶幢院.

Au Sud-Est du temple Neng-jen est le petit temple Siang-fou 祥符, fondé en l'an 1008, et, plus au Nord-Est, le temple Ling-tsieou 靈鷲 fondé pendant la période t'ien-kien (502-520) de la dynastie Leang[3].

Si nous considérons une nouvelle bande horizontale plus méridionale, nous voyons, notablement plus au Sud que le temple Tche-tö, le temple Tchou-ming 朱明寺; c'est un temple bouddhique qui, par exception, porte le nom d'un homme; Tchou Ming vivait à l'époque des Tsin orientaux (317-419); il était renommé pour sa piété filiale et son affection fraternelle; son frère cadet et sa belle-sœur qui demeuraient avec lui projetèrent de le quitter et d'habiter ailleurs; Tchou Ming leur donna tout ce qu'il avait d'or et de grains et ne garda pour lui que la maison vide; mais, un soir, survint un ouragan et le vent transporta de nouveau toutes les richesses chez Tchou Ming; le frère cadet et sa femme saisis de confusion, se pendirent; quant à Tchou Ming, il donna sa maison pour qu'on en fît un temple[4].

Les bâtiments qui sont à l'Ouest du temple Tchou-ming constituent aujourd'hui le Tch'eng-houang miao 城隍廟 et c'est sous ce nom qu'ils apparaissent sur le plan de Yule; mais, comme le Tch'eng-houang miao n'a été édifié qu'en 1370, ce nom ne saurait avoir figuré sur notre stèle.

1. Cf. *Ta Ts'ing yi t'ong tche*, chap. LV, p. 5 *b*; *T'ou chou tsi tch'eng*, section *Tche fang*, chap. DCLXXVIII, p. 9 *a*.

2. Cf. *T'ou chou tsi tch'eng*, section *Tche fang*, chap. DCLXXVIII, p. 1 *a*.

3. Cf. *T'ou chou tsi tch'eng*, section *Tche fang*, chap. DCLXXVIII, p. 3 *a*.

4. Cf. *Sou tcheou fou tche*, chap. XXXIX, pp. 14 *a-b*; *T'ou chou tsi tch'eng*, section *Tche fang*, chap. DCLXXVIII, p. 1 *b*; *Ta Ts'ing yi t'ong tche*, chap. LV, p. 3 *b*.

Un peu plus au Nord-Est se trouve le petit temple Tch'ouan-fa sseu 傳法寺, aujourd'hui appelé Chan-hing sseu 禪興寺; il a été construit en la première année t'ien-kien (502) de la dynastie Leang[1]. Plus à l'Est viennent les temples bouddhiques Miao-yen 妙嚴 et Kouang-houa 廣化.

Sensiblement plus à l'Est on trouve le temple bouddhique T'ien-kong 天宮寺 qui fut construit une première fois à la fin des Tsin; il portait alors le nom de temple Wou-p'ing 武平院; il fut ensuite abandonné et fut occupé par des gens du peuple. Sous les T'ang, en l'année 896, un haut dignitaire donna cet emplacement à la religion bouddhique et le moine Leao-jan 了然 édifia le temple T'ien-kong[2].

A la même hauteur, tout près de la muraille orientale de la ville, un groupe de bâtiments porte la mention 威〇二十八營 « vingt-huitième camp des [gardes militaires] ».

Dans toute la partie de la stèle qui est plus au Sud, on ne distingue presque plus aucun des noms qui y étaient primitivement gravés. On peut se reporter au plan de Yule pour la compléter, mais il convient de se rappeler que les indications de Yule sont vraisemblablement pour la plupart empruntées ici à des informations modernes. Quelque altérée qu'elle soit, cette stèle n'en est pas moins fort intéressante puisqu'elle nous montre la ville de Sou-tcheou telle qu'elle était une trentaine d'années avant qu'elle fût visitée par Marco Polo[3].

1. Cf. *T'ou chou tsi tch'eng*, section *Tche fang*, chap. DCLXXVIII, p. 3 *a*.

2. Cf. *Ta Ts'ing yi t'ong tche*, chap. LV, p. 4 *a*; *T'ou chou tsi tch'eng*, section *Tche fang*, chap. DCLXXVIII, p. 3 *a*.

3. Comme on l'a vu plus haut, cette stèle, de même que les trois autres, a dû être gravée en 1247, par les soins de Wang Tche-yuan; il est donc bien difficile de savoir quel rôle ont joué dans l'érection de ce monument les trois personnages appelés Lu Yen, Tchang Yun-tch'eng et Tchang Yu-ti, dont les noms se lisent tout à fait en bas de l'estampage sur la marge de gauche; les mots qui devraient suivre ces trois noms et en expliquer la présence ont disparu.

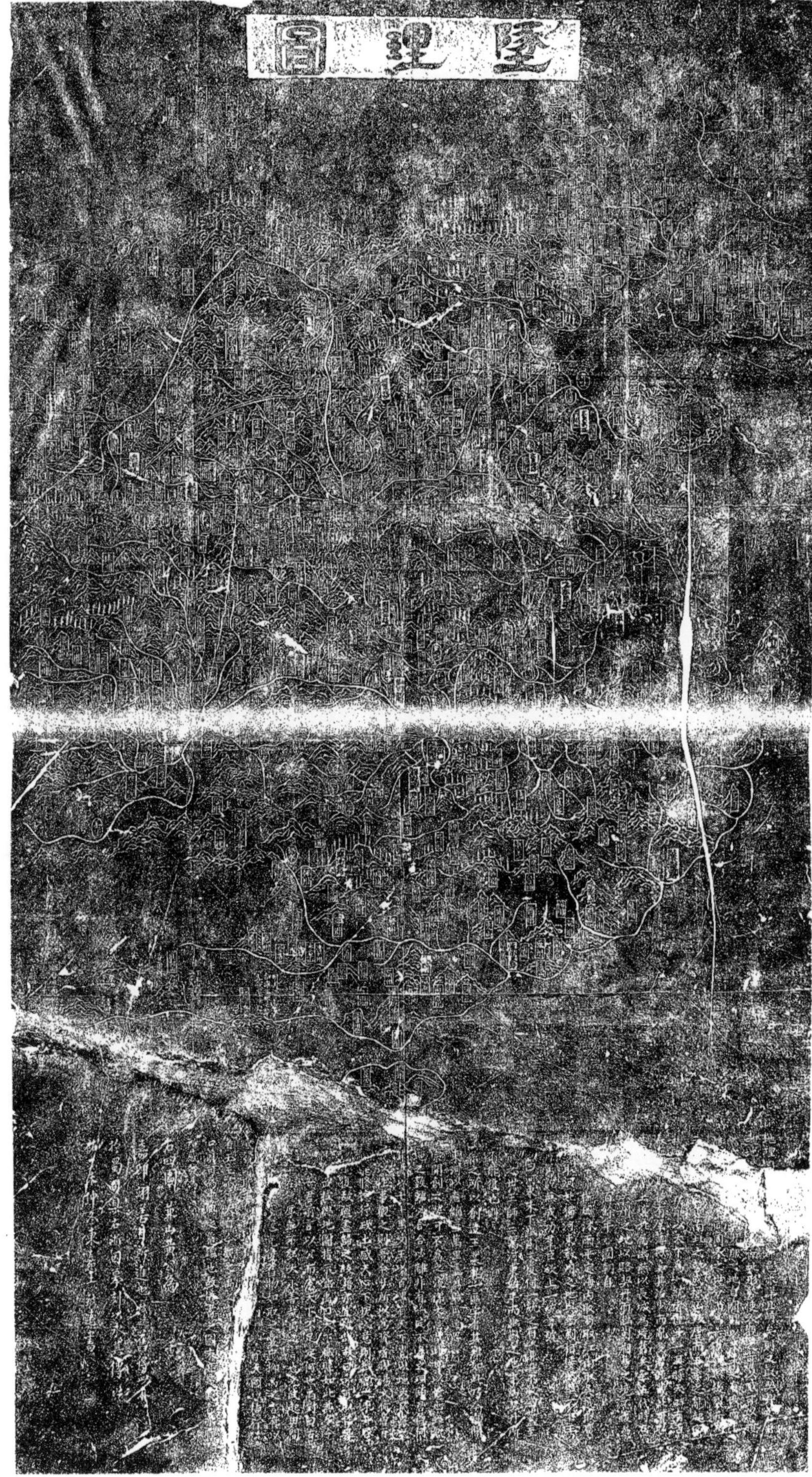


Phototypie Berthaud, Paris

Carte géographique

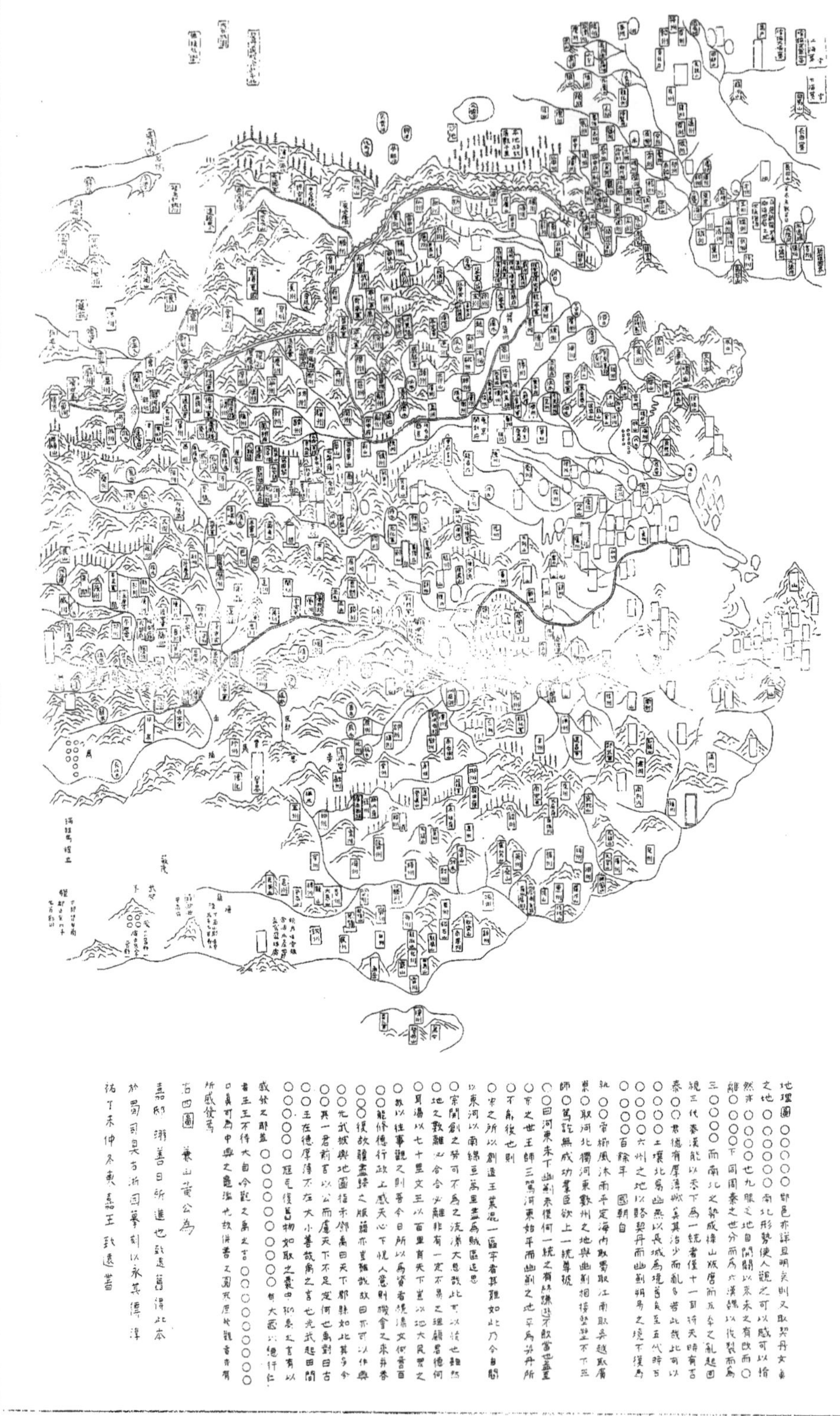

地理圖〇〇〇〇〇〇郡邑亦詳且明矣則又取契丹女真
之地〇〇〇〇〇南北形勢使人觀之可以感可以指
然亦〇〇〇〇也九服之地自開闢以来未之有改而〇
離〇〇〇〇〇下周周秦之世分而爲六漢魏以後裂而爲
三〇〇〇〇而南北之勢成據山阪唐而五季之亂起固
視三代秦漢能以天下爲一統者僅十一耳特天時有否
泰〇〇君德有厚薄惟其治少而亂多皆此哉此可以
〇〇〇〇土壤北爲幽燕以長城爲境舊矣至五代時石
〇〇〇〇六州之地以賂契丹而幽薊朔易之境不復爲
〇〇〇〇百餘年 國朝自
執〇〇帝櫛風沐雨平定海内取蜀取江南取吳越取廣
東〇取河北獨河東數州之地與幽薊相接堅壁不下王
師〇篤詫無成功業臣欲上一統尊號
〇〇曰河東未下幽薊未復何一統之有絲蹤遜不敢當世盛
〇京之世王師三駕河東始平而幽薊之地卒爲外丹所
〇不能復也則
〇宋之所以創造王業混一區宇者其難如此乃今自關
以東河以南綿亘萬里盡爲賊區追思
〇宗開創之勞可不爲之流涕太息哉此可以悟也雖然
〇地之數離必合合必離非有一定不易之理顧君德何
〇見湯以七十里文王以百里有天下豈以地大民衆之
故以往事觀之則吾今日所以爲資者視湯文何啻百
〇能修德行政上感天心下悅人意則機會之來并吞
〇〇復故疆盡歸之版籍亦豈難哉故曰不可以作興
〇〇光武披與地圖指示鄧禹曰天下郡縣如此其多今
〇〇其一君前言以公而慮天下不足定何也禹對曰古
〇〇王在德厚薄不在大小善哉禹之言也光武起田間
〇〇〇〇〇〇復舊物如取之囊中非禹之言有以
感發之耶蓋〇〇〇〇〇〇〇〇有大國以德行仁
者王王不待大自今觀之禹之言〇〇〇〇〇〇〇〇
〇真可爲中興之龜鑑也故併書之圖末庶幾睿奇有
所感發焉
右四圖 兼山黃公爲
嘉邸 翊善日所進也致遠舊得此本
於蜀司臬古淅因摹刻以永其傳 淳
祐丁未仲冬東嘉王 致遠書

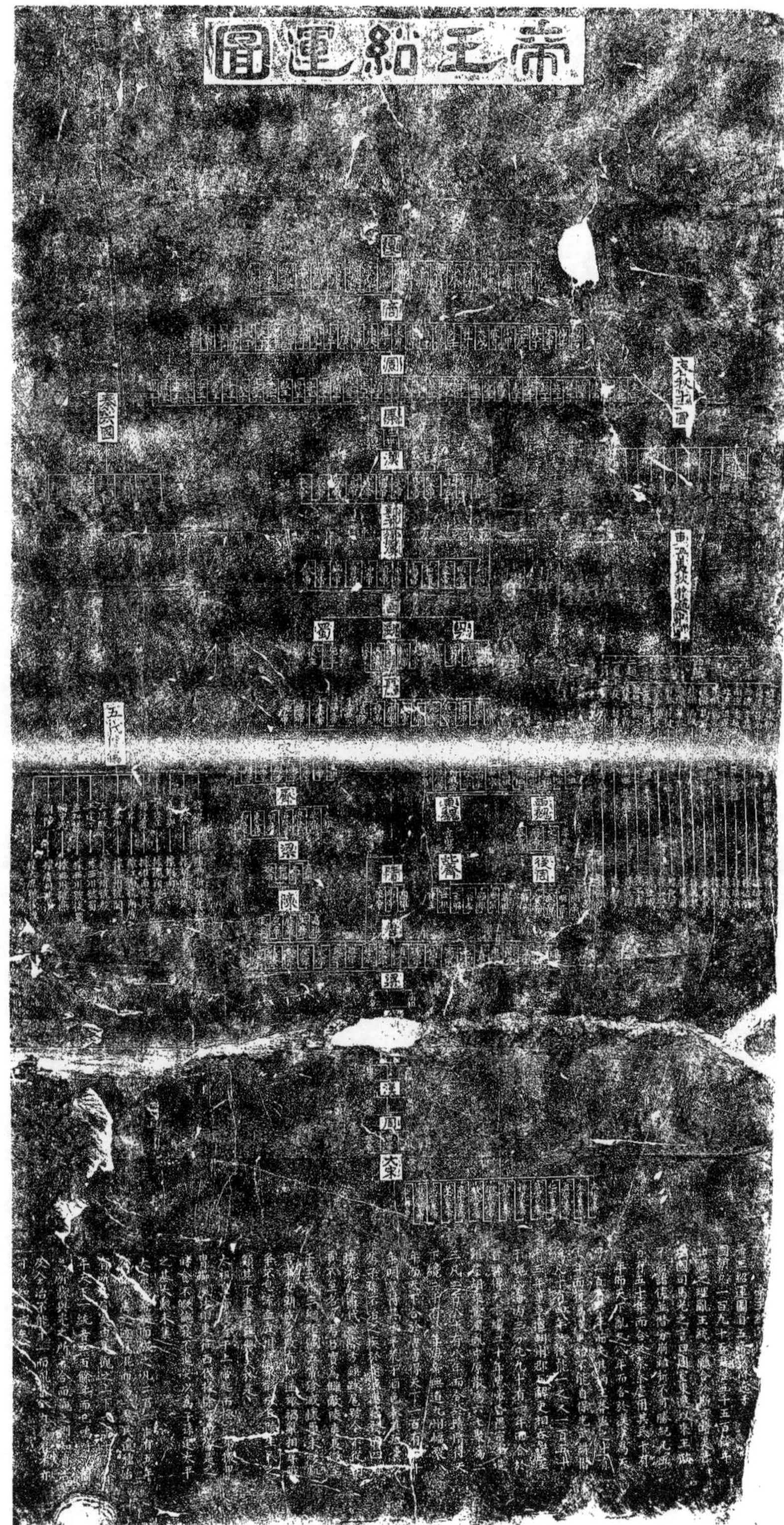




Tableau chronologique des souverains

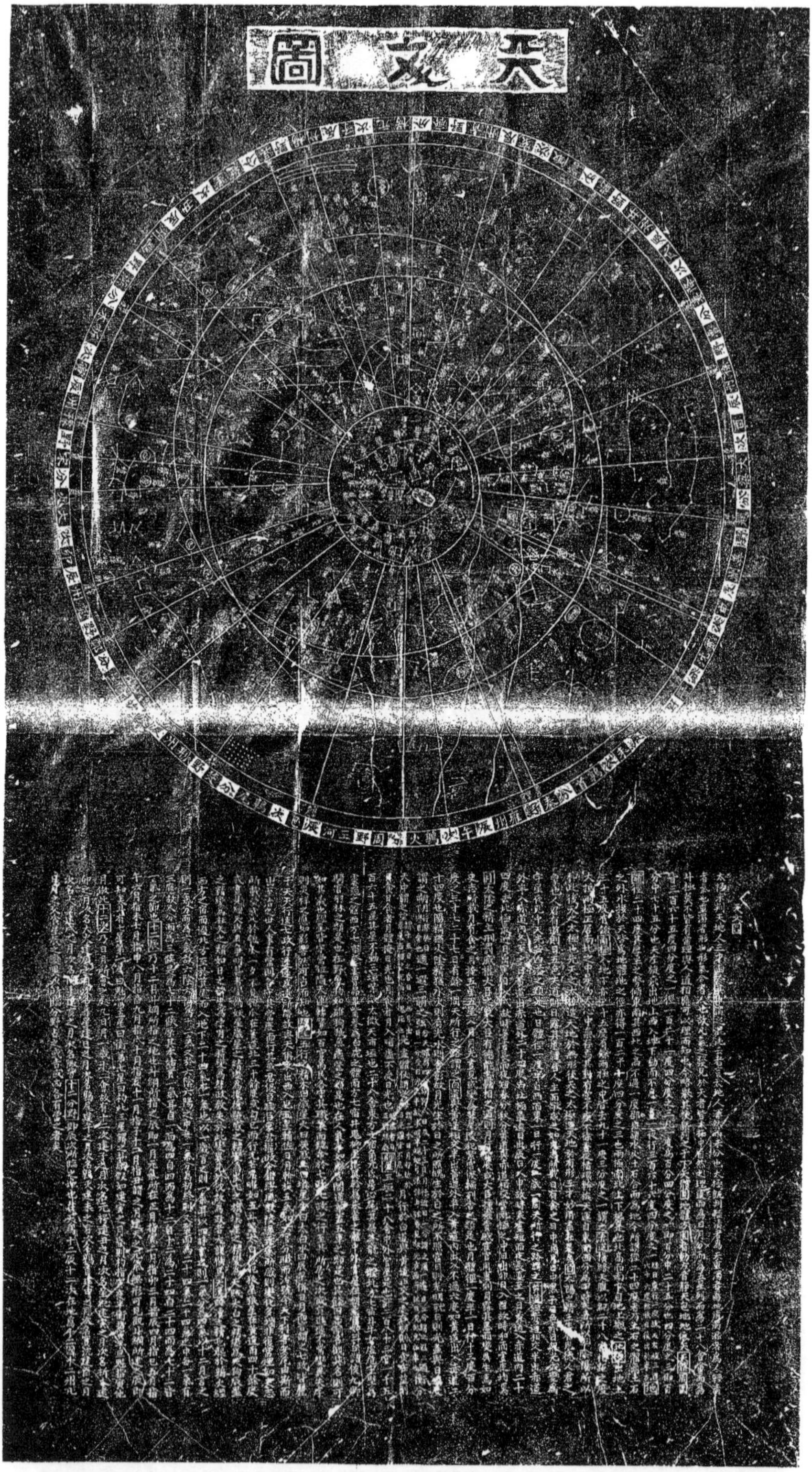

天文圖

Carte du Ciel

Planche IX

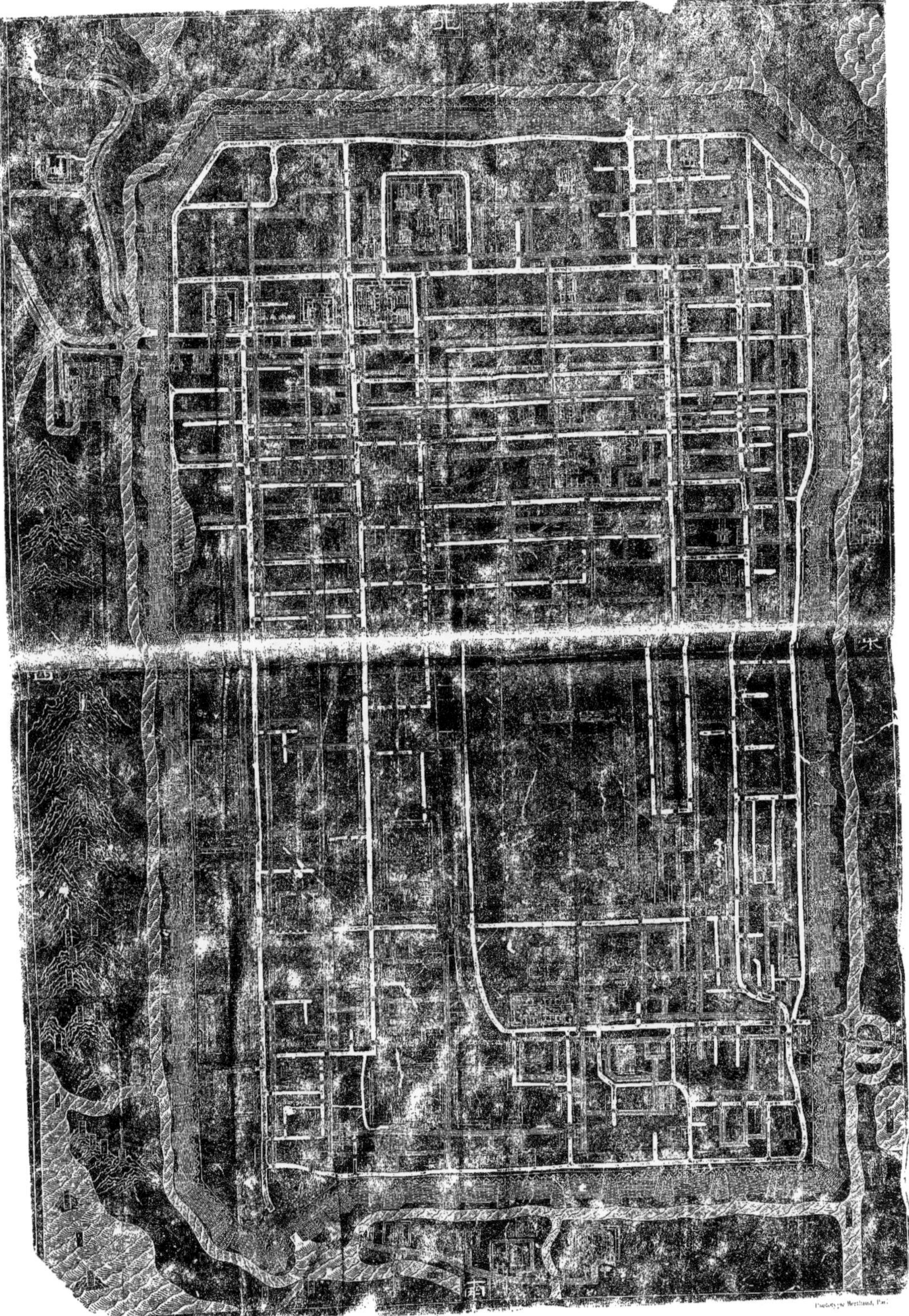


Phototypie Berthaud, Paris

Plan de la ville de Sou-tcheou

# A PROPOS DU *KENG TCHE T'OU*

PAR

PAUL PELLIOT

---

Le livre illustré est d'un emploi beaucoup plus ancien en Chine qu'au Japon, mais son histoire reste à écrire. Aussi les orientalistes doivent-ils saluer avec joie l'apparition de la première monographie un peu considérable consacrée à une production notoire dans cette branche de l'art chinois : je veux parler du 耕織圖 *Keng tche t'ou*, ou *Tableaux du labourage et du tissage*, que vient de publier notre confrère de Hambourg, M. O. Franke[1].

Le *Keng tche t'ou*, ou du moins l'un de ses états, est connu en Europe depuis longtemps. En 1689 sans doute, l'empereur K'ang-hi avait reçu en hommage, au Tchö-kiang, une édition du treizième siècle qui reproduisait les poésies et les dessins d'un *Keng tche t'ou* du douzième[2]. Le souverain prescrivit à un peintre de la Cour, 焦秉貞 Tsiao Ping-tcheng[3], d'exécuter sur les mêmes thèmes vingt-trois planches d'agriculture et vingt-trois planches de sériciculture et de tissage qui, accompagnées chacune de la poésie ancienne et d'une poésie nouvelle due à l'empereur lui-même, furent publiées au palais en 1696. Grâce aux Jésuites, ce *Keng tche t'ou* de 1696 parvint bientôt en Europe, et des exemplaires en sont conservés à Paris, à

1. O. FRANKE, *Keng tschi t'u, Ackerbau und Seidengewinnung in China*, Hamburg, L. Friederischen et C^o, 1913, in-4, VI + I + 194 pages + CII planches. [Abhand. des Hamburg. Kolonialinstituts, vol. XI.]

2. On verra plus loin comment se pose le problème de ce *Keng tche t'ou* ancien.

3. M. Franke, à la suite de MM. Hirth et Giles, lit ce nom Tsiao Ping-tchen. Mais la prononciation *tcheng* est au moins aussi usuelle dans la Chine du Nord que celle de *tchen* pour 貞, et elle a l'avantage d'être conforme à la vérité étymologique, puisque la rime de ce mot est 庚 *keng*. Sur Tsiao Ping-tcheng, cf. HIRTH, dans *T'oung Pao*, 1905, pp. 397-400.

Berlin, à Londres, à New-York, à Saint-Pétersbourg[1]. En 1850, I. Hedde publiait et commentait le *Keng tche t'ou*, sous le titre de *Description de l'agriculture et du tissage*, mais il ne se préoccupait guère que du point de vue économique, se servait d'une réédition très médiocre, et d'ailleurs ne reproduisait que la première série des planches, celles relatives à l'agriculture. Une adaptation allemande du travail de Hedde paraissait quelques années plus tard à Leipzig. En 1869, deux des planches relatives à l'élève des vers à soie, empruntées à l'édition de 1696, terminaient les *Industries anciennes et modernes de l'empire chinois* publiées par Stanislas Julien et Paul Champion[2].

Entre temps, en 1867, Wylie avait publié ses *Notes on Chinese literature*, essentiellement basées sur le *Catalogue impérial* du dix-huitième siècle. A la page 75, il y était question, d'après ce *Catalogue*, des poésies de l'ancien *Keng tche t'ou*, et Wylie ajoutait, sans rien dire de l'édition de K'ang-hi, que les planches avaient été « gravées à nouveau au temps de K'ien-long ». Il semblait donc, à lire Wylie, que le *Keng tche t'ou* moderne ne fût qu'une reproduction de l'œuvre des Song. Mais, à y regarder d'un peu près, l'affirmation de Wylie ne laissait pas de surprendre. Le *Keng tche t'ou* auquel on avait accès, celui de 1696, observait des lois de perspective que l'art chinois n'a jamais connues, au moins sous cette forme, et précisément les critiques d'art chinois font remarquer que le dessinateur de ces planches, Tsiao Ping-tcheng, a suivi dans ses œuvres les règles en usage chez les peintres d'Occident. M. Hirth attira à bon droit l'attention sur ces notices; selon lui, Tsiao Ping-tcheng, employé au bureau de l'astronomie, s'y était évidemment trouvé en relations avec les Jésuites qui y avaient acquis, à la fin du dix-septième siècle, une situation prépondérante. Mais alors on

1. M. Franke ne signale pas cet exemplaire; je l'ai vu il y a quelques années au Musée asiatique de Saint-Pétersbourg, où il porte la cote Coll. Brosset, Cl. XV, nº 4; autant qu'il m'en souvienne après huit ans, cet exemplaire est fort beau. A la Bibliothèque Nationale de Paris, les nºs 5394-5395 appartiennent au type de 1696; ils ne sont pas cependant identiques. Les deux cachets finaux de la préface de K'ang-hi sont, comme à l'ordinaire, apposés à la main, en vermillon; en tête de la préface du nº 5394, est apposé un autre cachet vermillon: 佩文齋 P'ei-wen-tchai; on sait que ce nom de « salle » fut employé sous K'ang-hi. Les cachets des poésies impériales mises au haut de chaque planche sont en noir, c'est-à-dire qu'ils étaient gravés sur la planche et ont été tirés avec elle; mais on constate avec surprise qu'ils ne sont pas de même dimension dans les deux exemplaires, et qu'en réalité ces poésies impériales ont été gravées au moins deux fois; il ne semble pas en être de même pour les dessins placés sous ces poésies; chaque planche serait donc tirée avec deux bois, l'un pour le dessin, l'autre pour les poésies. Le nº 5396 représente une édition toute différente (cf. *infra*, p. 78). Quant au manuscrit nº 5398, c'est un travail de fantaisie inspiré des planches de Tsiao Ping-tcheng.

2. Ce ne peut être que par inadvertance que Stanislas Julien et Champion disent tirer toutes leurs planches du 天工開物 *T'ien kong k'ai wou*. Leur édition du *T'ien kong k'ai wou* était de 1637; à ce moment, le *Keng tche t'ou* de K'ang-hi n'existait pas.

pouvait se demander quelle avait été la mesure du travail de Tsiao Ping-tcheng. Un *Keng tche t'ou* plus ancien, encore inconnu, devait seul permettre de décider si Tsiao Ping-tcheng avait créé ses planches de toutes pièces, ou s'il les avait seulement modernisées en y appliquant des règles de perspective qui trouvèrent d'ailleurs chez ses compatriotes, en dehors de la Cour, un accueil assez froid.

M. B. Laufer nous a sortis d'embarras. En 1908, il acquérait chez un libraire de Tôkyô une édition japonaise du *Keng tche t'ou*, gravée en 1676, et qui n'était que la reproduction, avec quelques lacunes, d'une édition chinoise parue en 1462. Cette trouvaille fut annoncée dans le *T'oung Pao* de 1912 (pp. 97-106). Il était dès lors possible d'étudier les rapports éventuels entre les planches de Tsiao Ping-tcheng et l'ancien *Keng tche t'ou* des Song. C'est ce travail que M. Franke vient de mener à bien en entourant son enquête des renseignements connexes qui pouvaient en accroître et en préciser les résultats. Le livre de M. Franke est, à bien des égards, excellent ; c'est sur lui que je m'appuierai pour mettre en valeur les documents nouveaux que des circonstances favorables m'ont mis à même de rassembler.

La première question à élucider était celle des origines de l'ancien *Keng tche t'ou*. Le *Catalogue impérial* du dix-huitième siècle (chap. 102, fol. 13 v°-14 r°) consacrait une notice au 耕織圖詩 *Keng tche t'ou che* que les bibliographes impériaux avaient reçu du gouverneur du Tchö-kiang, mais le reléguait dans la section des livres dont on se bornait à « conserver les titres » (*ts'ouen-mou*), c'est-à-dire que l'ouvrage n'était pas jugé digne d'être copié pour le Sseu-k'ou-ts'iuan-chou. La notice explique cet ostracisme. Le titre de *Keng tche t'ou che* signifie mot à mot « Poésies, avec planches, relatives à l'agriculture et au tissage ». Or il y avait dans les collections du palais « un exemplaire peint[1], » qui avait été « gravé sur pierre avec des notices dues à l'empereur », et qui comprenait vingt et une planches relatives à l'agriculture et vingt-quatre relatives au travail de la soie, chaque planche étant accompagnée d'une poésie. L'exemplaire envoyé par le gouverneur du Tchö-kiang ne contenait que 35 poésies[2], et pas une planche ; il fut donc écarté. Quant à l'histoire même de l'ouvrage, les biblio-

1. 畫本 *houa-pen*. Le 書 *chou* de M. Franke (p. 66) est une faute d'impression.

2. M. Franke suppose que 35 est une faute du *Catalogue impérial* pour 45 ; il est également possible que l'ouvrage ait été incomplet. Comme l'ouvrage a été offert par le gouverneur du Tchö-kiang, on doit pouvoir vérifier ce point dans le *Tchö kiang ts'ai tsi yi chou tsong lou* (cf. à ce sujet *B.E.F.E.-O.*, IX, 212, et t. XII, n° 9, p. 71) ; malheureusement cet ouvrage n'existe pas à Paris.

graphes impériaux notent que le *Keng tche t'ou che* est l'œuvre de 樓璹 Leou Cheou (*tseu* 壽玉 Cheou-yu)[1], oncle du célèbre écrivain 樓鑰 Leou Yo (1137-1213)[2]. Le texte est suivi d'une notice finale (*pa*) écrite en 1210 par 樓洪 Leou Hong, petit-fils de Leou Cheou, pour l'édition qui fut alors gravée sur pierre, et d'une autre notice due à un certain 作霖 Tso-lin, dont les bibliographes impériaux ignorent le nom de famille. Ce Tso-lin cite une postface de Leou Yo et une notice de 宋濂 Song Lien (1310-1381)[3], toutes deux consacrées au *Keng tche t'ou*. Le *Catalogue impérial* ne dit rien du *Keng tche t'ou* de 1696.

Mais, presque au moment où les bibliographes impériaux dédaignaient ainsi le *Keng tche t'ou che*, cet opuscule trouvait place dans une collection importante d'éditions et de réimpressions, le *Tche pou tsou tchai ts'ong chou*[4]. M. Franke s'est reporté à cette édition qu'avaient déjà signalée Wylie et M. Laufer, et il montre clairement que Leou Cheou composa, illustra et présenta à l'empereur Kao-tsong son *Keng tche t'ou* ou *Keng tche t'ou che* vers 1145. En outre, M. Franke a remarqué que, dans le *Tche pou tsou tchai ts'ong chou*, le *Keng tche t'ou che* voisine avec le 農書 *Nong chou* de 陳旉 Tch'en Fou, achevé en 1149[5], et le court 蠶書 *Ts'an chou* de 秦觀 Ts'in Kouan, qui date de la seconde moitié du onzième siècle[6]. Or, le

1. La phrase relative à ce surnom a été mal coupée par M. Franke (p. 65). Il faut comprendre : « Cheou-yu est le *tseu* de [Leou] Cheou ; ceux qui ont gravé le [*Wen hien*] *t'ong k'ao* ont omis par erreur un caractère *cheou*. »

2. Sur Leou Yo, cf. en plus des indications de M. Franke (p. 71), *B.E.F.E.-O.*, IX, 240, et surtout *Song che*, chap. 395, fol. 1 r°-2 r°. Nous possédons encore la collection des œuvres littéraires de Leou Yo, intitulée 攻媿集 *Kong k'ouei tsi*, qui a été éditée au Wou-ying-tien en 112 chapitres ; cette édition est reproduite dans les fac-similés d'éditions du Wou-ying-tien publiés au Fou-kien. Ce n'est d'ailleurs pas là la recension originale, qui était divisée en 120 chapitres, et que quelques bibliophiles possèdent encore. Dans l'édition du Wou-ying-tien, les chapitres 111-112 sont occupés par ce 北行日錄 *Pei hing je lou* dont parle M. Franke et qui est édité à part, toujours en deux chapitres, dans le *Tche pou tsou tchai ts'ong chou*.

3. Il y a plusieurs éditions des œuvres de Song Lien ; la plus complète, en 53 chapitres, a paru en 1810. Mais aucune de ces éditions n'existe en Europe ; nous ne pouvons donc y rechercher le texte complet de la note relative au *Keng tche t'ou*. Toutefois la citation qu'en fait « Tso-lin » n'est pas coupée exactement dans la version de M. Franke ; je reviendrai plus loin sur ce sujet (cf. *infra*, p. 88).

4. Le *Catalogue impérial*, dit M. Franke (p. 66), a été compilé de 1773 (*lire* 1772) à 1782, et le *Tche pou tsou tchai ts'ong chou* publié de 1776 à 1823 (en réalité, l'auteur de cette collection, 鮑廷博 Pao T'ing-po, né en 1728, est mort dès 1814 ; cf. le 補疑年錄 *Pou yi nien lou*, chap. 4, fol. 22 v°) ; M. Franke admet donc que les bibliographes impériaux ne connaissaient « probablement » pas encore l'édition du *Keng tche t'ou che* incorporée au *Tche pou tsou tchai ts'ong chou*. Je crois que nous arrivons sur ce point à la certitude. Une note finale de l'édition du *Keng tche t'ou che* donnée dans le *Tche pou tsou tchai ts'ong chou* nous apprend que cette édition est faite sur un manuscrit copié en 1781 ; la gravure et l'impression n'ont sûrement pas été achevées avant 1782 ; par ailleurs, les notices du *Catalogue impérial* étaient en réalité toutes rédigées dès 1781.

5. Il résulte des préfaces et postfaces que Tch'en Fou habitait les provinces du bas Yang-tseu et qu'il était né en 1073. Cette même année 1149, le *Nong chou* fut imprimé par 洪興祖 Hong Hing-tsou, mais cinq ans plus tard, en 1154, Tch'en Fou, encore en vie, déplorait l'inexactitude de cette édition.

6. M. Franke hésite à choisir (p. 49) entre 秦

gouverneur du Kiang-sou avait adressé aux bibliographes impériaux une reproduction manuscrite d'une édition des Song où le *Nong chou* et le court *Ts'an chou* étaient déjà réunis ; ces bibliographes déclarent ignorer quel est le premier auteur de ce groupement. D'autre part, dans l'édition du *Tche pou tsou tchai ts'ong chou*, le *Nong chou* et le *Ts'an chou* étaient suivis de deux notices, dont la seconde, signée de « Tso-lin », est celle qu'avaient vue les bibliographes impériaux à la suite du *Keng tche t'ou che* ; mais cette seconde notice ne se comprend bien que grâce à une autre qui la précède immédiatement, et où l'auteur est appelé cette fois de son nom complet, 萬作霖 Wan Tso-lin[1]. Enfin cette première notice porte une date précise, 1738. Mais ce qui frappa M. Franke dans cette première notice, c'est qu'il y était dit que lors d'un voyage de K'ang-hi dans le Sud, les gens du Kiang-nan lui avaient offert beaucoup de livres rares, et entre autres le *Nong chou*, le *Ts'an chou* et le *Keng tche t'ou che*, tous trois en éditions des Song; K'ang-hi les aurait fait relier ensemble et placer dans les collections du palais. Ainsi la disposition de l'exemplaire du palais était identique à celle suivie dans le *Tche pou tsou tchai ts'ong chou* ; M. Franke n'a pas cherché ou n'a pas trouvé l'explication cette similitude.

La solution me semble cependant se dégager sans peine des documents dont nous disposons. En tête du *Nong chou*, dans l'édition du *Tche pou tsou tchai ts'ong chou*, une note dit que cette édition reproduit « l'exemplaire manuscrit du Siao-chan-t'ang de la famille Tchao de Jen-houo » (仁和趙氏小山堂鈔本開雕). Une autre note, à la fin du *Keng tche t'ou che*, due à un certain 方溥 Fang P'ou, de Jen-houo, constate qu'en 1781, il a

湛 Ts'in Tchan, indiqué comme l'auteur du *Ts'an chou* par le *Catalogue impérial*, et son père Ts'in Kouan (1049-1101) que nomment d'autres sources. Il me semble qu'il faut nettement se prononcer pour Ts'in Kouan, comme l'ont fait d'ailleurs d'autres bibliographes impériaux à la même époque, dans le *K'in ting t'ien lou lin lang chou mou* (cf. *infra*, p. 71). En effet, l'attribution à Ts'in Kouan est confirmée par deux notices de 1214 dont il sera question plus loin et, au treizième siècle, par le *Tche tchai chou lou kiai t'i* (chap. 10, fol. 5 r°). D'autre part, même de nos jours, le *Ts'an chou* est incorporé à la collection des œuvres de Ts'in Kouan intitulée 淮海集 *Houai hai tsi*. Le *Houai hai tsi*, en 49 chapitres, a eu plusieurs éditions, dont les divisions ne sont pas identiques ; l'une d'elles, parue en 1588, est due à 李之藻 Li Tche-tsao, qui, plus connu sou sons *tseu* de 李我存 Li Wo-ts'ouen ou son nom nouveau de docteur Léon Li, allait devenir quelques années plus tard l'un des principaux auxiliaires de Mathieu Ricci. Le rapprochement des n$^{os}$ 2557 et 2558 de la *Bibliographie coréenne* de M. Courant permet de supposer que le *Nong chou* de Tch'en Fou et le *Ts'an chou* de Ts'in Kouan ont été traduits en coréen.

1. M. Franke se demande (p. 68) si Wan Tso-lin n'est pas un *tseu* et si le vrai nom de ce personnage n'est pas 萬松齡 Wan Song-ling. Cette hypothèse doit être abandonnée. Tso-lin est un *ming* régulier, souvent porté sous la dynastie actuelle, et d'ailleurs Wan Tso-lin nous avertit lui-même, dans la première notice, qu'il est originaire de King-k'i (au Kiang-sou) et a pour *tseu* 甘來 Kan-lai. Wan Song-ling a au contraire pour *tseu* 彭年 P'eng-nien et est natif de Siang-tch'eng au Ho-nan (cf. *Kouo tch'ao ki hien lei tcheng tch'ou pien*, chap. 431, fol. 55).

achevé cette copie qui compte 18.705 mots. Le Siao-chan-t'ang de la famille Tchao désigne la bibliothèque réunie vers 1740 par 趙昱 Tchao Yu (*tseu* 谷林 Kou-lin), le père du 趙一清 Tchao Yi-ts'ing qui commenta le *Chouei king tchou*; cette bibliothèque était déjà dispersée, au moins en grande partie, quand s'ouvrit le « bureau du Sseu-k'ou-ts'iuan-chou » en 1772[1]. Mais nombre de livres du Siao-chan-t'ang étaient restés dans le pays même, à Jen-houo. C'est un de ces manuscrits demeurés à Jen-houo, soit dans la famille Tchao, soit chez des concitoyens, que Tchang P'ou a copié en 1781. Le chiffre même de 18.705 mots montre que sa note finale s'applique non seulement au *Keng tche t'ou che*, mais aussi au *Nong chou* et au *Ts'an chou*. On voit alors ce qui s'est passé. Il y avait dans l'ancienne bibliothèque de la famille Tchao à Jen-houo, dans la province du Tchö-kiang, un manuscrit donnant à la suite les trois œuvres. Pao T'ing-po, qui publiait alors dans la ville de Chö[2] au Ngan-houei son *Tche pou tsou tchai ts'ong chou*, fit exécuter sur l'exemplaire de Jen-houo, par quelqu'un de Jen-houo, une copie nouvelle qu'il utilisa pour sa propre édition.

Ainsi les notices de Wan Tso-lin se trouvaient déjà dans l'exemplaire de la famille Tchao; d'où pouvait provenir celui-ci? La réponse est fournie par Wan Tso-lin lui-même. Après avoir rappelé, au début de sa première notice, que K'ang-hi reçut en hommage ces trois ouvrages lors de son passage au Kiang-nan et les fit placer dans la bibliothèque du palais, Wan Tso-lin, qui écrit en 1738, ajoute : « La deuxième année du règne de l'empereur actuel (1737), un ordre impérial prescrivit aux fonctionnaires lettrés de compiler un recueil relatif à l'agriculture, auquel fut donné par l'Empereur le titre de *Cheou che t'ong k'ao*... Le vice-président du ministère de la justice, maître King-nan[3], était à la tête de cette entreprise. C'est pourquoi il demanda de laisser sortir [du palais] cette collection [des trois ouvrages], afin qu'il en fît faire des extraits par ceux qui travaillaient [à la compilation du *Cheou che t'ong k'ao*] ». Suivent alors les renseignements essentiels qui ont échappé à M. Franke : « Je me trouvais alors l'hôte du maître [King-nan], et je pus ainsi voir [ces trois ouvrages] avec lui... Alors je pris

1. Cf. *B.E.F.E.-O.*, IX, 212; aussi 武林藏書錄 *Wou lin ts'ang chou lou*, chap. 2, fol. 8 r°, dans l'édition incorporée en 1900 au 24e *tsi* du *Wou lin tchang kou ts'ong pien*.

2. 歙 Chö est la sous-préfecture établie à la ville préfectorale de Houei-tcheou; la prononciation Hi, adoptée dans la *Géographie de l'empire de Chine* du P. Richard (éd. de 1905, p. 515), est, je crois, inexacte.

3. M. Franke a montré justement que « maître King-nan » n'était autre que 張照 Tchang Tchao, mort en 1745.

le pinceau en main et je copiai [ces ouvrages]; le lendemain, j'avais terminé... »

Ce passage me paraît trancher la question d'origine en ce qui concerne l'exemplaire de Wan Tso-lin. C'est sur l'exemplaire de la bibliothèque du palais, sorti temporairement pour la compilation du *Cheou che t'ong k'ao*, que Wan Tso-lin a copié les trois ouvrages; il l'a expliqué lui-même dans sa notice. Peu après, cet exemplaire de Wan Tso-lin ou une copie qui en fut faite entra dans la bibliothèque de Tchao Yu, et c'est sur le texte de la bibliothèque de Tchao Yu qu'a été copié à son tour l'exemplaire qui a servi à l'édition du *Tche pou tsou tchai ts'ong chou*. Quant à l'exemplaire du palais, il n'était autre que celui offert à K'ang-hi par des lettrés du Kiang-nan, sans doute en 1689. C'est de cet exemplaire qu'il faut maintenant nous occuper.

Les livres rares conservés au palais de Pékin ont été décrits en 1775 dans un catalogue spécial intitulé 欽定天祿琳琅書目 *K'in ting t'ien lou lin lang chou mou*, auquel fut adjoint, en 1797-1798, un supplément aussi considérable que l'ouvrage primitif. Ce catalogue double, aussi bien le *ts'ien-pien* que le *heou-pien*, a été édité en 1884 par le Hounanais 王先謙 Wang Sien-k'ien. Or, au chapitre 2, fol. 37-39 du catalogue de 1775, parmi les éditions des Song, nous trouvons l'indication du *Nong ts'an chou*, relié en un seul volume. Les auteurs du catalogue spécifient que ce *Nong ts'an chou* est formé du *Nong chou* de Tch'en Fou, en trois chapitres, et du *Ts'an chou* de Ts'in Kouan[1], en un chapitre, et enfin contient en appendice le *Keng tche t'ou che* de Leou Cheou. Le *Nong chou*, disent-ils encore, est accompagné d'une postface de Hong Hing-tsou et d'une notice finale de 汪綱 Wang Kang; une notice finale de 孫鏞 Souen Yong est jointe au *Ts'an chou*; Souen Yong y déclare avoir connu le *Ts'an chou* par le préfet de l'endroit, Wang Kang. Enfin le *Keng tche t'ou che* est accompagné de la notice écrite en 1210 par Leou Hong pour son édition sur pierre. Les bibliographes de 1775 font remarquer que les notices finales de Wang Kang et de Souen Yong sont datées de 1214, et, en s'appuyant sur leur contenu, déduisent qu'elles ont été rédigées pour une édition xylographique qui réunissait le *Nong chou* et le *Ts'an chou* et que Wang Kang, alors préfet de Kao-yeou, fit paraître cette année-là. A leurs arguments, on peut joindre celui-ci que

1. On remarquera que les bibliographes impériaux de 1775 indiquent bien Ts'in Kouan comme auteur du *Ts'an chou*, presque au même temps où d'autres bibliographes impériaux, ceux du Sseu-k'ou-ts'iuan-chou, préféraient Ts'in Tchan.

Kao-yeou était justement le pays natal de Ts'in Kouan; il est donc tout naturel que Wang Kang ait tourné alors son attention vers une œuvre d'un des enfants les plus illustres de sa circonscription. Enfin, toujours d'après les bibliographes de 1775, Wang Kang, au moment où il faisait graver son édition, aurait connu le *Keng tche t'ou che* par l'édition sur pierre de Hong Souen, parue en 1210, et l'aurait joint en appendice à sa publication.

Ces raisonnements des bibliographes de 1775 sont dans l'ensemble assez justes, et il ne peut plus faire doute que la réunion du *Nong chou* et du *Ts'an chou* en une édition commune soit due à Wang Kang. Mais une difficulté subsiste pour le *Keng tche t'ou che*. Ni la notice de Wang Kang, ni celle de Souen Yong ne le mentionnent. De plus, le *Keng tche t'ou che* est accompagné, dans l'édition du *Tche pou tsou tchai ts'ong chou*, d'une note finale due à un arrière-petit-fils de Leou Cheou, 杓 㯤 Leou Chao, et cette note finale est datée de 1237. A vrai dire, les bibliographes de 1775 ne disent rien de cette note, mais puisque Wan Tso-lin n'a connu les trois ouvrages que par l'exemplaire du palais et que l'édition du *Tche pou tsou tchai ts'ong chou* dérive uniquement de la copie de Wan Tso-lin, il faut bien admettre que, dans cet exemplaire du palais, la note de Leou Chao figure réellement : malgré son insignifiance apparente, les bibliographes de 1775 ont eu tort de la négliger, puisque sa date cadre mal avec quelques-unes de leurs déductions. L'édition japonaise de 1676 lève en partie la difficulté. Elle contient en effet une préface nouvelle, que M. Franke ne reproduit pas intégralement, mais dont il cite un passage ; ces quelques lignes montrent que, vingt ans après avoir été préfet de Chao-hing au Tchö-kiang, Wang Kang connut pour la première fois l'édition sur pierre du *Keng tche t'ou che* parue en 1210 et la fit reproduire par la xylographie. Il résulte donc de là que Wang Kang a vraiment édité aussi le *Keng tche t'ou che*. D'autre part, la note finale de 1237 est également reproduite dans l'édition japonaise ; nous pouvons ainsi tenir pour certain qu'il ne s'agit pas d'une annotation manuscrite jointe incidemment par un descendant de Leou Chao à l'exemplaire du palais de Pékin, mais que cette note de 1237 était bien imprimée à la suite de l'édition de Wang Kang. M. Franke, qui ne paraît pas s'être aperçu que Wang Kang avait imprimé le *Nong chou* et le *Ts'an chou* en 1214, admet qu'il imprima le *Keng tche t'ou che* en 1237, date de la note de Leou Chao ; mais, sans qu'on puisse le déduire avec certitude, il paraît bien ressortir de la biographie de Wang Kang au *Song che* (chap. 408, fol. 2-4) que ce fonctionnaire lettré ne survécut guère à sa retraite, prise en 1228. Le texte intégral de la préface de l'édition japonaise serait nécessaire pour formuler un jugement définitif. Provisoirement, j'incline à la solution suivante. Les bibliographes de 1775 ont eu raison d'admettre que Wang Kang avait réuni les trois œuvres qui constituent l'exemplaire du palais. Mais deux seulement, le *Nong chou* et le *Ts'an chou*, avaient été éditées dès 1214. Plus tard, à une date indéterminée qui n'est vraisemblablement guère postérieure à 1228, Wang Kang connut le *Keng tche t'ou che* et le joignit en appendice aux deux autres ouvrages. C'est parce que l'ouvrage ne figurait pas encore dans l'édition de 1214 que les notices écrites alors par Wang Kang et Souen Yong sont muettes sur son compte. Quelques années plus tard, un descendant de Leou Cheou, Leou Chao, qui peut-être avait acquis les planches des trois œuvres gravées par Wang Kang, écrivit et fit graver sa note de 1237, qui se trouva jointe aussi bien à l'exemplaire dont dérive indirectement l'édition japonaise de 1676 qu'à celui qui est conservé aujourd'hui dans la bibliothèque du palais à Pékin. Enfin, en ce qui concerne le Sseu-k'ou-ts'iuan-chou, nous aboutissons à une constatation assez piquante. Les bibliographes chargés de sa compilation ont raisonné, parfois assez mal, d'après un exemplaire manuscrit du *Nong chou* et du *Ts'an chou* présenté par le gouverneur du Kiang-sou et une mauvaise copie fragmentaire du *Keng tche t'ou che* adressée par le gouverneur du Tchö-Kiang. Or, toutes ces copies dérivaient, directement ou indirectement, de celle exécutée en 1738 par Wan Tso-lin sur l'exemplaire original des Song conservé dans la bibliothèque du palais; mais à cet exemplaire original, les commissaires impériaux ont négligé de se reporter[1].

L'édition japonaise acquise par M. Laufer ne se rattache pas directement à celle de Wang Kang. En 1462, un fonctionnaire appelé 宋宗魯 Song

1. Cet exemplaire des Song, avant d'entrer au palais, avait fait partie de deux bibliothèques célèbres, celle de 季振宜 Ki Tchen-yi à T'ai-hing et celle du 萬卷樓 Wan-kiuan-leou réunie par 項藥師 Hiang Yao-che (de son vrai nom 項篤壽 Hiang Tou-cheou?) à Kia-hing (cette dernière famille est surtout connue par un grand collectionneur de peintures qui vivait au début du dix-septième siècle, 項元汴 Hiang Yuan-pien, *tseu* 子京 Tseu-king, *hao* 墨林 Mo-lin, qui avait appelé sa collection le 天籟閣 T'ien-lai-ko). A la fin des Ming, Mao Tsin, le propriétaire du Ki-kou-ko, possédait une ancienne copie manuscrite, sans doute faite sur l'édition globale de Wang Kang, mais où on n'avait reproduit, de l'œuvre de Leou Cheou, que les poésies et non les dessins. En 1763, 吳鳳 Wou Fong (*hao* 枚菴 Mei-ngan) trouva de son côté une copie manuscrite qu'il collationna sur celle qui provenait du Ki-kou-ko, mais il manquait à la copie de Wou Fong les poésies de Leou Cheou. Cet exemplaire manuscrit collationné par Wou Fong a appartenu depuis lors à Lou Sin-yuan (cf. *Pi song leou ts'ang chou tche*, chap. 42, fol. 19-23) et doit par suite se trouver aujourd'hui au Japon, chez les héritiers du banquier Iwasaki. Postérieurement à l'édition du *Tche pou tsou tchai ts'ong chou*, les trois œuvres ont été reproduites dans le *Long wei pi chou*; le *Nong chou* se trouve aussi dans le *Han hai*.

grand aïeul, fit donc de nouvelles poésies sur les mêmes rimes que K'ang-hi. « Puis j'ordonnai à des artistes de dessiner les peintures anciennes [du temps de K'ang-hi]; au-dessus de chaque scène, on écrivit les anciennes compositions », et K'ien-long s'excuse d'y avoir adjoint les siennes propres. Le mot que j'ai traduit par « dessiner », 繪 *houei*, est formel, et ne s'emploie pas pour graver. Un nouvel état manuscrit du *Keng tche t'ou* doit donc se placer entre les planches de Tsiao Ping-tcheng et l'édition de 1739.

Pour arriver sur ce point à une certitude, le meilleur moyen serait de nous reporter aux inventaires critiques des collections de peintures conservées au palais, puisque les originaux des recensions de 1696 et de 1739 doivent y être décrits. Ces inventaires sont divisés en deux classes, le 石渠寶笈 *Che kiu pao ki* pour les sujets profanes, et le 秘殿珠林 *Pi tien tchou lin* pour les peintures bouddhiques et taoïques. Chacune des deux classes comprend trois séries, la première compilée en 1743-1744, la deuxième en 1791-1793, la troisième en 1815[1]. Mais ces inventaires n'ont jamais été édités, et les manuscrits même en sont fort peu nombreux; le seul que j'aie vu se trouvait chez le défunt vice-roi Touan-fang. Heureusement, les auteurs du *Keng tche t'ou* de 1696 et de 1739 appartenaient, par définition même, au Bureau de peinture que la dynastie mandchoue avait institué en s'inspirant de l'exemple des Song. Or, l'un des commissaires qui préparèrent en 1815 la troisième série des inventaires impériaux, 胡敬 Hou King, a consacré à ce Bureau de la peinture de la dynastie mandchoue un ouvrage spécial en deux chapitres, le 國朝院畫錄 *Kouo tch'ao yuan houa lou*; il y a indiqué, à propos de chaque peintre, le nombre et la nature des œuvres exécutées par lui et qui ont été décrites dans les trois séries du *Che kiu pao ki*. A défaut du *Che kiu pao ki* lui-même, c'est donc au *Kouo tch'ao yuan houa lou* que nous allons nous adresser[2].

律。口誦心惟。 La traduction de M. Franke (p. 106) n'est pas exacte.

1. Lors de la compilation du *Catalogue impérial* en 1772-1782, la première série du *Che kiu pao ki*, en 44 chapitres, et la première série du *Pi tien tchou lin*, en 24 chapitres, existaient seules encore; c'est donc elles seules qui y sont décrites, au chap. 113, fol. 21 r°-24 r°.

2. Le titre de *Kouo tch'ao yuan houa lou*, « Histoire des peintures du Bureau [de la peinture] sous la dynastie régnante », est manifestement imité de celui du *Nan song yuan houa lou* où Li Ngo a étudié les peintures de cour des Song méridionaux. Hou King publia en 1816 trois œuvres qui sont réunies dans l'exemplaire de la Bibliothèque Nationale (coll. Pelliot, I, 209) sous le titre de 胡刻三種 *Hou k'o san tchong*. Ces trois œuvres sont : 1° Le 南薰殿圖像攷 *Nan hiun tien t'ou siang k'ao*, en 2 chapitres, décrivant la série de portraits d'empereurs et d'impératrices constituée au Nan-hiun-tien (ce nom de palais est repris de l'époque des Song); 2° le *Kouo tch'ao yuan houa lou*, en 2 chapitres; 3° le 西清劄記 *Si ts'ing tcha ki*, en 4 chapitres, qui est le premier brouillon de la troisième série du *Che kiu pao ki* (j'aurai à citer cet ouvrage un peu plus loin). J'ai vu plusieurs exemplaires des œuvres de Hou King; tous étaient conformes aux indications que je viens de donner; je doute par

Au chapitre 1er, folio 1 v°, Hou King énumère les œuvres de Tsiao Ping-tcheng et, parmi celles que décrit la première série du *Che kiu pao ki*, signale le « *Keng tche t'ou*, en une liasse. Il y a en tout 46 scènes. Les scènes 1 à 23 sont des tableaux du labourage; les scènes 24 à 46, des tableaux du tissage. Sur la dernière scène, il y a cette signature: Votre sujet Tsiao Ping-tcheng a peint respectueusement [ces tableaux]. Au-dessus de chaque scène, il y a un thème descriptif en vers écrit par l'empereur Cheng-tsou (K'ang-hi). Sur la feuille qui précède la première scène, il y a le texte de la préface impériale de Cheng-tsou (K'ang-hi), signée comme suit: La 35e année de K'ang-hi, au printemps, le deuxième mois, au jour *chö*, cette notice a été composée et écrite. » Ici le cas est très clair; il s'agit de l'album original de Tsiao Ping-tcheng, sur lequel l'empereur K'ang-hi avait ensuite ajouté de sa main ses propres poésies; c'est sur ce manuscrit qu'a été faite l'édition de 1696.

Après Tsiao Ping-tcheng, et dès le folio suivant, Hou King passe à un de ses disciples, 冷枚 Leng Mei (*tseu* 吉臣 Ki-tch'en), originaire de Kiao-tcheou au Chan-tong. Dix-huit œuvres de Leng Mei sont décrites dans la première série du *Che kiu pao ki*. Parmi elles, nous trouvons encore un *Keng tche t'ou*, que Hou king mentionne comme suit: « *Keng tche t'ou*, en une liasse. Il y a en tout 46 scènes. Sur la dernière scène, il y a cette signature: Votre sujet Leng Mei a peint respectueusement [ces tableaux]. Au-dessus de chaque scène, il y a un thème descriptif en vers écrit par l'empereur Cheng-tsou (K'ang-hi), en un texte imprimé (刻本); il en est de même de la préface [en tête de la première scène]. » Ici encore, la notice est suffisamment explicite. Suivant un usage que les Song non plus n'avaient pas ignoré, le même sujet a été traité plus d'une fois par les peintres de la cour. L'album de Leng Mei, copié plus ou moins exactement de celui de Tsiao Ping-tcheng, est lui aussi, comme de juste, un exemplaire manuscrit, et K'ang-hi n'a écrit pour lui aucune composition nouvelle. Mais l'album de Tsiao Ping-tcheng, qui comportait les poésies impériales, avait été imprimé; ce sont ces poésies impériales imprimées dont un tirage a été collé au-dessus de chaque scène dans l'album manuscrit de Leng Mei.

suite qu'une bibliographie bien connue, le *Chou mou ta wen* de Tchang Tche-tong, ait raison de parler de « quatre œuvres » publiées simultanément par Hou King. Hou King avait également recueilli dans le *Yong lo ta tien* les fragments subsistants du 淳祐臨安志 *Tch'ouen yeou lin ngan tche*; une partie de son manuscrit est perdue; ce qui en reste a été divisé en 8 chapitres et édité en 1900 dans la 24e section du *Wou lin tchang kou ts'ong pien*. Hou King est également l'auteur du 定鄉雜箸 *Ting hiang tsa tcho* en 2 chapitres, incorporé au 2e *tsi* du *Wou lin tchang kou ts'ong pien*.

Enfin, un peu plus loin, et toujours d'après la première série du *Che kiu pao ki*, Hou King signale un dernier *Keng tche t'ou* parmi les œuvres du peintre 陳枚 Tch'en Mei[1]. Ici encore, il s'agit de 46 scènes, que Hou King énumère dans l'ordre où elles se succèdent; cet ordre n'est d'ailleurs absolument conforme ni à celui du *Keng tche t'ou* de 1696, ni à celui de l'exemplaire de 1739 examiné par M. Franke; mais ces divergences sont, semble-t-il, simple affaire de reliure[2]. Toujours d'après Hou King, qui cite le *Che kiu pao ki*, cet exemplaire est accompagné d'une préface impériale écrite en 1739 par K'ien-long; Hou King en reproduit le texte: c'est exactement celui de l'édition de 1739 utilisée par M. Franke. La conclusion s'impose. L'édition de 1739, comme la préface même de K'ien-long devait nous le faire supposer, n'est pas directement une gravure nouvelle de l'édition de 1696, mais la reproduction d'un nouvel album où un peintre du temps de K'ien-long avait copié les planches de Tsiao Ping-tcheng; ce peintre de 1739, jusqu'ici inconnu, nous pouvons affirmer désormais qu'il n'est autre que Tch'en Mei.

Entre l'édition de K'ang-hi et celle de K'ien-long, peut-être faut-il placer une édition de Yong-tcheng. Du moins, comme son père et son fils, l'empereur Yong-tcheng a-t-il composé une poésie pour chacune des planches du *Keng tche t'ou*. M. Franke signale ces poésies de Yong-tcheng d'après deux sources. Le *Keng tche t'ou* a été reproduit dans le *Cheou che t'ong k'ao* qui fut commencé sur l'ordre de K'ien-long en 1737 et achevé en 1742; or, chaque planche est accompagnée de trois poésies, l'une de K'ang-hi, une autre de K'ien-long et la troisième de Yong-tcheng. Cette même série de trois poésies impériales pour chaque planche se retrouve dans une édition que M. Franke signale à Berlin, et dont je puis indiquer un autre exemplaire, absolument semblable, à la Bibliothèque nationale (c'est le n° 5396 du *Catalogue* de M. Courant)[3]. Avec cette édition, nous pouvons

1. Il y a eu plusieurs Tch'en Mei sous la dynastie actuelle; on trouvera un certain nombre de renseignements relatifs à celui qui nous occupe ici dans le *Kouo tch'ao ki hien lei tcheng tch'ou pien* (chap. 432, fol. 11 r° et v°). Originaire de la sous-préfecture de Leou (préfecture de Song-kiang, au Kiang-sou), Tch'en Mei (*tseu* 殿掄 Tien-louen, *hao* 載東 Tsai-tong et 枝窩頭陀 Tche-wo-t'eou-t'o) étudia le style des Song et la manière de T'ang Yin des Ming; il « les combina avec les procédés des peintres européens » (參以西洋法) et produisit des peintures d'une extrême finesse qu'« on regardait à la loupe » (以顯微鏡照之); c'est en 1726 qu'il devint peintre de la Cour.

2. Par rapport à l'exemplaire de 1739 étudié par M. Franke, les divergences sont: dans la série de l'agriculture, Franke, 17, 18, 19, 20, 21 sont donnés par Hou King comme 17, 19, 20, 21, 18; dans la série de la sériciculture, Franke, 15, 16, 17, 18, 19 correspondent à Hou King, 15, 18, 19, 16, 17.

3. Sur la dernière planche de chacune des séries, le nom de Tsiao Ping-tcheng est encore indiqué à bon droit puisqu'il est l'auteur des dessins; mais Tchou Kouei a non moins justement disparu, puisqu'il n'est plus pour rien dans la gravure de ces nouvelles planches.

clore la série des grandes éditions dérivant de celle de 1696. Le *Keng tche t'ou* de Tsiao Ping-tcheng a été depuis lors souvent reproduit en des éditions à bon marché, pour lesquelles je renvoie aux indications de M. Franke (p. 97).

*
* *

Il s'en faut cependant qu'une fois quittes des éditions qui se rattachent à Tsiao Ping-tcheng, nous en ayons fini avec le *Keng tche t'ou*. J'ai rappelé, presque au début de cette étude, qu'un « exemplaire peint » du *Keng tche t'ou* était, selon les bibliographes impériaux, conservé au palais et « avait été gravé sur pierre ». M. Franke s'est demandé si cet exemplaire gravé sur pierre était l'édition des planches de Tsiao Ping-tcheng gravée en 1696 ou celle publiée en 1739. L'emploi de deux planches pour reproduire chacun des dessins dans l'édition de 1739 lui a suggéré que cette division résultait peut-être de l'emploi de la pierre, et il a fait remarquer qu'en ce cas, la supériorité certaine de l'exécution dans l'édition de 1696 indiquerait chez les graveurs chinois une maîtrise plus grande de la gravure sur bois que de la gravure sur pierre. Mais les faits ne me paraissent pas justifier ces conclusions. L'habitude constante de la gravure chinoise est de graver la pierre en creux et le bois en relief. Par suite, une planche gravée sur pierre vient en principe en blanc sur noir, et une planche gravée sur bois apparaît au contraire en noir sur blanc. Sans doute, il y a des exceptions, et il arrive qu'on grave une inscription ou une scène sur bois en creux, à la manière de la pierre; c'est par économie ou quelquefois par fraude. Mais le contraire ne se produit pas.

La gravure sur pierre en relief ne s'est employée, à ma connaissance, que quand il s'agissait de réserves importantes, où on évidait la pierre autour de personnages ou de sujets conservés en larges surfaces plates. Je n'ai jamais vu recourir à la gravure en relief pour reproduire sur pierre un sujet au trait. Comme conséquence subsidiaire, la gravure sur pierre est directe, puisqu'on la tire en estampage; la gravure sur bois est au contraire inverse, puisqu'on l'imprime[1].

1. STANISLAS JULIEN et CHAMPION (*Industries anciennes et modernes de l'empire chinois*, pp. 155-156) parlent bien d'ouvrages gravés sur pierre « en sens inverse » et cette information a été reproduite par O. MÜNSTERBERG (*Chinesische Kunstgeschichte*, II, 366). Mais il ne s'agit là que de textes mal compris par St. Julien; les classiques sur pierre des T'ang et les estampages dits de *tch'ouen-houa* (ce sont là les œuvres visées) subsistent et nous sont bien connus; ils sont gravés en sens direct.

Examinons à ce point de vue les éditions du *Keng tche t'ou* de Tsiao Ping-tcheng parues en 1696 et en 1739. Celle de 1696 est entièrement tirée en noir sur blanc, aussi bien la préface que les dessins ou les poésies impériales qui sont adjointes à chaque planche. Dans l'édition de 1739, les préfaces, la notice finale et les planches du texte sont tirées en blanc sur noir, mais les dessins demeurent en noir sur blanc. Comme conséquence, les planches de texte, dans cette édition de 1739, doivent avoir été gravées sur pierre, mais les dessins, tout comme en 1696, ont été gravés sur bois. J'ajoute que je ne vois rien à tirer à ce point de vue de la séparation des planches de dessins par moitiés. L'emploi de deux planches me paraît avoir eu pour but de permettre le tirage d'un même dessin sur le verso d'un feuillet et le recto du feuillet suivant. En tout cas, la division du sujet par moitié est celle même qui est observée dans l'édition japonaise de 1676 qui, elle, est bien sûrement gravée sur bois. Il me paraît tout à fait évident qu'il en est de même pour les dessins de Tsiao Ping-tcheng, aussi bien dans l'édition de 1696 que dans celle de 1739[1].

Mais alors que signifie la phrase des bibliographes impériaux sur « l'exemplaire peint » qui « est encore conservé au palais et a déjà été gravé sur pierre » ? Une heureuse chance me permet d'apporter la solution et de signaler à mon tour un nouvel état ancien du *Keng tche t'ou*.

M. le comte de Semallé, qui résida à Pékin de 1880 à 1884 comme secrétaire d'ambassade, puis comme chargé d'affaires, a eu la grande obligeance de me montrer récemment un magnifique exemplaire du *Keng tche t'ou* ; j'ai constaté sans peine que ce *Keng tche t'ou* était indépendant de celui de Tsiao Ping-tcheng, et ne représentait pas non plus directement celui de Leou Cheou. L'exemplaire de M. de Semallé est constitué par deux rouleaux de soie brochée jaune collée sur papier ; sur la soie jaune sont collées à leur tour les diverses planches. Le premier rouleau contient vingt et une planches relatives à l'agriculture, le deuxième rouleau vingt-quatre planches concernant l'industrie de la soie. Les planches mesurent chacune 0 m. 52 de long sur 0 m. 32 de haut, et sont tirées en blanc sur fond noir ; autrement dit, il s'agit d'estampages exécutés à la chinoise sur des dalles de pierre gravées en creux. Dans le champ du dessin, et non plus au-dessus

1. Je ne connais qu'un auteur chinois qui dise que les planches de Tsiao Ping-tcheng ont été gravées sur pierre ; c'est 李玉棻 Li Yu-fen, dans son 歐鉢羅室書畫過目攷 *Ngeou po lo che chou houa kouo mou k'ao*, dont la préface est datée de 1894 et qui a été imprimé en 1897 (chap. 2, fol. 28 r°) ; mais je crois que Li Yu-fen a fait erreur.

comme pour les poésies de K'ang-hi en 1696, chaque dessin est accompagné de deux textes : à droite, les poésies anciennes de Leou Cheou en colonnes doubles, l'une des colonnes donnant le texte en caractères sigillaires, l'autre en caractères usuels plus petits. Dans la partie supérieure de la planche, et à des endroits variables en raison des places que le dessin laissait inoccupées, des poésies en vers de cinq syllabes, faites sur le même type prosodique que celles de Leou Cheou et employant à la rime les mêmes mots, sont l'œuvre, comme composition et comme écriture, de l'empereur K'ien-long. Ces poésies de K'ien-long sont donc différentes de celles jointes par le même K'ien-long à l'édition du *Keng tche t'ou* gravée sur bois en 1739, puisque ces dernières, à l'imitation des poésies de K'ang-hi, étaient en vers de sept syllabes ; elles se rapprochent au contraire du type de celles qu'on doit à l'empereur Yong-tcheng. Chacune des poésies impériales est suivie d'un sceau qui fut apposé en rouge sur l'original manuscrit, mais est ici gravé en noir sur la pierre ; ce sceau, différent pour chaque planche, est toujours l'un des sceaux multiples dont se servait K'ien-long quand il ne s'agissait pas de pièces officielles ; ainsi, dans la série de l'agriculture, les premières planches sont marquées respectivement des sceaux 乾隆, 菑畬經訓, 澂觀, etc.

Le premier rouleau comprend en outre deux planches préliminaires et une planche annexe, qui nous renseignent sur les origines de ce *Keng tche t'ou*. La première des planches préliminaires est historiquement insignifiante: elle contient seulement quatre grands caractères écrits de la main de K'ien-long, 藝陳本計, « L'art développe l'idée première », accompagnés du cachet : 乾隆御筆, « Pinceau impérial de K'ien-long » ; c'est là simplement l'épigraphe ajoutée par K'ien-long en tête du rouleau original[1]. Mais la planche suivante contient une assez longue préface, également écrite par K'ien-long, et qui est plus intéressante. Je la traduis ci-après[2] :

« Naguère, 蔣溥 Tsiang P'ou[3] a présenté au trône le 蠶織圖 *Ts'an tche t'ou* (*Tableaux de* [*l'élève des*] *vers à soie et du tissage*) par 劉松年 Lieou

1. Cette épigraphe me paraît signifier que l'artiste dont les dessins sont ici reproduits a bien su réaliser dans son œuvre l'idée maîtresse qu'il poursuivait et qui était d'évoquer les travaux de l'agriculture et du tissage.

2. Le fac-similé de cette préface se trouve sur notre planche X.

3. Tsiang P'ou, natif du Kiang-sou, était le fils d'un peintre et poète célèbre, 蔣廷錫 Tsiang T'ing-si. Né sans doute en 1708, il passa le doctorat en 1730 ; très apprécié par Yong-tcheng et K'ien-long, il fit partie de commissions littéraires importantes, devint ministre des Finances, ministre intérimaire de l'Intérieur, etc., et mourut en 1761. Cf. GILES, *Biogr. Dict.*, n° 337, et *Kouo tch'ao ki hien lei tcheng tch'ou pien*, chap. 23, fol. 20-23.

Song-nien[1], et j'ai mis moi-même une préface en tête du rouleau; cette pièce est déjà entrée dans le 石渠寶笈 *Che kiu pao ki*[2]. Maintenant, j'ai obtenu le 耕作圖 *Keng tso t'ou* (*Tableaux des travaux du labourage*) de [Lieou] Song-nien. En examinant sa facture, [j'ai constaté] qu'elle rappelait celle du *Ts'an che t'ou*. J'ai comparé les deux rouleaux : dans les dimensions des feuillets de papier[3], la disposition des peintures et des caractères sigillaires, il n'y a pas la moindre différence. A la fin du rouleau des *Tableaux du labourage*, il y a une notice finale (*pa*) de 姚式 Yao Che[4], qui dit : « Les deux rouleaux du *Keng tche t'ou*, c'est l'arrière-petit-fils de maître 程 Tch'eng [qui reçut le nom posthume de] 文簡 Wen-kien[5], [arrière petit-fils nommé lui-même

1. Lieou Song-nien était natif de Ts'ien-t'ang, c'est-à-dire de Hang-tcheou, capitale des Song du Sud, et vécut à la fin du douzième siècle. Nous n'avons de lui aucune biographie véritable, mais des informations de sources diverses nous renseignent suffisamment sur sa vie et sur son œuvre. La sinologie européenne l'a négligé; il n'est pas nommé dans les travaux de MM. Giles et Hirth; M. Petrucci lui a consacré quelques lignes dans *T'oung Pao*, II, XIII, 326. D'après M. Petrucci, « son œuvre est à peu près entièrement perdue et ce qui en reste au Japon — copies tardives ou attributions suspectes — ne donne qu'une idée très lointaine de son style ». En réalité, les collectionneurs les plus qualifiés de la Chine moderne prétendent avoir vu des œuvres authentiques de Lieou Song-nien, et on verra plus loin que, si la paternité de l'œuvre dont il est ici question lui doit être retirée, il existait encore au début du dix-neuvième siècle et existe peut-être encore aujourd'hui, dans les collections du palais à Pékin, une peinture de sujet analogue dont l'attribution à Lieou Song-nien semble mieux garantie ; d'ailleurs, d'autres peintures de ces mêmes collections sont unanimement considérées comme des œuvres de Lieou Song-nien. Le *P'ei wen tchai chou houa p'ou* (chap. 51, fol. 16 r° de l'édition de 1883) ne donne sur Lieou Song-nien qu'une citation, et qui n'est pas absolument exacte. Mais Lieou Song-nien a fait partie de ce Bureau de la peinture (Houa-yuan) que les Song avaient établi au douzième siècle ; aussi, en étudiant l'histoire de ce bureau, 厲鶚 Li Ngo a-t-il réuni sur notre peintre des renseignements assez copieux; on les trouvera dans le 南宋院畫錄 *Nan song yuan houa lou* de Li Ngo, daté de 1721, au chap. 4, fol. 6 v°-30 v° de l'édition du *Wou lin tchang kou ts'ong pien* (9e série). Lieou Song-nien était entré comme étudiant au Bureau de la peinture dans la période *tch'ouen-hi* (1174-1189); il y fut l'élève d'un gendre impérial, 張敦禮 Tchang Touen-li, qui devait être alors très âgé, et fut promu au rang de 待詔 *tai-tchao*, c'est-à-dire « en service aux ordres de l'empereur », dans la période *chao-hi* (1190-1194).

2. Sur le *Che kiu pao ki*, que nous ne possédons malheureusement pas, cf. *supra*, p. 76. La préface écrite par K'ien-long en tête du rouleau en question se trouve vraisemblablement dans l'une des séries des œuvres de cet empereur; je n'y ai pas accès actuellement.

3. Par 紙幅 *tche-fou*, il faut entendre les feuillets mis à bout et dont chacun était occupé par une scène; ce passage montre que la peinture en question est sur papier et non sur soie.

4. On trouvera plus loin la traduction complète de cette notice. Yao Che s'y dit natif de Wou-hing, qui est un ancien nom de la ville préfectorale de Hou-tcheou. En effet, dans le 湖州府志 *Hou tcheou fou tche* de 1758 (Bibl. Nat., coll. Pelliot, I, 213; chap. 19, fol. 41 r°), il est question, sous les Yuan, de Yao Che (*tseu* Tseu-king), qui était natif de Kouei-ngan (c'est le nom de la sous-préfecture établie à Hou-tcheou). Yao Che fut recommandé pour un emploi public à Khubilai par 高克恭 Kao K'o-kong en même temps que 鄧文原 Teng Wen-yuan, lequel vécut de 1258 à 1328, mais ne paraît être passé au service des Mongols qu'en 1290 (cf. *Yuan che*, chap. 172, fol. 4 v°-5 r°). D'autre part, quelques poésies de Yao Che ont été insérées au 吳興詩存 *Wou hing che ts'ouen* de Lou Sin-yuan (sur lequel, cf. *B.E.F.E.-O.*, IX, 460; je cite d'après l'exemplaire de la Bibl. Nat., coll. Pelliot, II, 1261 ; les textes sont au 3e *tsi*, chap. 2, fol. 19-21); on y voit que Yao Che était en relations avec un calligraphe et peintre célèbre originaire, lui aussi, de Wou-hing, Tchao Mong-fou (1254-1322). La notice finale, non datée, de Yao Che doit donc se placer vers l'an 1300.

5. Tch'eng Wen-kien est le nom posthume de deux personnages des Song. Le premier est 程琳 Tch'eng Lin, dont la biographie se trouve au chap. 288 (fol. 2 v°-4 r°) du *Song che*. Il ressort bien

程] 棨 [Tch'eng] K'i, [de son appellation] 儀甫 Yi-fou, qui les a dessinés et [accompagnés de textes en] écriture sigillaire[1]. » A la fin du rouleau des *Tableaux du tissage*, il y a une notice finale de 趙子俊 Tchao Tseu-tsiun[2] qui dit également : « Les [textes en] petits caractères sigillaires de chaque section, c'est 隨齋 Souei-tchai qui les a [écrits] de sa main comme épigraphes. » A présent, à toutes les jonctions de feuillets des deux rouleaux, il y a les deux cachets Yi-fou et Souei-tchai; il n'y a aucun doute que ce soit Tch'eng K'i qui a copié les tableaux de Leou Cheou et en a écrit de sa main les poésies. Si on examine attentivement sur les peintures les trois caractères 松年筆, « Peint par [Lieou] Song-nien », [on voit que] le jeu du poignet y est sans force; de plus, il n'y a pas de cachet. C'est sans doute après coup que quelqu'un, s'appuyant à tort sur ce que [Lieou] Song-nien avait présenté au trône un *Keng tche t'ou*[3], a ajouté ces [trois caractères]; il n'avait pas examiné la question avec soin et, ayant fait erreur, il a propagé son erreur. Pour ce qui est du petit cachet impérial de [la période] *chao-hing* (1131-1162) [apposé] sur les *Tableaux du labourage*[4], c'est lui aussi l'œuvre d'un faussaire, qui ignorait que [Tch'eng] K'i vivait sous la dynastie des Yuan (1260-1368); c'est là ajouter par erreur des pattes à un serpent. De plus, si on examine les notices jointes aux deux rouleaux, [on

de cette biographie que Tch'eng Lin vivait au onzième siècle, mais on n'y trouve pas de dates précises. Ces dates nous sont fournies heureusement par une notice que l'écrivain Ngeou-yang Sieou (1007-1072) a consacrée à Tch'eng Lin, et d'où il résulte que Tch'eng Lin vécut de 988 à 1056 (cf. le *San siu yi nien lou* de Lou Sin-yuan, chap. 3, fol. 6 v°-7 r°). Mais on verra à la note suivante que l'arrière-petit-fils du Tch'eng Wen-kien dont il est question dans notre texte devait vivre sous les Mongols, dans la seconde moitié du treizième siècle; l'intervalle normal des générations amènerait au contraire à faire naître un arrière-petit-fils de Tseng Lin entre 1080 et 1100; il doit donc s'agir du second Tch'eng Wen-kien. Ce second Tch'eng Wen-kien est un écrivain célèbre, de son vrai nom 程大昌 Tch'eng Ta-tch'ang, originaire de Houei-tcheou au Ngan-houei; il vécut de 1123 à 1195 (cf. *Song che*, chap. 433, fol. 4 r°-5 r°) et a laissé nombre d'œuvres que nous possédons encore, le 雍錄 *Yong lou*, le 考古編 *K'ao kou pien*, le 演繁錄 *Yen fan lou*, le 北邊備對 *Pei pien pei touei*.

1. La suite de la préface de K'ien-long implique que ce Tch'eng K'i ait vécu sous les Mongols; les termes mêmes des notices écrites par Tchao Mong-yu et Yao Che sont en faveur de cette affirmation, mais ne suffiraient pas à la fonder. Il semble donc que K'ien-long ait su quelque chose au sujet de ce Tch'eng K'i. Malheureusement ni dans le *P'ei wen tchai chou houa p'ou*, ni dans le *Song yuan yi lai houa jen sing che lou*, ni dans le *Houa che houei tchouan*, je n'ai trouvé aucune indication qui le concernât. Il n'y en a pas davantage dans le *Houei tcheou fou tche*.

2. Tchao Tseu-tsiun est le surnom de 趙孟籲 Tchao Mong-yu, frère cadet de Tchao Mong-fou. Lui aussi fut un peintre et calligraphe distingué, mais il n'atteignit jamais à la réputation de son aîné (cf. *P'ei wen tchai chou houa p'ou*, chap. 37, fol. 1 v°-2 r°; chap. 53, fol. 1 v.). De lui aussi, il y a quelques poésies insérées dans la 3e série du *Wou hing che ts'ouen*. Une peinture de Tchao Mong-yu se trouvait en 1815 à Pékin, dans les collections du palais (cf. le *Si ts'ing tcha ki* de Hou king, chap. 1, sur cet ouvrage, voir *supra*, p. 76, n. 2).

3. Sur ce *Keng tche t'ou* de Lieou Song-nien, cf. *infra*, pp. 96-98.

4. 紹興小璽. Ce cachet était souvent apposé sur les peintures du cabinet de Kao-tsong; cf. par exemple le *Yun yen kouo yen lou* de Tcheou Mi, édition du *Che wan kiuan leou ts'ong chou*, chap. 2, fol. 27 r°, 35 v°.

voit] que leurs auteurs, à l'exception de Yao Che[1], ont fait des notices distinctes pour chacun des rouleaux. C'est donc que ces rouleaux, bien qu'ils aient été primitivement dans la dépendance l'un de l'autre, ont été ensuite séparés et ont circulé isolément. C'est pourquoi les *Tableaux du labourage* portent les cachets des collections de 項元汴 Hiang Yuan-pien[2], tandis que les *Tableaux du tissage* ne les ont pas; on peut contrôler par là leur séparation et leur réunion. Maintenant, puisqu'il s'est produit la réunion du gué de Yen[3], j'ai ordonné de [mettre les deux rouleaux] en double étui dans une même boîte et de placer [cette boîte] dans le 多稼軒 To-kia-hiuan[4] des jardins impériaux. Au Nord du [To-kia-] hiuan est le 貴織山堂 Kouei-tche-chan-t'ang[5]. Ce sont autant d'endroits où l'empereur mon père[6], au moyen d'[inscriptions] *ngo* écrites de sa main, a laissé aux générations futures des témoignages de son estime pour l'agriculture et la [culture des] mûriers. Jadis, l'empereur mon grand-père[7] a écrit des notices pour le *Keng tche t'ou* et les a fait graver sur planches [avec le *Keng tche t'ou*] et répandre dans le monde. A présent, j'ai obtenu la réunion [des deux parties] de cette belle pièce; en outre, elle n'est pas sans conséquence pour ce qui est à la base de l'habillement et de la nourriture du peuple[8]; aussi la fais-je graver également, sur des pierres sans défaut, pour montrer à jamais l'exemple [que donne] ma maison. A cette occasion, j'ai examiné les vicissitudes de [cette pièce], et j'ai rédigé une notice [à ce sujet]. Dans les deux rouleaux, en employant les rimes mêmes de [Leou] Cheou, j'ai écrit des notices dans les espaces libres des tableaux. En ce qui concerne l'écriture originale et la fausse signature, on a restitué l'état ancien[9]. Ce dont je fais cas est de contrôler et de rectifier, et de reproduire ce qui est véridique. Il ne vaut pas de se servir d'er-

1. Il faudrait ajouter « et de Tchao Tseu-tsiun »; il est certain en effet que le *pa* de Tchao Mong-yu, qui précède celui de Yao Che, s'applique aux deux rouleaux tout comme ce dernier; mais il est imprécis et bref; c'est sans doute pourquoi K'ien-long néglige de le rappeler ici.

2. Sur Hiang Yuan-pien, cf. *supra*, p. 73.

3. 延津之合. Je pense que le « gué de Yen » est mis ici en abrégé pour le « gué de 延平 Yen-p'ing » et que K'ien-long fait allusion à une histoire racontée dans la biographie de 張華 Tchang Houa au *Tsin chou* (chap. 36, fol. 9 v°-10 r°). Deux épées jumelles, douées de pouvoirs surnaturels, avaient été trouvées en terre. L'une d'elles fut égarée. Le hasard amena le porteur de l'autre au gué de Yen-p'ing où la première était tombée; un prodige manifesta cette « réunion ».

4. Mot à mot, le « pavillon où on multiplie le travail agricole ».

5. Mot à mot, la « salle de montagne où on honore le tissage ». Il s'agit évidemment de deux des multiples pavillons compris dans l'enceinte des palais impériaux, et au fronton desquels on avait fixé les inscriptions horizontales, ou *ngo*, qui consacraient le nom attribué à ces pavillons par l'empereur Yong-tcheng.

6. L'empereur Yong-tcheng (1723-1735).

7. L'empereur K'ang-hi (1662-1722); il s'agit ici de l'édition du *Keng tche t'ou* publiée sur l'ordre de cet empereur en 1696.

8. C'est-à-dire la culture du riz et l'élève des vers à soie; l'expression est stéréotypée.

9. Si je comprends bien cette phrase, K'ien-long veut dire qu'on a fait disparaître de l'original la fausse signature de Lieou Song-nien; en fait, cette

reurs anciennes en guise d'ornement. Et c'est aussi le moyen par où défauts et qualités ne sont pas cachés l'un par l'autre. — En l'année *ki-tch'eou*, le cinquième jour après le *chang-yuan* (donc le 26 février 1769), ceci a été écrit de la main de l'empereur. » Suit le cachet de K'ien-long.

A la fin du rouleau, la planche annexe reproduit d'abord deux gros cachets Yi-fou et Souei-tchai. Puis vient une note très courte de Tchao Tseu-tsiun (= Tchao Mong-yu), qui n'a d'autre intérêt que celui de la calligraphie. Enfin, en caractères plus petits et assez cursifs, nous lisons la notice de Yao Che qui est ainsi conçue (planche XXXII) :

« Les deux rouleaux ci-dessus du *Keng tche t'ou* contiennent l'un vingt et une opérations de labourage, l'autre vingt-quatre opérations de tissage. Les opérations sont illustrées par des tableaux, accompagnés chacun par une stance en vers de cinq syllabes. Chaque stance est de huit vers. C'est là l'œuvre qu'au temps de Kao-tsong (1127-1162) des Song, Leou Cheou de Sseu-ming (Ning-po), alors sous-préfet de Yu-ts'ien dans [la préfecture de] Lin-ngan, présenta au trône. Elle est avec l'ode] 七月 *Ts'i-yue* du [chapitre] 豳風 *Pin-fong* [1] dans le même rapport [où sont] la doublure et l'étoffe. Les petits-fils de [Leou Cheou], [Souen] Hong et [Souen] Chen, l'ont gravée sur pierre avec les poésies. Le neveu de [Leou Cheou], [Leou] Yo, dans la période *kia-ting* (1208-1225), alors qu'il était chargé de fonctions ministérielles, en écrivit le texte en rouge et relata également l'histoire de l'œuvre. De ces planches, il y a aussi une édition sur bois qui est répandue dans le monde. L'arrière-petit-fils de maître Tch'eng [lequel reçut le nom posthume de] Wen-kien, [Tch'eng] K'i, [de son surnom] Yi-fou, est [2] un gentilhomme d'une vaste culture. Il a dessiné [les planches] et a écrit en caractères sigillaires [les poésies] pour en faire [un objet à] conserver dans sa famille. On peut dire qu'il connaît ce qui est essentiel. Que ceux qui verront cet [objet] ne le regardent pas légèrement. — Yao Che de 吳興 Wou-hing a écrit [cela]. » Suivent les cachets de Yao Che, donnant son surnom, 子敬 Tseu-king, et son appellation, 筠庵 Yun-ngan [3].

signature n'a pas été reproduite par les graveurs de nos planches.

1. L'ode *Ts'i-yue* (« Septième mois ») du chapitre *Pin-fong* (« Coutumes de Pin ») dans le *Che king* a toujours été considérée en Chine comme le texte fondamental par où l'antiquité avait célébré l'agriculture. Cf. les très bons renseignements que donne à ce sujet M. Franke, pp. 40, 60, 62, 136, 180. J'aurai à dire plus loin quelques mots au sujet de *Tableaux des coutumes de Pin* qu'avait peints Tchao Mong-fou.

2. J'ai traduit au présent parce que la notice me paraît écrite du vivant de Tch'eng K'i ; mais le texte, du point de vue grammatical, pourrait aussi bien être lu au passé.

3. Ce *hao* de Yun-ngan est également indiqué dans la courte notice biographique mise en tête des poésies de Yao Che insérées au *Wou hing che ts'ouen*.

Le second rouleau ne contient aucune planche annexe, mais sur la dernière planche de ce rouleau consacré à la soie, et à la suite de sa dernière poésie, l'empereur K'ien-long a signé et daté; l'année indiquée est, comme pour la préface, l'année *ki-tch'eou*, 1769.

De ces diverses notices, il résulte clairement que, vers le milieu du dix-huitième siècle, un rouleau de *Tableaux du tissage*, faussement attribué à Lieou Song-nien, avait été offert à l'empereur; en 1769, on lui présenta un nouveau rouleau contenant les *Tableaux du labourage*, et ceux-là aussi, bien que non signés, lui furent donnés comme l'œuvre de Lieou Song-nien. Un examen plus attentif montra que les deux rouleaux, copiés de l'œuvre ancienne de Leou Cheou, étaient en réalité dus à Tch'eng K'i, qui devait vivre dans la seconde moitié du treizième siècle. En cette même année 1769, par ordre de l'empereur, les deux séries de tableaux furent gravées sur pierre. Quand donc, quelques années plus tard, les commissaires du Sseu-k'ou-ts'iuan-chou parlent de « l'exemplaire peint » conservé au palais et qui a été « gravé sur pierre », il est hors de doute qu'il ne s'agit pas du *Keng tche t'ou* de Tsiao Ping-tcheng gravé sur bois en 1696 ou de sa réplique par Tch'en Mei gravée en 1739, mais de celui de Tch'eng K'i reproduit sur dalles de pierre en 1769.

*
* *

Nous sommes ainsi en possession d'une nouvelle édition du *Keng tche t'ou*; mais quel en est l'intérêt? Ce *Keng tche t'ou* gravé en 1769 n'est-il que la reproduction d'une œuvre plus ou moins fantaisiste inspirée de celle de Leou Cheou? Nous sert-il au contraire, plus que l'édition japonaise ou le *rifacimento* de Tsiao Ping-tcheng, à reconnaître les traits caractéristiques du *Keng tche t'ou* primitif? Le problème est délicat, mais son importance même nous oblige à le serrer d'un peu près.

Avant tout, une question préliminaire s'impose à notre examen; y a-t-il un espoir raisonnable de retrouver jamais les originaux de Leou Cheou? Leur seule découverte modifierait beaucoup les conditions de notre enquête; or, il s'est conservé en Chine des peintures encore plus anciennes que celles-là. Les textes, en ce qui concerne les peintures mêmes de Leou Cheou, sont-ils donc muets dès le douzième siècle?

Ici encore, il faut faire une distinction. Selon toute vraisemblance, il y eut non pas une série de peintures originales dues à Leou Cheou, mais au moins deux. Nulle part, il ne nous est parlé d'une édition sur bois ou sur pierre qui ait été gravée du vivant même de Leou Cheou, vers le milieu du douzième siècle. C'est seulement en 1210 que ses petits-fils, pour empêcher que l'œuvre de leur grand-père disparaisse, la font reproduire sur pierre. Or, il est invraisemblable que les peintures présentées au palais par Leou Cheou aient été mises, pour cette édition de 1210, à la disposition de Leou Hong et de Leou Chen. Il faut donc qu'un double des originaux ait été conservé dans la famille même de Leou Cheou. Probablement, ce double était même le véritable original, moins léché, mais plus vigoureux, plus spontané, que celui remis à Kao-tsong. Les critiques chinois nous parlent des exemplaires de premier jet (草本 *ts'ao-pen*) qu'ont laissés les peintres de cour sous les Song, et leur reconnaissent parfois des qualités plus grandes qu'aux exemplaires définitifs[1]. C'est le *ts'ao-pen* de Leou Cheou qui dut être gravé en 1210; mais il a disparu depuis lors sans laisser de traces.

Il n'en va peut-être pas de même des originaux présentés à l'empereur, ou tout au moins d'une partie d'entre eux. La notice écrite en 1210 par Leou Hong nous avait déjà parlé de l'accueil fait à l'œuvre de Leou Cheou lors de son apparition. « Instantanément, [ces poésies] se propagèrent en se récitant à la Cour et à la campagne. Ensuite, ayant été recommandé au trône, [mon grand-père Leou Cheou] fut appelé en audience et soumit son œuvre au regard impérial. [L'empereur] le combla d'éloges et montra immédiatement l'œuvre dans le palais d'arrière (c'est-à-dire à l'impératrice)[2]... » Or, ce passage éclaire un peu la citation empruntée à Song Lien par Wan Tso-lin. Les bibliographes de K'ien-long, en citant Wan Tso-lin, lui font dire que la notice de Song Lien était mise à la suite du *Keng tche t'ou*; en réalité, selon Wan Tso-lin, la notice de Song Lien fait suite aux seuls *Tche t'ou* ou *Tableaux du tissage*. M. Franke, qui a relevé à bon droit l'inadvertance des commissaires du Sseu-k'ou-ts'iuan-chou, ne s'en est pas moins mépris à son tour et a attribué à Wan Tso-lin une partie de la citation originale, d'ailleurs un peu énigmatique, de Song Lien. Il y a donc avantage à donner ici le texte même de Song Lien, écrit par lui à la suite du rouleau des *Tableaux du tissage*. Voici ce texte : « Au temps de Kao-tsong (1127-1162) des Song, Leou Cheou de Sseu-ming fit le *Keng tche t'ou* et le présenta au trône. Si on examine le présent rouleau, c'est ce qu'il

1. Cf. par exemple le *Si ts'ing tcha ki* de Hou King, chap. 2, fol. 23 v°.

2. Cf. Franke, p. 67 ; mais la première phrase y est rendue inexactement.

appelle le *Tche t'ou* (*Tableaux du tissage*)[1]. Au bas de chaque scène, il y a une notice écrite par l'impératrice 憲聖慈烈 Hien-cheng-ts'eu-lie. Cette impératrice avait pour nom de famille 吳 Wou et était l'épouse de Kao-tsong; leurs écritures étaient absolument semblables[2]. Serait-ce qu'après que [Leou] Cheou eut présenté au trône ses tableaux, on aurait ordonné aux [fonctionnaires] *tai-tchao* du Han-lin de les copier, et que l'impératrice de Kao [-tsong] aurait écrit des notices [sur ces copies][3]? »

Il est évident que l'œuvre à laquelle Song Lien consacre cette notice n'est pas une édition du *Keng tche t'ou*, mais une peinture manuscrite. Tout le montre, la nature même de la notice aussi bien que l'expression formelle de « rouleau[4] »; l'édition de Wang Kang, la seule à laquelle Song Lien ait pu avoir accès, est une édition xylographique en feuillets, et ne comporte sûrement pas de notices dues à l'impératrice femme de Kao-tsong. Ces notices sont des autographes de l'impératrice des Song, et par suite la peinture que vit Song Lien au quatorzième siècle avait dû faire partie de la collection du palais deux cents ans plus tôt. Mais alors serait-ce l'original même de Leou Cheou? Song Lien ne semble pas le dire dans les citations de sa notice que reproduisent le *P'ei wen yun fou*, Wan Tso-lin et Hou King, mais ces citations sont tronquées, et un ouvrage de 1660, le 庚子銷夏紀 *Keng tseu siao hia ki* de 孫承澤 Souen Tch'eng-tsö, nous transmet une rédaction plus complète[5].

1. Autrement dit, Song Lien n'avait sous les yeux que le second des deux rouleaux dont se composait l'œuvre primitive de Leou Cheou.

2. Cette impératrice était née à K'ai-fong-fou, alors capitale des Song, en 1115; au plus tard au début de 1127 (et non 1128 comme le dit le *Song che*), elle entrait comme concubine chez le futur empereur Kao-tsong, qui montait sur le trône en cette même année; elle-même ne fut élevée au rang d'impératrice qu'en 1143. Quand Kao-tsong abdiqua en 1162, elle le suivit naturellement dans sa retraite, mais eut encore à intervenir dans les questions de gouvernement, et garda de l'influence jusqu'à sa mort, en 1197. L'histoire a conservé le souvenir de ses talents de peintre et de calligraphe. Cf. *Song che*, chap. 243, fol. 8 r° et v°; *P'ei wen tchai chou houa p'ou*, chap. 20, fol. 4 v°; et quelques textes cités dans le 南宋宮闈雜詠 *Nan song kong kouei tsa yong*, fol. 2 r° et v° (édition du *Wou lin tchang kou ts'ong pien*, 25e *tsi*).

3. Le texte de Song Lien est reproduit par M. Franke (p. 69), mais notre confrère ne l'arrête pas au même endroit que moi. Si on gardait quelque doute sur l'attribution de telle ou telle phrase à Song Lien ou à Wan Tso-lin, on n'aurait qu'à se reporter au *P'ei wen yur fou* (s. v. *keng tche t'ou*) ou au *Si ts'ing tcha ki* de Hou King (chap. 2, fol. 11 r°; à propos d'un autographe de Tchao Mong-fou, Hou King rappelle le *pa* du *Tche t'ou* par Song Lien). Wan Tso-lin est naturellement hors de question dans ces citations; or, le *P'ei wen yun fou* et Hou King, qui empruntent directement leur texte à la collection littéraire de Song Lien, le citent de la même manière que moi.

4. Le mot 卷 *kiuan* peut signifier « chapitre » de livre, en tant que ces chapitres formaient jadis chacun un rouleau; mais, quand il s'agit de peintures comme ici, le sens primitif s'est maintenu, et on n'emploiera jamais *kiuan* pour un album de peintures en feuillets pliés.

5. Sur cet ouvrage, cf. CHAVANNES, dans *T'oung Pao*, II, x, 83. M. Chavannes appelle l'auteur 孫退谷 Souen T'ouei-kou; en réalité, c'est là son *hao* et non son *ming*. Souen Tch'eng-tsö, dont la famille était originaire du Chan-tong, passa le doctorat en 1631. Après avoir pris du service auprès du rebelle Li Tseu-tch'eng, il se rallia à la dynastie mandchoue et devint vice-président du ministère de l'Intérieur.

Au chapitre I^er^, folio 17 r° et v°, de son *Keng tseu siao hia ki*, Souen Tch'eng-tsö consacre une notice à un 宋憲聖皇后書養蠶圖 *Song hien cheng houang heou chou yang ts'an t'ou*, ou « Tableaux de l'élève des vers à soie écrits de la main de l'impératrice Hien-cheng des Song », qui n'est autre que la peinture même examinée deux cents ans plus tôt par Song Lien. Voici les passages essentiels de cette notice : « Les Tableaux des vers à soie et du tissage, depuis le « bain des graines[1] » jusqu'à la « coupe de l'étoffe », comprennent vingt-quatre scènes... Sous chaque scène, il y a une notice en petits caractères d'une exécution aussi soignée qu'élégante. Dans la période *tche-yuan*[2], 鄭足老 Tcheng Tsou-lao[3] a ajouté une notice où il est dit : « Ce sont là des caractères de l'impératrice 顯仁 Hien-jen[4]. Cette impératrice s'était exercée à [copier] l'écriture de l'empereur Kao[-tsong]. Quand l'empereur Kao [-tsong] écrivait de sa main les neuf classiques, chaque fois qu'il était fatigué, l'impératrice continuait [sa copie], et on ne voyait pas facilement la différence [de pinceau]. » 宋景濂 Song King-lien[5] de Kin-houa dit : « Les tableaux sont de la main du sous-préfet de Yu-ts'ien, Leou Cheou. [Leou] Cheou fut appelé en audience et présenta les tableaux au trône. L'Empereur les emporta dans le palais [d'arrière]. L'impératrice Hien-cheng-ts'eu-lie ajouta une notice à chaque scène. L'impératrice avait pour nom de famille Wou, et fut la femme de Kao-tsong. Leurs écritures étaient absolument semblables. » D'après ces paroles, ce n'est pas là une [œuvre] écrite de la main de l'impératrice Hien-jen, [qui avait pour nom de famille] 韋 Wei. D'après mon propre examen,

Il est assez surprenant qu'aucune notice ne lui soit consacrée dans le *Kouo tch'ao ki hien lei tcheng*. Sa production littéraire, qui est fort intéressante au point de vue des études historiques, est encore en partie inédite. Quelques renseignements biographiques sont donnés dans le *Catalogue impérial*, chap. 14, fol. 11 r° et v°.

1. La forme 浴種 *yu-tchong* est un peu surprenante, car le vrai titre de cette scène est 浴蠶 *yu-ts'an*, et on est tenté de supposer une contamination du 浸種 *tsin-tchong* qui ouvre la série de l'agriculture ; peut-être l'inadvertance est-elle de Souen Tch'eng-tsö.

2. Il y a deux périodes *tche-yuan*, de 1264 à 1294 et de 1335 à 1340 ; je n'ai pas le moyen de décider ici entre elles.

3. Je ne sais qui est ce Tcheng Tsou-lao.

4. Hien-jen est le titre posthume d'une concubine de Houei-tsong, qui avait pour nom de famille Wei ; elle fut la mère de l'empereur Kao-tsong. En 1127, elle accompagna l'empereur Houei-tsong quand celui-ci fut emmené en captivité par les Kin, et ne put revenir auprès de son fils qu'en 1142 ; cf. *Song che*, chap. 243, fol. 2 v°-3 v°. Tcheng Tsou-lao a certainement tort de la faire intervenir ici ; il y a là de sa part un simple *lapsus*, ou une étrange ignorance. L'anecdote relative aux classiques écrits par Kao-tsong se trouve, à la fin du quatorzième siècle, dans le *Chou che houei yao* de T'ao Tsong-yi (cité par le *Nan song kong kouei tsa yong*) ; elle y est correctement rapportée à l'impératrice de la famille Wou et non à celle de la famille Wei. Toutefois, le *Chou che houei yao* ne parle que de six classiques, et non de neuf, et dit qu'ils furent gravés sur pierre ; on trouvera des renseignements sur ces copies impériales, exécutées en 1143-1144, dans le *Yu hai* de Wang Ying-lin ; les pierres des *neuf* classiques étaient conservées à la fin du treizième siècle dans le bâtiment de la direction des études à Hang-tcheou (*Yuan che*, chap. 170, fol. 2 v°).

5. Song King-lien est le *hao* de Song Lien.

l'impératrice Hien-jen, [de nom de famille] Wei, était la mère de Kao-tsong. Elle suivit Houei-tsong quand son char allait vers le Nord, et ne revint que dans sa vieillesse. L'impératrice Hien-cheng-ts'eu-lie, [de nom de famille] Wou, c'est la seconde impératrice qu'ait prise Kao-tsong. Les historiens disent qu'elle excellait dans la calligraphie. C'est donc là sans aucun doute [une œuvre] écrite par l'impératrice Wou; les paroles de [Song Lien, originaire de] Kin-houa, sont exactes. »

Ainsi Song Lien et Souen Tch'eng-tsö sont d'accord. La peinture que vit Song Lien à la fin du quatorzième siècle et que Souen Tch'eng-tsö connut encore au milieu du dix-septième siècle serait un original de Leou Cheou, mais qui ne contenait pas les poésies de Leou Cheou, ou du moins qui ne les donnait pas écrites de sa main. C'est l'autographe de l'impératrice, mis sous chaque scène, quel qu'en fût d'ailleurs le libellé, qui en tenait lieu. Si les peintures sont bien de la main même de Leou Cheou, faudra-t-il alors supposer que ses poésies n'étaient pas jointes à chacune des scènes sur l'exemplaire qu'il présenta à Kao-tsong? On a vu que Kao-tsong avait immédiatement présenté les peintures à l'impératrice; celle-ci fit-elle faire par Leou Cheou lui-même un double de la partie relative à l'élève des vers à soie qui la touchait plus directement, et se réserva-t-elle d'en écrire de sa main les notices? Il me paraît difficile de décider entre ces hypothèses. Le seul point que je veuille retenir, c'est qu'au milieu du dix-septième siècle, il subsistait une peinture des Song qu'on croyait un original de Leou Cheou. Nous ignorons ce qu'il advint d'elle par la suite; mais peut-être les deux premières séries du *Che kiu pao ki* la décrivent-elles encore dans les collections du palais.

En ce qui concerne les éditions du *Keng tche t'ou*, il n'y a plus grande chance de voir signaler une série d'estampages appartenant à l'édition originale que Leou Hong et Leou Chen gravèrent sur pierre en 1210. Aucune mention de ces estampages n'a encore été relevée, à ma connaissance, dans les nombreux recueils où des collectionneurs, depuis les Song jusqu'à la fin des Ts'ing, nous ont décrit leurs trésors; c'est évidemment mauvais signe. Reste par contre l'édition xylographique donnée quelques années plus tard par Wang Kang. De celle-là, il doit subsister un exemplaire, celui qui est entré au palais impérial en 1689 et qui s'y trouve sans doute encore. Que cette édition contienne non seulement les poésies de Leou Cheou, mais aussi ses planches, c'est ce dont la préface de l'édition japonaise et l'œuvre de Tsiao Ping-tcheng nous donnent des témoignages indirects, mais certains. Si Wan Tso-lin en 1738 n'a copié que les vers, nous en conclurons que sans doute il n'était pas peintre, mais que d'ailleurs le temps faisait défaut. Lui-même nous dit avoir transcrit le *Nong chou*, le *Ts'an chou* et les poésies de Leou Cheou en vingt-quatre heures; il était impossible de venir en outre à bout des quarante-six planches en un laps de temps aussi restreint.

Ainsi l'avenir nous réserve peut-être la surprise de voir reparaître l'édition de Wang Kang, antérieure aux copies de Tch'eng K'i et ancêtre au second degré de l'édition japonaise. Mais, pour l'instant, il faut nous estimer heureux de pouvoir mettre en face des planches de Tsiao Ping-tcheng deux représentants indépendants du *Keng tche t'ou* ancien. La comparaison qu'ils permettent d'instituer se révèle fort instructive, et c'est ce qui m'a déterminé à reproduire intégralement les estampages de M. de Semallé.

Sans doute ces estampages ne peuvent pas donner une idée exacte de l'œuvre de Tch'eng K'i au point de vue de la couleur et de l'expression des physionomies; le procédé de reproduction s'y oppose. Mais ce sont là aussi les côtés qui ont chance d'être le plus personnels, et leur élimination même doit nous laisser en possession de ce que Tch'eng K'i avait pris d'essentiel à Leou Cheou : la composition des scènes et l'attitude des personnages.

Si nous comparons à cet égard notre *Keng tche t'ou* de Tch'eng K'i à ceux que reproduit côte à côte M. Franke, nous ne pouvons nous défendre de quelque surprise. Évidemment, nos planches sont beaucoup moins éloignées de l'édition japonaise de 1676 que des réfections de Tsiao Ping-tcheng, et cependant il s'en faut qu'il y ait entre les deux états les plus anciens la sorte d'identité que nous aurions attendue. Au lendemain de sa découverte, M. Laufer opposait à la simplicité grave de l'édition japonaise le « maniérisme forcé » de l'album de Tsiao Ping-tcheng; il en voyait la raison dans ce que ce second album copiait des peintures et ne se composait pas de planches qui eussent été, par leur nature même, destinées simplement à illustrer un livre. Les déductions artistiques et archéologiques de M. Laufer sont toujours ingénieuses et souvent convaincantes. Ici encore, je crois son impression juste, mais peut-être s'égare-t-il un peu quand il la veut expliquer. Pas plus les peintures de Leou Cheou que celles de Tsiao Ping-tcheng n'étaient destinées par essence à illustrer un livre, et cela est si vrai que, pour conserver l'œuvre de leur aïeul, ce n'est pas aux planches xylographiques que Leou Hong et Leou Chen eurent recours en 1210, mais à la gravure sur pierre. Les qualités d' « illustrations de livres » que

M. Laufer reconnaît à bon droit aux planches de l'édition japonaise peuvent donc n'être pas primitives, ne remonter qu'à l'édition de Wang Kang, ou bien à celle de 1462, ou même à celle gravée au Japon en 1676, et n'ont peut-être été acquises, en définitive, qu'en altérant le caractère original des scènes de Leou Cheou. Nous ne nous étonnerons donc pas si, la différence de technique entre le bois et la pierre accentuant encore le désaccord, nous n'éprouvons pas le même genre d'impression esthétique en présence des dessins de 1676 et des estampages de 1769. Il n'en reste pas moins aux deux œuvres un trait essentiel commun, par où elles se séparent des planches de Tsiao Ping-tcheng : l'une et l'autre sont remarquables par la simplicité du sujet et par cette concentration de la composition qui se refuse à égarer l'œil du spectateur sur des scènes accessoires. Mais je ne vois pas qu'il y ait là une qualité de destination en quelque sorte, en tant que Leou Cheou aurait prévu qu'on ferait de ses albums un livre, ni même qu'il faille nécessairement y chercher une intention spécialement éducative et didactique. Encore que je n'incline guère à formuler des jugements généraux quand si peu d'œuvres authentiques nous sont devenues accessibles, cette simplicité, qui ne va pas parfois sans sécheresse, se retrouve chez des contemporains de Leou Cheou, et lui-même pouvait d'ailleurs être d'un naturel paisible qui ne se sentait pas autrement enclin à la fantaisie.

Calme et « positif », avant tout homme du fait plutôt qu'interprète ému de la nature, c'est ce que Leou Cheou nous apparaît encore plus à travers les copies de Tch'eng K'i que dans l'édition japonaise de 1676. Il y a toutes chances pour que les dalles de 1769 reproduisent fidèlement les peintures de Tch'eng K'i. Or, ces paysages de fond, ce décor extérieur à la scène essentielle qui jouaient dans l'édition de 1676 un rôle déjà bien moins considérable que chez Tsiao Ping-tcheng, nos estampages de 1769 les diminuent encore au point de les réduire parfois au néant. Les maisons dessinent leurs arêtes, les rizières sont bordées par leurs talus avec une rigueur et une raideur que l'addition d'arbres, d'oiseaux, de plis de terrain vient rarement atténuer. M. Laufer notait comme une particularité caractéristique de l'art des Song les nuages ondulés qui garnissent si souvent les ciels dans l'édition de 1676 : pas une seule fois ces nuages ne se montrent sur les dalles qui reproduisent les copies de Tch'eng K'i.

Que déduire de ces dissemblances? Faut-il admettre que Tch'eng K'i, meilleur calligraphe que peintre bien doué, a gravement faussé la manière de Leou Cheou, dont l'édition japonaise de 1676 nous rendrait encore, à défaut de l'édition de Wang Kang, le plus fidèle témoignage? J'ai envisagé cette hypothèse. Si je l'écarte, c'est qu'il me paraît possible d'arriver ici, en dehors de toute impression subjective, à une sorte de preuve par les faits.

M. Laufer et M. Franke ont considéré l'édition de 1676 comme l'image fidèle des originaux de Leou Cheou; par suite, toute différence entre cette édition et les planches de 1696 est mise par eux au compte de Tsiao Ping-tcheng. Mais, en comparant nos trois états du *Keng tche t'ou*, nous constatons que dans quelques cas où Tsiao Ping-tcheng s'écarte de l'édition de 1676, il est au contraire en accord frappant avec les planches de Tch'eng K'i. J'ai reproduit ici, et dans les trois éditions, les deux planches les plus caractéristiques à cet égard. Il n'y a pas doute que sur l'une d'entre elles (pl. XLIV), l'enfant endormi que secoue sa mère et la vieille femme qui attise le feu sont apparentés dans les planches de Tch'eng K'i et de Tsiao Ping-tcheng et n'ont rien à voir avec la planche japonaise de 1676. Il en est de même pour la planche L, où la mère, soutenant son enfant juché sur un tabouret, cause avec deux commères par-dessus le mur; les personnages sont les mêmes et ont les mêmes attitudes chez Tch'eng K'i et chez Tsiao Ping-tcheng; ils manquent absolument sur la planche correspondante de l'édition japonaise.

A cette parenté de Tch'eng K'i et de Tsiao Ping-tcheng, je ne vois que deux explications possibles. L'une, en apparence assez simple, serait que Tsiao Ping-tcheng eût connu le rouleau de Tch'eng K'i; je la tiens pour invraisemblable. Tsiao Ping-tcheng était un peintre de la Cour, et l'empereur K'ang-hi le chargea de dessiner un nouveau *Keng tche t'ou* quand il eut reçu au Tchö-kiang l'édition publiée au treizième siècle par Wang Kang. C'est sûrement sur cette édition de Wang Kang que Tsiao Ping-tcheng a travaillé. D'autre part, ni sous K'ang-hi, ni sous Yong-tcheng, ni même lors de la publication du premier *Keng tche t'ou* de K'ien-long en 1739, il n'est question de l'album de Tch'eng K'i; une première moitié de cet album est offerte par Tsiang P'ou après 1739; ce n'est qu'en 1769 que la seconde moitié arrive au palais; immédiatement le tout est gravé sur dalles de pierre avec des autographes impériaux. Ce silence et ce zèle suffisent à établir que la Cour ignorait les peintures de Tch'eng K'i quand Tsiao Ping-tcheng travaillait pour l'empereur K'ang-hi en 1696. Il faut donc nous rabattre sur l'autre explication. Si Tsiao Ping-tcheng, s'inspirant de l'édition de Wang Kang, est parfois en accord plus étroit avec Tch'eng K'i qu'avec l'édition japonaise, c'est que Tch'eng K'i était resté là plus fidèle que l'éditeur japonais à l'édition même de Wang Kang. De cette fidélité, le texte même de Leou Cheou semble ici garant. On sait que planches et poésies développent un même thème. Or, la poésie de Leou Cheou qui accompagne la planche L se termine par ces deux vers : 晚來得少休。女伴語隔牆 « Le soir venu, on a un peu de répit ; la femme converse avec ses amies séparées d'elle par le mur ». Il serait tout à fait anormal que rien dans le dessin ne répondît à ces indications ; c'est cependant le cas dans l'édition japonaise de 1676. Mais l'accord de Tch'eng K'i et de Tsiao Ping-tcheng montre que la tradition japonaise est ici infidèle. Leou Cheou n'a pas manqué au principe même de son œuvre. Pour reprendre la comparaison familière que Yao Che évoquait à un autre propos, la poésie et le dessin sont bien, sur cette planche comme ailleurs, dans le même rapport que « la doublure et l'étoffe ». En résumé, s'il n'est pas certain que Tch'eng K'i nous ait toujours transmis les dessins de Leou Cheou avec une fidélité parfaite, il représente une tradition indépendante d'une valeur indéniable. L'édition japonaise de 1676 ne donne parfois de ces mêmes dessins qu'une interprétation très évoluée. Mais nos trois sources se sont ignorées l'une l'autre et ne se rejoignent qu'à l'édition de Wang Kang, vers 1230. Nous ne pouvons pas aller de façon certaine au delà de cette édition de Wang Kang. Mais pour affirmer, soit au point de vue artistique, soit au point de vue de la technique de l'agriculture[1] et du tissage, qu'un détail du *Keng tche t'ou* remonte au moins à l'édition de Wang Kang, il faut et il suffit, la part faite de coïncidences fortuites, que ce détail apparaisse à la fois sur deux des trois éditions fondamentales.

*
* *

Mais l'histoire du *Keng che t'ou* n'est pas close quand nous avons parlé de ses diverses éditions. Un thème poétique ou artistique bien choisi, et qui

1. Je citerai un exemple à ce sujet. M. Laufer (*T'oung Pao*, II, XIII, 104) a fait remarquer que, sur une des planches de l'édition de 1676, on voit figurer un arbre nain. Il ajoute : « Ce n'est pas là, comme on le croit généralement, une invention japonaise, mais chinoise. Pour autant que je sache, l'âge de cette pratique curieuse n'a jamais été établi ; il est intéressant de noter que, à en juger du moins par ce dessin, cette pratique remonte jusqu'au temps des Song. » Or, la planche que vise M. Laufer doit être la planche LXXV de M. Franke, celle que nous reproduisons ici sous le n° XLV, c'est-à-dire l'une des deux où l'édition japonaise s'écarte fort de la tradition commune à Tch'eng K'i et à Tsiao Ping-tcheng. Sur les albums de Tch'eng K'i et de Tsiao Ping-tcheng, il n'y a pas trace d'arbre nain ; la remarque de M. Laufer tombe du même coup. Mais, quelle que soit l'origine de la culture des arbres nains, il est certain qu'elle s'est surtout développée au Japon. Quand donc nous voyons figurer un arbre nain sur une planche de l'édition japonaise alors que les éditions chinoises accessibles n'en montrent nulle part, je me demande si ce n'est pas l'éditeur japonais qui l'a introduit ; Kanô Einô appartenait à un clan célèbre de peintres établi à Kyôto ; peut-être n'a-t-il pas fait suffisamment abstraction de ses propres goûts artistiques en rééditant l'œuvre ancienne de Leou Cheou.

avait conquis la faveur des gens de goût, a toujours prêté en Chine à d'innombrables variations. Peut-être même Leou Cheou avait-il eu des précurseurs. Selon le *Li tai ming houa ki* achevé au milieu du neuvième siècle par 張彥遠 Tchang Yen-yuan[1], 明帝 Ming-ti, second souverain des Tsin (299-325) et peintre célèbre, avait laissé un 豳詩七月圖 *Pin che ts'i yue t'ou*, c'est-à-dire des « Tableaux de l'ode *Ts'i-yue* dans les poésies des [*Coutumes de*] *Pin* » ; le sujet même implique que ces tableaux aient représenté les travaux des champs. C'est là la plus ancienne œuvre de ce genre au sujet de laquelle j'aie trouvé quelques indications. M. Franke rappelle de son côté que le *T'ang chou* cite un 月令圖 *Yue ling t'ou*, ou « Tableaux du *Yue-ling* », dû à 王涯 Wang Yai[2]. Or le chapitre *Yue-ling* du *Li ki*, le chapitre 無逸 *Wou-yi* du *Chou king* et la section des *Odes de Pin* dans le *Che king* ont toujours été considérés en Chine comme les textes fondamentaux relatifs à l'agriculture ; le *Yue ling t'ou* devait donc se composer d'une série de scènes agricoles. Un autre texte que mentionne M. Franke, sans en dissimuler le caractère assez suspect, veut qu'en 954-959 un pavillon du palais impérial ait été orné de peintures représentant les diverses phases des travaux des champs. Quoi qu'il en soit de la valeur propre de ce dernier texte, la coutume semble avoir existé, peut-être dès le septième siècle, d'honorer l'agriculture en reproduisant des scènes de labourage et de sériciculture sur les murailles du palais. Au treizième siècle, Wang Ying-lin s'exprime ainsi dans son *K'ouen hio ki wen* : « Sous les T'ang, au palais impérial, le 無逸圖 *Wou yi t'ou* (ou « Tableaux du [chapitre] *Wou-yi* ») fut remplacé par des paysages, et c'est alors qu'éclatèrent les troubles gouvernementaux des périodes *k'ai-yuan* (713-741) et *t'ien-pao* (742-755). Au début de la période *pao-yuan* (1038-1039) de Jen-tsong (des Song), on peignit des scènes de labourage et de tissage au 延春閣 Yen-tch'ouen-ko ; [mais] dans la période *yuan-fou* (1086-1093) de Tchö-tsong, on leur substitua également des paysages ; [alors] le zèle tourna à la paresse et il y eut des révoltes[3]. » Comme on le voit, Wang Ying-lin attribue ces catastrophes au peu de souci que les empe-

1. Chap. 3, fol. 6 r°, dans l'édition du 王氏書苑 *Wang che houa yuan* (Bibl. nat., coll. Pelliot, II, 1338). Le texte est en outre rappelé dans le *P'ei wen tchai chou houa p'ou*, chap. 21, fol. 1 v°.

2. M. Franke dit (p. 57) qu'on ne sait malheureusement qui était ce Wang Yai ni à quelle époque il vivait. Il ne me semble pas douteux cependant qu'il s'agisse du Wang Yai dont la biographie est donnée au chapitre 169 (fol. 3 v°-5 r°) du *Kieou t'ang chou* et au chapitre 179 (fol. 4 r°-5 v°) du *Sin t'ang chou*. Docteur de 792, ce Wang Yai remplit de hautes charges dans la première moitié du neuvième siècle ; c'était un grand amateur de livres et de peintures, et il n'y a rien de surprenant à ce qu'il ait peint lui-même un *Yue ling t'ou*.

3. Je traduis ce passage d'après le texte qu'en donne le *P'ei wen yun fou*, s. v. *keng-tche-t'ou*.

reurs des T'ang et des Song, au huitième et au onzième siècle, prirent de leurs devoirs envers l'agriculture ; selon la vieille idée chinoise, l'empereur préside en effet au labourage et l'impératrice doit s'adonner à l'élève des vers à soie.

La vogue même des tableaux de Leou Cheou lui a suscité des imitateurs. On a vu plus haut que les peintures de Tch'eng K'i avaient été longtemps mises faussement au compte de Lieou Song-nien. C'est que cet artiste de la fin du douzième siècle et du commencement du treizième siècle a peut-être, lui aussi, et en s'inspirant sans doute de Leou Cheou, présenté au trône un *Keng tche t'ou*. Le *P'ei wen tchai chou houa p'ou* (chap. 51, fol. 16 r°) ne consacre que quelques lignes à Lieou Song-nien, et les emprunte à l'ancien 杭州府志 *Hang tcheou fou tche* de 陳善 Tch'en Chan[1] ; du moins y est-il rappelé que Lieou Song-nien, « au temps de [l'empereur] Ning-tsong (1194-1224), présenta au trône un *Keng tche t'ou* ». Le même renseignement est donné par le *Nan song yuan houa lou* (chap. 4, fol. 6 v°), d'après le 畫史會要 *Houa che houei yao* achevé en 1631 par 朱謀垔 Tchou Meou-yin[2].

Je n'ai trouvé aucun document contemporain qui parle de cette peinture. Toutefois, le 東圖玄覽 *Tong t'ou hiuan lan* de 詹景鳳 Tchan King-fong[3] contient le passage suivant : « Le préfet adjoint 方相卿 Fang Siang-k'ing[4]

1. Le *P'ei wen tchai chou houa p'ou* appelle seulement cet ouvrage *Hang tcheou tche* ; c'est une abréviation un peu inexacte. Ce *Hang tcheou fou tche* de Tch'en Chan n'est pas mentionné par les commissaires du Sseu-k'ou-ts'iuan-chou, qui ont en outre relégué dans la section *ts'ouen-mou* (chap. 73, fol. 1 v°-2 r°) un autre *Hang tcheou fou tche* dû à 夏時正 Hia Che-tcheng et achevé en 1475. L'œuvre de Tch'en Chan, aujourd'hui fort rare, comprend 100 chapitres et a été achevée en 1579 ; un exemplaire en est décrit dans le 善本書室藏書志 *Chan pen chou che ts'ang chou tche* (chap. 11, fol. 22 v°-23 r°) et doit par suite se trouver aujourd'hui, comme toute la bibliothèque de 丁丙 Ting Ping que décrit ce catalogue, au T'ou-chou-kouan de Nankin.

2. La bibliothèque Doucet possède l'édition princeps du *Houa che houei yao*, parue en 1631 ; le passage que cite Li Ngo s'y trouve effectivement au chap. 3, fol. 13 v°.

3. Le *Tong t'ou hiuan lan* n'est pas mentionné au *Catalogue impérial* ; je n'en connais aucune édition et je n'ai pas trouvé d'indication précise sur la date à laquelle il fut rédigé ; mais de copieux extraits, sinon l'ouvrage entier (qui serait alors fort court), occupent les fol. 1 r°-6 r° dans le chapitre 99 du *P'ei wen tchai chou houa p'ou*. Le passage que je cite ici est au fol. 3 r°-4 v°, et se retrouve dans le *Nan song yuan houa lou* (chap. 4, fol. 11 v°-12 r°). C'est à Tchan King-fong qu'est due la compilation des sections 補益 *pou-yi* jointes au 書苑 *Chou yuan* et au 畫苑 *Houa yuan* de 王世貞 Wang Che-tcheng. Les notices que les bibliographes du *Catalogue impérial* (chap. 114, fol. 10 v°-13 r°) consacrent à ces deux dernières œuvres nous apprennent que Tchan King-fong (*tseu* 東圖 Tong-t'ou) était originaire de Hieou-ning, dans la préfecture de Houei-tcheou, au Ngan-houei. En effet, le 徽州府志 *Houei tcheou fou tche* (Bibl. nat., coll. Pelliot, I, 246 ; éd. de 1827, chap. 9, sect. 3, fol. 39 v°, et surtout chap. 12, sect. 6, fol. 34 v°) signale que Tchan King-fong fut reçu à la licence en 1567, indique son *cursus honorum* qui ne fut pas très brillant, et énumère plusieurs de ses ouvrages. Le *Tong t'ou hiuan lan* ne figure pas dans cette liste, mais son attribution est garantie par son titre même, où *tong-t'ou* rappelle le *tseu* de Tong-t'ou que les bibliographes impériaux et le *Houei tcheou fou tche* donnent à Tchan King-fong. D'autres œuvres de Tchan King-fong sont également cataloguées au chapitre 15 du *Houei tcheou fou tche*, mais cette fois encore le *Tong t'ou hiuan lan* est passé sous silence. Cependant, comme c'est en 1591 que Tchan King-fong, en accord avec 王元貞 Wang Yuan-tcheng (l'éditeur du *Lao tseu yi*), fit imprimer son supplément au *Chou yuan*, on peut admettre que le *Tong t'ou hiuan lan*, vraisemblablement un peu postérieur, fut rédigé vers l'an 1600.

4. Fang Siang-k'ing doit être un *tseu* ; j'ignore le *ming* du collectionneur en question.

de Yu-hang (Hang-tcheou) conserve quatre feuillets (= quatre scènes) d'un *Keng tche t'ou* sans signature. Ils ont environ un pied et demi de haut et plus de trois pieds[1] de long. On prétend qu'ils [sont de] Lieou Song-nien, mais leur facture rappelle [celle de] 馬遠 Ma Yuan[2]. Ils sont beaux. Au-dessus de chaque feuillet, il y a une poésie appropriée composée et écrite par Kao-tsong (des Song; 1127-1162)[3]; ces poésies sont de quatre vers, à sept syllabes par vers. » Cette notice n'est pas formelle sur l'attribution à Lieou Song-nien; elle contient en outre une indication inadmissible. Sans doute Kao-tsong, bien qu'ayant abdiqué en 1162, vécut encore jusqu'en 1187, et Lieou Song-nien serait entré au Bureau de la peinture dans la période *tch'ouen-hi* (1174-1189). Mais Lieou Song-nien n'était encore qu'étudiant, et ne fut guère susceptible d'être chargé de travaux officiels que quand il devint *tai-tchao* en 1190-1194. D'ailleurs les notices qui lui attribuent un *Keng tche t'ou* disent qu'il le présenta au trône sous Ning-tsong (1194-1223); Kao-tsong est alors hors de question[4]. L'attribution de la peinture à Ma Yuan soulèverait, en ce qui concerne Kao-tsong, les mêmes difficultés chronologiques. Les vers dont il s'agit nous sont inconnus; leur mètre n'est pas celui des poésies de Leou Cheou. A la rigueur, on pourrait supposer que le nom de Kao-tsong a été mis par une erreur tardive sur des poésies qu'avait composées et écrites un de ses successeurs. Mais il est aussi possible que l'attribution à Lieou Song-nien soit fantaisiste, et, si les poésies sont bien de Kao-tsong, que ces quatre feuillets remontent soit à Leou Cheou, soit à un des peintres de cour qui auraient copié pour Kao-tsong l'œuvre de Leou Cheou. Il faudrait seulement admettre, comme pour le rouleau qu'avait décrit Song Lien, que, dans cette copie, les poèmes de Leou Cheou n'accompagnaient pas chaque fois la scène correspondante.

Il est encore question d'un *Keng tche t'ou* de Lieou Song-nien à une date plus récente. Au dix-septième siècle, un amateur de peintures originaire de Houei-tcheou au Ngan-houei, 吳其貞 Wou K'i-tcheng, nota pendant près d'un demi-siècle (de 1628 à 1675 environ) les observations que lui suggéraient les peintures et autographes anciens dont il eut connaissance;

1. Au lieu de « pieds », le *Nan song yuan houa lou* donne ici la leçon évidemment absurde de « pouces ».

2. Ma Yuan vivait, comme Lieou Song-nien, à la fin du douzième et au début du treizième siècle; c'est un des grands peintres de cour sous les Song méridionaux.

3. Kao-tsong est ici désigné par l'expression 高廟 *kao-miao*, « celui dont le nom de temple est Kao », de même que Houei-tsong est appelé dans le même ouvrage *houei-miao*, etc.; il n'y a pas de doute sur la valeur du terme.

4. Je me méfie, pour les mêmes raisons, de l'attribution à Kao-tsong de notices écrites sur des éventails peints par Lieou Song-nien et dont il est question dans le *Ts'ing ho chou houa fang* de Tchang Tch'eou, édition de 1888, section 酉, fol. 30 r°.

c'est ainsi qu'il composa son 書畫記 *Chou houa ki*, en six chapitres[1]. Or, cet ouvrage contient le passage suivant : « *Keng tche t'ou* de Lieou Song-nien, en un rouleau peint sur soie. La couleur est fraîche et la facture solide, sans recherche et sans simplification [excessive] ; c'est [un travail] fait d'un seul jet, d'un pinceau très sûr. Dans le tableau du cinquième mois, sur la poutre maîtresse de la maison, on a [représenté l'image] collée du maître céleste Tchang[2]... La signature porte en quatre caractères : Peint par Lieou Song-nien. J'ai vu cette peinture chez 程怡之 Tch'eng Yi-tche[3] de 榆村 Yu-ts'ouen. » Cette notice elle-même, malgré son imprécision, peut faire réfléchir. Dans les *Keng tche t'ou* issus de celui de Leou Cheou, les travaux ne sont pas divisés en mois ; mais c'est au contraire l'ordre des mois qui sera suivi pour l'élève des vers à soie et le tissage, un siècle et demi plus tard, dans les poèmes de Tchao Mong-fou dont j'aurai bientôt à parler. Il n'est guère probable qu'il y ait eu antérieurement une série de scènes construites exactement sur le même type. Je tiens donc pour vraisemblable que la signature soit fausse, et, dans le rouleau que décrit Wou K'i-tcheng, il semble qu'on doive plutôt chercher soit les scènes peintes, considérées comme perdues, et qui étaient mises à la suite du manuscrit de Tchao Mong-fou, soit une réplique de ces mêmes scènes. Ici encore, Lieou Song-nien serait mis en cause sans raison, et, en définitive, il ne me paraît pas autrement établi que Lieou Song-nien ait jamais exécuté un *Keng tche t'ou*[4].

1. Je ne crois pas que l'ouvrage de Wou K'i-tcheng ait été imprimé. Mes renseignements sur son origine et sa date sont empruntés à la notice que lui consacre le *Chan pen chou che ts'ang chou tche*, chap. 17, fol. 22 r°. Quant au passage relatif au *Keng tche t'ou* de Lieou Song-nien, je l'ai pris dans le *Nan song yuan houa lou*, chap. 4, fol. 12 r° et v°.

2. 張天師 Tchang *t'ien-che*, c'est-à-dire Tchang Tao-ling, le premier pontife du taoïsme.

3. Ici encore, nous devons avoir affaire à un personnage désigné par son surnom ; j'ignore son nom personnel.

4. Jusqu'ici, je n'ai pas relevé de mention de ce *Keng tche t'ou* de Lieou Song-nien qui soit antérieure à 1579, encore qu'il ne soit pas invraisemblable que le *Hang tcheou fou tche* de 1475 en parle déjà ; mais, en 1475, on est déjà à plus de deux siècles et demi de Lieou Song-nien. Le 南宋古跡考 *Nan song kou tsi k'ao*, ouvrage moderne, reproduit (éd. du *Wou lin tchang kou ts'ong pien*, chap. 1, fol. 36 v°) un texte absolument analogue qu'il emprunte au 錢唐志補 *Ts'ien t'ang tche pou* ; j'ignore la date de ce dernier ouvrage, mais il ne doit pas être antérieur à ceux que je viens d'invoquer. Enfin, le *Nang song yuan houa lou* cite bien une série de notices mises à la suite d'une peinture de Lieou Song-nien (chap. 4, fol. 15 r°-16 v°), et l'une d'elles, signée de 俞和 Yu Houo, mentionne le *Keng tche t'ou* de Lieou Song-nien. Or Yu Houo vivait dans la seconde moitié du quatorzième siècle (cf. *P'ei wen tchai chou houa p'ou*, chap. 40, fol. 4 r°) ; tout comme les écrivains des environs de l'an 1600, il dit que Lieou Song-nien présenta un *Keng tche t'ou* au trône sous Ning-tsong. Mais la notice de Yu Houo, une autre qui la précède et qui aurait été écrite par Teng Wen-yuan en 1311, celle de 王蒙 Wang Mong qui la suit, enfin une dernière de T'ang Yin datée de 1519 sont empruntées par Li Ngo au 寶繪錄 *Pao houei lou* ; le *Pao houei lou*, en 20 chapitres, fut compilé à la fin des Ming par 張泰階 Tchang T'ai-kiai de Chang-hai, docteur de 1619 ; mais il suffit de se reporter aux notes critiques du *Catalogue impérial* (chap. 114, fol. 18 v°-19 r°) pour voir que les peintures décrites par Tchang T'ai-kiai sont suspectes, et que les notices (*pa*) qui leur étaient jointes sont souvent apocryphes. Il n'y a donc rien à tirer

Peut-être même nous est-il donné d'entrevoir le genre de confusion qui a dû se produire. Le 嚴氏書畫記 *Yen che chou houa ki*, ou « Description des peintures et autographes [appartenant] à M. Yen », rédigé par 文嘉 Wen Kia[1] en 1565 et revu en 1568, mentionne, dans son inventaire de cette collection, l'esquisse originale (稿本 *kao-pen*) du 宮蠶圖 *Kong ts'an t'ou*, ou « Tableaux [de l'élève] des vers à soie dans le palais [impérial] », par Lieou Song-nien. Au dix-septième siècle, 曹溶 Ts'ao Jong[2] ajouta une notice finale au rouleau original du *Kong ts'an t'ou* de Lieou Song-nien; ce même rouleau fut encore vu quelques années plus tard par 王士禎 Wang Che-tcheng[3]. Pendant plus d'un siècle, les textes paraissent ensuite se taire sur le compte du *Kong t'san tou*; mais, selon les commissaires impériaux, il entre dans les collections du palais entre la compilation des deuxième et troisième séries du *Che kiu pao ki*, et Hou King lui consacre en 1816 une notice dans son *Si ts'ing tcha ki* (chap. 2, fol. 23 r° et v°). C'est un rouleau peint, sur papier; les scènes s'y succèdent depuis la cueillette des feuilles de mûrier jusqu'au tissage de la soie. Les bâtiments ont le double toit des bâtiments impériaux. Impératrices, concubines, eunuques, enfants, on ne compte pas moins de 184 personnes réparties sur les diverses scènes. La signature

actuellement du *pa* de Yu Houo pour fixer la tradition relative à un *Keng tche t'ou* de Lieou Song-nien.

1. Le *Ming che* (chap. 287, fol. 1 v°) ne consacre que quelques phrases à Wen Kia (*tseu* 休承 Hieou-tch'eng), fils d'un des grands calligraphes du seizième siècle, 文徵明 Wen Tcheng-ming; mais on a des renseignements un peu plus détaillés à son sujet dans le *P'ei wen tchai chou houa p'ou*, chap. 42, fol. 9 v°. Je ne crois pas que le *Yen che chou houa ki* ait jamais eu d'édition indépendante, et je n'en ai jamais vu signaler non plus de manuscrit ancien. Mais il a été incorporé à deux autres ouvrages, le *Ts'ing ho chou houa fang* de Tchang Tch'eou, achevé en 1616, et le *Chan hou wang* de Wang K'o-yu, achevé en 1643 (sur ces deux ouvrages, cf. *infra*, pp. 102-103). Dans le *Ts'ing ho chou houa fang*, le texte de Wen Kia, précédé de sa préface, se trouve dans la section 午 *wou*, aux fol. 13-28; le passage relatif au *Kong ts'an t'ou* est au fol. 24 r°. Nous ne possédons pas le *Chan hou wang*, mais le *P'ei wen tchai chou houa p'ou* a reproduit d'après lui la section relative aux autographes dans le chap. 93, fol. 9 v°-10 r°, et celle relative aux peintures dans le chap. 98, fol. 4 r°-12 v°; le passage concernant le *Kong ts'an t'ou* est au chap. 98, fol. 11 v° (en réalité, le *P'ei wen tchai chou houa p'ou*, qui dit bien au chap. 98 reproduire le texte de Wen Kia d'après le *Chan hou wang*, parait au chap. 93 citer le *Yen che chou houa ki* directement; c'est une des nombreuses négligences des compilateurs officiels). Ces deux états du *Yen che chou houa ki* sont assez différents, mais le texte donné par le *Ts'ing ho chou houa fang* parait meilleur; du moins n'y retrouve-t-on pas certaines absurdités manifestes de la rédaction empruntée au *Chan hou wang*.

2. Ts'ao Jong (*tseu* 潔躬 K'ie-kong, *hao* 秋嶽 Ts'ieou-yo), originaire de Lieou-chouei au Tchö-kiang, passa l'examen de doctorat en 1637; sur ses œuvres, cf. le *Catalogue impérial*, chap. 63, fol. 1 r°-2 r°, et chap. 181, fol. 8 v°-9 r°. Sa notice sur le *Kong ts'an t'ou* figure dans sa collection littéraire, intitulée 靜惕堂集 *Tsing t'i t'ang tsi*, mais nous ne possédons pas cet ouvrage, et je ne connais cette notice qu'en tant qu'elle est reproduite dans le *Nan song houa yuan lou*, chap. 4, fol. 14 v°-15 r°. Pour une notice écrite par Ts'ao Jong sur une peinture que possède le musée du Louvre, cf. *T'oung Pao*, II, v, 315.

3. Wang Che-tcheng est un des écrivains les plus connus et les plus abondants de la dynastie mandchoue; il vécut de 1634 à 1711 (cf. GILES, *Biogr. Dict.*, n° 2221). C'est dans le 居易錄 *Kiu yi lou* qu'il mentionne le *Kong ts'an t'ou*; le passage, qui se borne à dire que Wang Che-tcheng a vu cette peinture, est reproduit dans le *Nan song yuan houa lou* (chap. 4, fol. 14 v°).

porte : « *Kong ts'an t'ou*; votre serviteur Lieou Song-nien a présenté [au trône] ». Sur la dernière feuille, 李東陽 Li Tong-yang[1] a copié le *Ts'an chou* de Ts'in Kouan et a ajouté une notice finale (*pa*).

Cette peinture est-elle bien de la main de Lieou Song-nien? Il est difficile d'en décider sur les documents dont nous disposons actuellement. Sans doute, le rouleau a perdu la notice finale que Ts'ao Jong lui avait jointe; mais Hou King peut avoir raison d'admettre qu'elle fut supprimée quand le rouleau fut remonté. Pour la question qui nous occupe ici, et qu'il s'agisse d'un original ou d'une copie[2], il suffit que Lieou Song-nien ait peint le *Kong ts'an t'ou*, de sujet analogue au *Keng tche t'ou*, pour que sa grande renommée lui ait fait attribuer l'œuvre de l'écrivain et artiste presque ignoré qu'était Leou Cheou.

Si j'ai des doutes sérieux au sujet de l'exécution d'un *Keng tche t'ou* par Lieou Song-nien, je crois encore moins à l'existence d'un autre *Keng tche t'ou* qui serait dû à 韓彥直 Han Yen-tche. Han Yen-tche, docteur de 1148, mourut aux environs de 1200; excellent calligraphe, il fut en grande faveur auprès de Kao-tsong[3]. Or, dans le 世善堂書目 *Che chan t'ang chou mou* de 陳第 Tch'en Ti, achevé au début du dix-septième siècle[4], on trouve (chap. 2, fol. 30 r°) la mention d'un *Keng tche t'ou*, en un chapitre, par Han Yen-tche. Mais ce catalogue de Tch'en Ti est un catalogue de livres et non de peintures. Si un *Keng tche t'ou* y figure parmi les ouvrages d'agriculture, c'est en tant qu'il s'agit d'un album, imprimé ou manuscrit, où un texte

1. Li Tong-yang, né en 1447, docteur de 1464, mort en 1516, fut ministre, grand secrétaire, et laissa la réputation d'un lettré et d'un calligraphe; sa biographie se trouve dans le *Ming che*, chap. 181, fol. 7 r°-9 r°.

2. Hou King indique en outre que l'exemplaire décrit par Wen Kia devait être en deux rouleaux. Aussi se demande-t-il si Lieou Song-nien n'a pas peint au moins à deux reprises le *Kong ts'an t'ou*; il n'y aurait d'ailleurs rien là d'extraordinaire, puisque, selon l'habitude des peintres de cour sous les Song, Lieou Song-nien avait dû exécuter une peinture considérée comme l'esquisse et qu'il ne présenta pas au trône. Mais il serait assez peu vraisemblable qu'au milieu de tant de ruines, les deux « états » d'une même peinture, forcément séparés dès le temps des Song, eussent duré au moins jusqu'à la fin du dix-septième siècle. D'ailleurs, en faisant dire à Wen Kia que l'exemplaire de la famille Yen était en deux rouleaux, Hou King paraît ne s'être reporté qu'au *Chan hou wang*, ou plutôt encore à la citation qu'en fait le *P'ei wen tchai chou houa p'ou*. Mais le texte du *Ts'ing ho chou houa fang*, que je tiens en principe pour meilleur, ne donne à cette peinture qu'un rouleau.

3. La biographie de Han Yen-tche se trouve dans le *Song che*, chap. 364, fol. 6 v°-7 v°.

4. Tch'en Ti, *tseu* 季立 Ki-li, est souvent désigné par son *hao* de 一齋 Yi-tchai (sur ses œuvres, cf. *Catalogue impérial*, chap. 8, fol. 26 r° et v°; chap. 12, fol. 19 v°-20 r°; chap. 179, fol. 52 v°-53 r°). Wylie (*Notes on Chinese literature*, p. 60) dit que le catalogue de Tch'en Ti fut publié en 1616; cela me paraît inexact. Il n'y a pas, à ma connaissance, d'édition antérieure à celle du *Tche pou tsou tchai ts'ong chou*; seulement cette édition est précédée d'une notice de 1616 due à quelqu'un qui lut en cette année-là le catalogue manuscrit; il paraît en résulter que Tch'en Ti était déjà mort. Une autre notice, due à l'éditeur du *Tche pou tsou tchai ts'ong chou*, Pao T'ing-po, et datée de 1795, nous renseigne sur le sort du manuscrit, que Pao T'ing-po acquit de cette même bibliothèque de Tchao Yu où il avait fait copier le *Nong chou*, le *Ts'an chou* et les poésies du *Keng tche t'ou*.

accompagne au moins les planches. L'exemplaire doit avoir été défectueux, privé des préfaces et postfaces, et attribué ensuite faussement à Han Yen-tche parce que Han Yen-tche était un calligraphe connu du temps de Kao-tsong ; mais, ici encore, il me paraît à peu près sûr que l'ouvrage de la bibliothèque de Tch'en Ti, imprimé ou manuscrit, n'était autre que le *Keng tche t'ou* de Leou Cheou.

Leou Cheou avait laissé dans l'histoire de l'art chinois une trace assez faible pour que deux cents ans après lui, au quatorzième siècle, l'un des principaux écrivains de l'époque mongole, 虞集 Yu Tsi, ait peut-être attribué le *Tche kong t'ou* non à Leou Cheou lui-même, mais à son neveu beaucoup plus connu Leou Yo[1]. Les œuvres de Yu Tsi ont gardé une grande vogue ; aussi est-ce le texte de Yu Tsi, ou tout au moins la citation qu'en fait le *Li tai t'i houa che lei*, que doit viser Wan Tso-lin quand, à la fin de sa deuxième notice de 1738, il dit que Leou Yo a parfois été considéré comme l'auteur du *Keng tche t'ou*[2]. Postérieurement au quatorzième siècle, le souvenir de Leou Cheou et même de Leou Yo disparut si bien que Tch'en Ti put attribuer le *Keng tche t'ou* à Han Yen-tche. Enfin, malgré l'édition de 1462, l'œuvre elle-même fut à ce point oubliée que les érudits du dix-septième siècle la retrouvèrent sans la reconnaître ; c'est ce que va nous montrer l'étude du 服田圖 *Fou t'ien t'ou* attribué à 李嵩 Li Song.

Li Song, simple artisan de Hang-tcheou, fut élevé et adopté par un vieux peintre qui avait été au service de Houei-tsong et de Kao-tsong, 李從訓 Li Ts'ong-hiun. Lui-même entra au Bureau de la peinture, et y fut en fonctions sous Kouang-tsong (1190-1194), Ning-tsong (1195-1224) et Li-tsong (1225-1264)[3]. Un certain nombre de peintures considérées comme ses

1. Yu Tsi vécut de 1272 à 1348 ; sa biographie se trouve au chap. 181 du *Yuan che* (fol. 2 r°-6 r°). Ses œuvres sont intitulées 道園學古錄 *Tao yuan hio kou lou*. Le passage en question est reproduit dans le *Yu ting li tai t'i houa che lei* compilé par ordre impérial en 1707 (chap. 69, fol. 11 v° ; sur l'ouvrage, cf. *infra*, p. 109) ; il s'agit de trois courtes poésies précédées de ce titre : « A propos des *Tableaux du tissage* de Leou Kong-k'ouei, trois poésies, par Yu Tsi ». Kong-k'ouei est le *hao* de Leou Yo. Mais, si on se reporte au *Tao yuan hio kou lou* lui-même, dont il existe à la Bibliothèque Nationale une édition publiée au Sseu-tch'ouan en 1837 (coll. Pelliot, II, 925 ; section *yi-kao* des poésies, chap. 8, fol. 12 v°-13 r°), on voit que le titre y est donné sous la forme suivante : 題樓壁耕織圖, ce qui signifierait « A propos des Tableaux du labourage et du tissage peints sur les murs des bâtiments à étage ». Dans une introduction, Yu Tsi rappelle l'intérêt que les empereurs mongols ont témoigné à l'agriculture, puis insiste sur l'habitude qu'avaient anciennement préfets et sous-préfets de faire peindre respectivement, sur les murs d'Est et d'Ouest de leurs demeures officielles, des scènes de labourage et de tissage ; c'est là un thème cher à Yu Tsi, et il y revient dans un passage de ses œuvres en prose (chap. 7, fol. 1 v°). Une contamination s'est évidemment produite dans le titre, résultant de ce que le même mot 樓 *leou* signifie « bâtiment à étage » et est le nom de famille de Leou Yo ; mais je vois des arguments possibles en faveur de l'une et de l'autre solution ; il faudrait une édition ancienne de Yu Tsi pour nous décider.

2. Ce passage est reproduit dans le livre de M. Franke, p. 69.

3. Les principaux textes relatifs à Li Song sont

œuvres sont inventoriées et décrites dans les catalogues modernes ; l'une d'entre elles mérite de retenir ici notre attention. Le 珊瑚網 *Chan hou wang*, gros catalogue descriptif d'autographes et de peintures achevé en 1643 par 汪珂玉 Wang K'o-yu[1], consacre une longue notice au *Fou t'ien t'ou*, c'est-à-dire aux « Tableaux de l'application aux [travaux des] champs », par Li Song, en deux rouleaux ; « le premier rouleau, sur soie, est peint de couleurs vives, et contient douze scènes ; le second rouleau contient en tout neuf scènes ; il y a des notices impériales de Kao-tsong ». Puis viennent les notices attribuées à Kao-tsong et qui se trouvaient sur le premier rouleau ; ce sont des poésies à raison d'une par scène ; il y en a donc douze en tout. Wang K'o-yu reprend alors la parole et dit qu'en 1639, il vit un certain nombre de peintures chez un de ses amis nommé 楊 Yang. « L'un des rouleaux était un 田家風俗圖 *T'ien kia fong sou t'ou*, « Tableaux des coutumes des cultivateurs », par 韓太沖 Han T'ai-tch'ong[2]. Je l'ai examiné à fond ; c'est en réalité la seconde moitié du *Fou t'ien t'ou* de Li Song ; les notices impériales de Kao-tsong y sont absolument semblables à celles du premier rouleau. Quant aux notices finales (*pa*), ce sont autant de faux. J'ai donc copié ci-dessous les poésies pour avoir au complet les notices [impériales]. » Effectivement, Wang K'o-yu copie ensuite les neuf poésies relatives aux neuf scènes de ce deuxième rouleau. Quelques années auparavant, le premier rouleau (ou une réplique de ce premier rouleau), qui faisait partie de la collection de Hiang Yuan-pien, avait été examiné par un critique d'art que la Chine moderne regarde comme un maître, 張丑 Tchang Tch'eou, et voici comment Tchang Tch'eou s'exprimait sur cette peinture dans son 眞蹟日錄 *Tchen tsi je lou*[3] : « La famille Hiang

groupés dans le *Nan song yuan houa lou*, chap. 5, fol. 2 r°-15 r°. J'ai rapporté de Chine il y a quelques années une belle peinture qui porte la signature de Li Song, mais qui n'est peut-être qu'une copie ; cf. à son sujet *T'oung Pao*, II, v, 346-347.

1. Le *Chan hou wang*, en 48 chapitres, est composé de deux parties consacrées l'une aux autographes (c'est le 法書題跋 *Fa chou t'i pa*, en 24 chapitres), l'autre aux peintures (sous le titre de 名畫題跋 *Ming houa t'i pa*, également en 24 chapitres). L'œuvre a été incorporée au Sseu-k'ou-ts'iuan-chou, et la notice critique du *Catalogue impérial* se trouve au chap. 113, fol. 18 v°-19 v° ; une autre notice est donnée dans le *Chan pen chou che ts'ang chou tche*, chap. 17, fol. 20 r° et v°. Wang K'o-yu était le fils de 汪愛荊 Wang Ngai-king, grand ami du collectionneur Hiang Yuan-pien ; collectionneur lui-même, Wang Ngai-king s'était constitué, dans sa ville natale de Houei-tcheou au Ngan-houei, un cabinet réputé appelé le 凝霞閣 Ning-hia-ko. Wang Ko-yu était donc bien placé pour s'initier à l'histoire de l'art chinois, et les commissaires du Sseu-k'ou-ts'iuan-chou le placent sur le même rang que l'autre grand critique d'art du dix-septième siècle, Tchang Tch'eou. Le *Chan hou wang* n'a jamais été imprimé, et nous n'en possédons pas de manuscrit en Europe ; je suis donc réduit à citer le texte d'après le *Nan song yuan houa lou*, chap. 5, fol. 2 r°-5 r°.

2. Han T'ai-tch'ong est le surnom de 韓滉 Han Houang, qui vivait dans la seconde moitié du huitième siècle. Han Houang occupa des fonctions officielles assez élevées, mais a surtout laissé le renom d'un peintre de grand talent ; sa biographie se trouve dans le *Sin t'ang chou*, chap. 126, fol. 9 v°-11 r°.

3. Tchang Tch'eou appartenait à une famille de Sou-tcheou (Kiang-sou) qui, depuis quatre gé-

conserve un rouleau qui est le *Fou t'ien t'ou* de Li Song. Il comprend en tout douze scènes ; chaque scène est accompagnée d'une notice poétique écrite en caractères *k'ai* (楷書) par 思陵 Sseu-ling[1]. Dans ces poésies, tous les mots 云 *yun*, 雲 *yun*, 耘 *yun*, etc., sont écrits sans le point ; j'ignore encore quel est le « nom de temple » [impérial] ainsi taboué[2], et il faudra le rechercher. Les peintures sont marquées avec le « petit sceau de [la période] *chao-hing* (1131-1162) » et le « cachet du *koua* 乾 *k'ien*[3] ». [Ces peintures] se succèdent [en une ordonnance] régulière et précieuse. Le rouleau est formé de lés de soie mis bout à bout, et dont le champ est délimité par une ligne d'encre. A la fin, il y a une signature formée de ces trois mots : Li Song *pinxit* (李嵩畫). Bien que Sseu-ling ait été un souverain qui aimait ses aises, il sut se préoccuper des choses de l'agriculture ; on peut lui aussi le nommer un sage. »

Ainsi, le plus grand collectionneur[4] et les deux principaux critiques d'art que la Chine ait connus dans la première moitié du dix-septième siècle

nérations, collectionnait des œuvres d'art. Tant d'après les autographes et peintures qu'il possédait que d'après ceux qu'il connut chez des amis, Tchang Tch'eou rédigea plusieurs livres de critique d'art qui ont tous été incorporés au Sseu-k'ou-ts'iuan-chou (cf. *Catalogue impérial*, chap. 113, fol. 13 v°-18 v°). Ce sont : 1° le 淸河書畫舫 *Ts'ing ho chou houa fang*, en 12 sections, achevé en 1616 ; 2° le *Tchen tsi je lou*, en 7 chapitres, décrivant les œuvres que Tchang Tch'eou connut après l'achèvement de l'ouvrage précédent ; 3° le 法書名畫見聞表 *Fa chou ming houa kien wen piao*, en 1 chapitre ; 4° le 南陽法書表 *Nan yang fa chou piao*, en 1 chapitre ; 5° le 南陽法畫表 *Nan yang fa houa piao*, en 1 chapitre ; 6° le 淸河書畫表 *Ts'ing ho chou houa piao*, en 1 chapitre. Toutes ces œuvres ont été éditées, vers 1770, par Pao T'ing-po, mais cette édition, en petit format, ne fait pas partie du *Tche pou tsou tchai ts'ong chou* et nous ne la possédons pas en Europe (cf. aussi *B.E.F.E.-O.*, IX, 461-462). Le *Ts'ing ho chou houa fang* a été fréquemment réimprimé, et les œuvres en 1 chapitre ont été reproduites en 1870 dans le 述古叢鈔 *Chou kou ts'ong tch'ao*. Mais il n'en a pas été de même du *Tchen tsi je lou*, et je suis réduit à le citer d'après le *Nan song yuan houa lou*, chap. 5, fol. 5 r° et v°.

1. C'est-à-dire par l'empereur Kao-tsong. Kao-tsong avait été enterré au 永思陵 Yong-sseu-ling. Mais le premier mot, *yong*, figure au début de tous les noms des tombeaux impériaux à cette époque, et c'est le second mot qui est spécifique ; de là l'emploi de la forme abrégée Sseu-ling comme une désignation subsidiaire s'appliquant à l'empereur enterré dans cet endroit.

2. Je ne suis malheureusement pas arrivé sur ce point à un meilleur résultat que Tchang Tch'eou. Sur les *tabous*, on peut consulter le 避諱錄 *Pi houei lou* de 黃本驥 Houang Pen-ki, en 5 chapitres, achevé en 1846 et incorporé au 三長物齋叢書 *San tch'ang wou tchai ts'ong chou*, ou encore le 帝王廟諡年諱譜 *Ti wang miao che nien houei p'ou*, compilé en 1775 par 陸費墀 Lou Fei-tch'e (et non par 阮福 Jouan Fou, comme il est dit dans Courant, *Catal. des livres chinois*, n° 654 ; Jouan Fou n'est que l'éditeur de l'œuvre) ; ni dans l'un ni dans l'autre de ces ouvrages, il n'est signalé de *tabou* pour aucun mot de la série *yun*.

3. 乾卦圖書. D'après le 雲烟過眼錄 *Yun yen kouo yen lou* écrit à la fin du treizième siècle par 周密 Tcheou Mi (éd. du *Che wan kiuan leou ts'ong chou*, chap. 2, fol. 35 v° ; sur l'ouvrage, cf. *B.E.F.E.-O.*, IX, 246, et *T'oung Pao*, II, xiv, 367-370), l'empereur Kao-tsong des Song avait coutume d'apposer en tête des rouleaux peints de sa collection « le cachet rond du *koua* 'k'ien' », et à la fin le cachet de la période *chao-hing*. Les deux cachets indiqués pour la peinture qui nous occupe ici supposent donc, s'ils sont authentiques, que cette peinture ait fait partie du cabinet de Kao-tsong.

4. L'autorité de Hiang Yuan-pien est telle que, selon les auteurs du *Catalogue impérial* (chap. 113, fol. 8 v°), le cachet de la collection de Hiang Yuan-pien est à lui seul, aux yeux des amateurs modernes, une garantie suffisante d'authenticité.

voyaient tous trois dans cette peinture de scènes agricoles une œuvre de Li Song qui avait servi de thème à l'empereur Kao-tsong pour des notices poétiques. Cet accord est troublant, mais peu convaincant, et doit seulement nous rendre assez sceptiques sur les notions historiques que possédaient les Chinois lettrés de la fin des Ming. Les notices de Wang K'o-yu et Tchang Tch'eou se heurtent à un obstacle chronologique insurmontable : Kao-tsong, qui avait abdiqué en 1162, qui était mort en 1187, n'a pu écrire des vers sur des peintures de Li Song, puisque la production de Li Song commence au plus tôt en 1190-1194. Cet anachronisme a déjà frappé Li Ngo en 1721, et, tout en reproduisant les textes de Wang K'o-yu et de Tchang Tch'eou, il fait observer, à propos du premier d'entre eux (fol. 2 v°) que « [Li] Song vivait au temps de Ning [-tsong] (1195-1224) et de Kouang [-tsong] (1190-1194) ; il est [donc] faux de dire [que ces vers sont] des notices impériales de Kao-tsong ». L'anachronisme ne peut d'ailleurs être restreint aux quelques années qui s'écoulent entre la mort de Kao-tsong en 1187 et les premiers travaux de Li Song en 1190-1194. Si Wang K'o-yu et Tchang Tch'eou avaient raison, c'est bien plus tôt, et forcément avant l'abdication de 1162, qu'il faudrait placer les notices de Kao-tsong. A ce moment-là seulement, quand cet empereur était sur le trône, on comprendrait que Tchang Tch'eou le louât de l'intérêt qu'il porte à l'agriculture. Et d'ailleurs le cachet même de la période *chao-hing* a cessé naturellement d'être employé quand cette période prit fin en 1162. Rien ne peut combler l'intervalle d'un demi-siècle qui sépare ainsi Kao-tsong de Li Song, et il faut que, de quelque manière, Hiang Yuan-pien, Wang K'o-yu et Tchang Tch'eou se soient mépris.

Dans quel sens l'erreur s'est-elle produite? De toute façon, elle implique une falsification. Si les poésies sont bien de la main de Kao-tsong, la signature de Li Song à la fin du premier rouleau est apocryphe[1] ; si la peinture est de Li Song, les cachets de Kao-tsong sont faux. Mais les documents dont nous disposons aujourd'hui nous permettent de voir que la méprise des col-

1. Il serait d'ailleurs étrange que Li Song eût signé sur la douzième scène, alors que la division en deux rouleaux, l'un de 12 scènes, l'autre de 9, n'est sûrement pas primitive. On remarquera en outre que la signature est indiquée, peu après 1616, par Tchang Tch'eou, mais qu'elle n'est pas relevée par Wang K'o-yu qui vit la peinture en 1639 ou peu auparavant. Il se pourrait donc que le rouleau de Hiang Yuan-pien ne fût qu'une copie de celui que vit un peu plus tard Wang K'o-yu ; cette copie aurait été exécutée après la séparation du rouleau original en deux moitiés, et un faussaire y aurait ajouté la signature de Li Song et les cachets de Kao-tsong. Qu'il y ait ou non identité entre les deux rouleaux, les raisons que j'invoque contre l'attribution à Kao-tsong et Li Song gardent la même valeur ; la conclusion, sur la question de la signature, n'importe qu'au degré de l'erreur où sont tombés Hiang Yuan-pien et Tchang Tch'eou.

lectionneurs et critiques a été autrement grave que ne le supposait Li Ngo. Ces prétendues poésies de Kao-tsong, que Wang K'o-yu recopiait d'un bout à l'autre avec tant de soin, ce sont simplement les vingt et une poésies de Leou Cheou qui accompagnaient la série des Tableaux du labourage dans son *Keng tche t'ou*. L'ordre en est d'ailleurs régulier, et Wang K'o-yu n'a pas eu tort de considérer les neuf scènes du rouleau attribué à Han Houang comme la seconde partie du rouleau où il reconnaissait la main de Li Song. Mais, à la fin des Ming, le souvenir de Leou Cheou était à ce point perdu que nul critique n'a reconnu son œuvre. Le titre de *Fou t'ien t'ou* ne doit pas nous faire illusion plus longtemps : le rouleau mis sous le nom de Li Song n'est autre, original ou copie, que la première moitié du *Keng tche t'ou* de Leou Cheou [1].

La question cependant reste entière, au moins en apparence. Il ne saurait plus s'agir de donner Kao-tsong comme l'auteur des poésies jointes au prétendu *Fou t'ien t'ou* ; mais c'est à cet empereur que le *Keng tche t'ou* de Leou Cheou a été présenté. On peut donc se demander s'il ne s'agit pas de l'exemplaire original du premier rouleau. En admettant que Wang K'o-yu et Tchang Tch'eou aient bien vu la même peinture, l'apposition des cachets de Kao-tsong s'expliquerait alors tout naturellement. Seule la signature de Li Song serait apocryphe ; et les critiques se seraient trompés en croyant reconnaître le pinceau de Kao-tsong dans des morceaux écrits réellement de la main de Leou Cheou. Ou plutôt encore, il s'agirait d'un de ces « exemplaires doubles » (副本) que Leou Cheou ou un peintre officiel de Kao-tsong avait pu exécuter sans y joindre les poésies, et ces poésies auraient été ajoutées de la main de l'empereur. On a vu plus haut que Song Lien, à la fin du quatorzième siècle, avait manié un exemplaire des *Tableaux du tissage* où les poésies étaient écrites de la main de l'impératrice. L'empereur préside au labourage ; il aurait copié les poésies des *Tableaux du labourage*, de même que l'impératrice, chargée de l'élève des vers à soie, copiait à son tour, d'un pinceau exactement semblable, les poésies des *Tableaux du tissage*. Par là, les souverains auraient témoigné de leur zèle à s'acquitter de leurs attributions les plus anciennes et les plus respectées.

Qu'un semblable exemplaire du *Keng tche t'ou* ait pu exister, je ne le

1. Il est vraisemblable que lorsque Tch'en Ti met le *Keng tche t'ou* au compte de Han Tche-yen, il est l'écho d'une tradition apparentée à celle qui en fait ici attribuer un exemplaire fragmentaire à Han Houang. L'identité du nom de famille a dû produire une confusion entre les deux personnages. Ceux qui mettaient en avant le nom de Han Houang ne soupçonnaient pas que ce peintre vivait trois cents ans avant qu'il ne fût question du *Keng tche t'ou*.

conteste pas, et je le tiens même pour assez vraisemblable. Mais le rouleau qui a été examiné par les critiques du dix-septième siècle n'en est peut-être qu'un dérivé déjà lointain. Il est en effet certain, et en quelque sorte *a priori*, que le texte des poésies de Leou Cheou, sur un rouleau faisant partie des collections de Kao-tsong, était copié correctement. Or ce texte exact, nous le connaissons tant par le *Keng tche t'ou* de 1696 que par l'édition du *Tche pou tsou tchai ts'ong chou*; ce sont là des dérivés fidèles de l'édition que publia au treizième siècle Wang Kang. Un moyen de vérification nous est d'ailleurs fourni par la copie indépendante de Tch'eng K'i, gravée sur pierre en 1769; l'identité est absolue entre ces diverses sources. Dans la copie de ces poésies que donne le *Nan song yuan houa lou*, il y a au contraire, pour ce texte très court, une quarantaine de leçons différentes, dont presque toutes sont des fautes manifestes. Sans doute, ce texte du prétendu *Fou t'ien t'ou* ne nous arrive qu'à travers deux intermédiaires : le *Chan hou wang* qui n'a jamais existé qu'en manuscrit, puis le *Nan song yuan houa lou* qui a lui-même circulé deux siècles et demi avant d'être imprimé, et dont l'unique édition est loin d'être satisfaisante[1]. Mais même la part faite, et largement faite, aux altérations qui ont pu se glisser ainsi dans la copie primitive de Wang K'o-yu, il semble difficile de ne pas supposer que les poésies étaient déjà altérées sur le prétendu *Fou t'ien t'ou* de Li Song. Je serais presque tenté d'aller plus loin. La leçon 斗升 *teou-cheng* pour 升斗 *cheng-teou* peut résulter d'un renversement accidentel de deux caractères; la leçon 穅秘 *k'ang-p'i* pour 糠粃 *k'ang-p'i* est une variante graphique admissible; il n'en est pas moins vrai que ces confusions s'expliqueraient à merveille par un intermédiaire en caractères sigillaires. Or cet intermédiaire en caractères sigillaires existe : c'est la copie exécutée vers 1300 par Tch'eng K'i. L'édition du *Nan song yuan houa lou*, dans la poésie 收刈 *Cheou-yi*, donne à ce point de vue un caractère qui paraît typique : [illegible], qui ne s'emploie plus en caractères ordinaires (*k'ai-chou*), mais qui est exactement la forme que prend 坼 *tsö* dans l'écriture sigillaire de Tch'eng K'i. J'hésite

1. Cette unique édition est celle incorporée en 1884 au *Wou lin tchang kou ts'ong pien*, collection de textes publiés par les frères 丁 Ting, propriétaires de la bibliothèque Chan-pen-chou-che. Le *Nan song yuan houa toa* y est suivi d'une notice finale écrite en 1884 par 張維嘉 Tchang Wei-kia. J'ai déjà signalé plus haut (cf. p. 97, n. 1) une leçon sûrement fautive; de même, dans la seule notice finale de Tchang Wei-kia, on trouve une fois 或豐 *hoao-fong* au lieu de 咸豐 *hien-fong*, et la date même de cette postface est faussement écrite 同治甲甲, « année *kia-chen* de T'ong-tche », ce qui est impossible, au lieu de 光緒甲甲, « année *kia-chen* de Kouang-siu (1884) » En outre, les éditeurs de 1884 ne se sont pas avisés de l'identité des prétendues poésies de Kao-tsong et de celles du *Keng tche t'ou*, popularisées cependant par tant d'éditions modernes.

cependant à me prononcer ici d'une manière formelle. Seule une copie du *Chan hou wang* ou peut-être (si la peinture en question a fait partie des collections impériales des Ts'ing) un exemplaire du *Che kiu pao ki* nous permettra de dire si les divergences de textes sont bien en partie imputables à la peinture même qu'a examinée Wang K'o-yu. S'il en était ainsi, je conclurais à une copie relativement moderne, remontant, directement ou indirectement, à l'œuvre de Tch'eng K'i; la méprise des critiques du dix-septième siècle serait alors énorme. En cas contraire, et si les altérations sont uniquement dues aux intermédiaires qui nous ont transmis le texte du prétendu *Fou t'ien t'ou*, il se pourrait que ce *Fou t'ien t'ou* représentât vraiment une copie du *Keng tche t'ou* faite sous le règne même de Kao-tsong, et éventuellement par Leou Cheou lui-même. Hiang Yuan-pien, Tchang Tch'eou et Wang K'o-yu ne s'en seraient pas moins trompés sur l'origine véritable de cette peinture. Ils auraient méconnu l'ancien *Keng tche t'ou*, auraient faussement attribué à Kao-tsong la composition de poésies qu'il n'eût fait que transcrire, et auraient admis à tort l'authenticité d'une signature apocryphe de Li Song. Par-dessus tout, ils se seraient montrés incapables de déterminer d'après l'œuvre elle-même ce qui devait être la manière propre à tel ou tel artiste du douzième siècle ou du treizième. Mais leur erreur se maintiendrait dans des limites admissibles, puisqu'il s'agirait bien après tout d'une peinture exécutée sous les Song, dont les poésies auraient été vraiment écrites de la main de Kao-tsong, et que des cachets authentiques attesteraient avoir fait partie de ses collections[1].

*
* *

La peinture vue par Song Lien, celle de Tch'eng K'i éditée en 1769 et le prétendu *Fou t'ien t'ou* de Li Song sont les seules copies anciennes du *Keng tche t'ou* de Leou Cheou dont j'aie trouvé trace dans les textes. Mais

1. Par tout ce qui précède, on voit combien on avait perdu au dix-septième siècle le souvenir réel de l'œuvre de Leou Cheou; cependant le titre survivait, et j'en ai relevé une autre mention antérieure à l'édition de 1696. En 1670, l'empereur K'ang-hi avait publié le recueil de seize maximes qui est bien connu sous le nom de Saint Édit; ce texte a été traduit à plusieurs reprises en langues européennes d'après le commentaire qu'en donna un peu plus tard l'empereur Yong-tcheng (1723-1735). Mais ceux qui se sont occupés du Saint Édit ne paraissent pas avoir connu un bel ouvrage illustré intitulé 聖諭像解 *Cheng yu siang kiai* qui parut dès 1681, et où les maximes du Saint Édit sont accompagnées de planches. L'exemplaire que j'ai manié se trouve au musée Rumyancov de Moscou, fs. chin. nº 1193, et est divisé en 20 *pen*. L'auteur, 梁延年 Leang Yen-nien, pour justifier son initiative d'illustrer ainsi le Saint Édit par des planches, invoque des précédents illustres, entre autres le *Pin fong t'ou* de Tchao Mong-fou et le *Keng tche t'ou* (qu'il appelle toutefois, si mes notes sont exactes, *Tche keng t'ou*).

il y a eu un autre *Keng tche t'ou*, un peu plus tardif, et dont les poésies nous ont été conservées.

L'un des plus célèbres écrivains, calligraphes et peintres de la jeune dynastie mongole fut 趙孟頫 Tchao Mong-fou, le frère aîné de ce Tchao Mong-yu qui écrivit le premier *pa* du *Keng tche t'ou* de Tch'eng K'i. Tchao Mong-fou vécut de 1254 à 1322. Or M. Franke a signalé (p. 60) que Tchao Mong-fou s'est au moins à deux reprises occupé de scènes de la vie agricole. L'encyclopédie *T'ou chou tsi tch'eng* cite en effet un passage du *Ming t'ong ki* publié sous les Ming par Tch'en Kien et selon lequel, en 1432, l'empereur examina dans la bibliothèque du palais le *Pin fong t'ou*, ou « Tableaux des Coutumes de Pin », peint par Tchao Mong-fou ; nous savons déjà que ce chapitre du *Che king* est un thème favori pour célébrer les travaux des champs. D'autre part, et encore par l'intermédiaire du *T'ou chou tsi tch'eng*, M. Franke a connu de Tchao Mong-fou une série de « Vingt-quatre poèmes composés sur l'ordre de l'impératrice pour accompagner le *Keng tche t'ou* ». Enfin, et toujours à propos des manifestations littéraires et artistiques de l'intérêt que les empereurs mongols portaient à l'agriculture, M. Franke rappelle un passage du *Yuan che* (chap. 26, fol. 4 v°) selon lequel, en 1318, « le 9e mois, au jour *kouei-hai* (30 septembre 1318), le directeur du Bureau de l'agriculture 買住 Mai-tchou et d'autres [fonctionnaires] présentèrent au trône le 栽桑圖說 *Tsai sang t'ou chouo* (« Texte et tableaux sur la plantation des mûriers ») composé par l'inspecteur d'agriculture 苗好謙 Miao Hao-k'ien. L'empereur dit : L'agriculture et la [culture du] mûrier sont la base du vêtement et de la nourriture [du peuple] ; ces tableaux sont très bons. Et il ordonna de les graver et d'en imprimer mille exemplaires (帙) pour les répandre dans le peuple. » Mais ni sur les deux œuvres de Tchao Mong-fou ni sur le *Tsai sang t'ou chouo*, M. Franke n'a trouvé d'indications plus détaillées ; il en existe cependant ; et pour contradictoires qu'elles se révèlent parfois, il n'y en aura pas moins intérêt à les examiner ici.

Du *Pin fong t'ou*, je ne dirai que peu de chose. Une préface que Tchao Mong-fou écrivit en 1318 pour une autre œuvre — j'y reviendrai tout à l'heure — nous apprend que le *Pin fong t'ou* fut peint sur l'ordre de l'empereur mongol pour l'instruction du prince héritier. Mais le texte essentiel, au sujet de cette peinture, est une notice ajoutée à la fin de l'œuvre par Song Lien et qui est datée de 1376[1]. Song Lien y explique que Tchao

1. Cette notice se trouve naturellement dans la collection des œuvres de Song Lien, mais il n'y a pas d'exemplaire de cette collection en Europe. Je la cite donc de seconde main d'après

Mong-fou avait écrit, en guise d'introduction, l'ode du « Septième mois » des « Coutumes de Pin », et l'avait fait suivre de peintures appropriées. L'œuvre était en feuillets, mais l'héritier présomptif de Hong-wou la vit en cette année 1376, et, craignant que le maniement des feuillets ne fût dommageable à la peinture, il la fit remonter en un rouleau continu. Song Lien reçut l'ordre de rédiger alors la notice finale. Il y rappelle l'importance que les souverains doivent attacher au développement de l'agriculture, et ne doute pas que les peintures de Tchao Mong-fou ne soient d'un excellent exemple pour le jeune prince. Jusqu'ici, je ne connais pas de texte postérieur à 1379 où il soit question du *Pin fong t'ou* de Tchao Mong-fou. Mais peut-être l'œuvre est-elle conservée au palais et décrite dans l'inaccessible *Che kiu pao ki*.

La pénurie relative des informations relatives au *Pin fong t'ou* est presque enviable quand des textes plus abondants nous obligent à évoluer, pour atteindre l'autre œuvre de Tchao Mong-fou, dans un dédale d'incohérences et de contradictions. Les vingt-quatre petits poèmes de Tchao Mong-fou ont gardé quelque notoriété. Non seulement ils sont reproduits dans le *T'ou chou tsi tch'eng*, mais on les retrouvera intégralement dans la grande collection de notices poétiques relatives à des peintures qui a été compilée par ordre impérial, sous la direction de 陳邦彥 Tch'en Pang-yen, en 1707[1]. L'une et l'autre compilations les empruntent d'ailleurs à la collection même des œuvres de Tchao Mong-fou, où ils figuraient, dans le chapitre 2, dès l'édition princeps de 1339[2]. Le titre y est déjà celui-là même que reproduiront les érudits du dix-septième siècle : « Vingt-quatre poèmes composés par ordre de l'impératrice pour accompagner le *Keng tche t'ou.* » Les vingt-quatre poèmes se divisent en deux séries ; douze d'entre eux sont consacrés au labourage, les douze autres au tissage ; dans chaque série, les poèmes portent successivement sur chacun des douze mois.

Tout irait bien si, dans une sorte de supplément à la collection litté-

le *P'ei wen tchai chou houa p'ou*, chap. 85, fol. 1 r°.

1. Cette collection est intitulée 御定歷代題畫詩類 *Yu ting li tai t'i houa che lei* et comprend 120 chapitres ; un exemplaire se trouve à la Bibliothèque Nationale, collection Pelliot, II, 382. Tout le chapitre 69 est occupé par des notices poétiques relatives à l'agriculture et au tissage (耕織類) ; les vingt-quatre poèmes de Tchao Mong-fou ouvrent ce chapitre.

2. Tchao Mong-fou est souvent désigné par son *tseu* de Tseu-ngang et aussi par son *hao* de 松雪 Song-siue. Aussi sa collection littéraire est-elle intitulée 松雪齋集 *Song siue tchai tsi*; elle comprend 10 chapitres, plus un chapitre de *wai-tsi* et enfin (depuis l'édition de 1743) un chapitre de *siu-tsi*. Les 24 poésies sont données à la fin du chap. 2 dans l'édition de 1882 (Bibl. Nationale, coll. Pelliot, II, 976). Un bel exemplaire de l'édition originale de 1339 est décrit dans le *K'in ting t'ien lou lin lang chou mou heou pien*, chap. 11, fol. 11 v°-14 r°. Cf. aussi *Catalogue impérial*, chap. 166, fol. 36 v°-37 r°.

raire de Tchao Mong-fou, qualifié de *wai-tsi* ou « section extérieure », mais qui faisait déjà partie, lui aussi, de l'édition de 1339, un autre document ne venait nous jeter dans le plus grand embarras. Ce texte, qui occupe les folios 2 v°-4 r°, est intitulé 農桑圖序奉勅撰, c'est-à-dire: « Préface du *Nong sang t'ou* (« Tableaux de l'agriculture et de [la culture du] mûrier »), composée par ordre impérial »; j'en traduis les passages essentiels:

« Le 27ᵉ jour du 4ᵉ mois de la 5ᵉ année *yen-yeou* (27 mai 1318), l'Empereur s'est rendu au 嘉禧殿 Kia-hi-tien. Le grand secrétaire du Tsi-hien [-yuan] son serviteur 邦寧 Pang-ning[1], le grand éducateur son serviteur 源 Yuan[2] ont présenté au trône le *Nong sang t'ou*. L'Empereur l'a déployé et regardé par deux et trois fois, puis il a demandé: « Qui a fait les poésies? » On [lui] a répondu: « C'est le [*hiue-che*] *tch'eng tche* du Han-lin [-yuan], votre serviteur Tchao Mong-fou. ». [L'Empereur a demandé encore:] « Qui a fait les tableaux? » On [lui] a répondu: « C'est le surintendant des artisans de toutes classes, votre serviteur 楊叔謙 Yang Chou-k'ien. » L'Empereur les a félicités... Puis il a ordonné à son serviteur [Tchao] Mong-fou d'écrire une préface en tête [de l'ouvrage]. Son serviteur a respectueusement reçu l'ordre brillant... Naguère [l'Empereur] a ordonné à son serviteur [Tchao Mong-fou] de faire un 七月圖 *Ts'i yue t'ou* (« Tableaux de [l'ode du] Septième mois »)[3]

1. Pang-ning est le nom personnel de 李邦寧 Li Pang-ning, eunuque qui jouit de la plus grande faveur sous Khubilai et ses trois successeurs et qui portait effectivement le titre de grand secrétaire (*ta-hiue-che*); on trouvera sa biographie au *Yuan che*, chap. 204, fol. 1 r°-2 r°. Des honneurs supplémentaires lui furent conférés en cette même année 1318, le 28 juillet (cf. *Yuan che*, chap. 26, fol. 4 r°).

2. Je ne puis déterminer de manière certaine qui est le personnage désigné ici par son nom personnel. Le titre que j'ai traduit par « grand éducateur » est 大司徒 *ta-sseu-t'ou*; c'était une dignité analogue, quoique un peu inférieure, à celles des « trois ducs » (*san-kong*) qui avaient charge de l'héritier présomptif. Les *ta-sseu-t'ou* successifs ne figurent pas dans les registres nominaux des grands fonctionnaires au *Yuan che*; le *Yuan che* nous apprend d'ailleurs (chap. 85, fol. 1 v°) que cette charge honorifique ne fut remplie que d'une manière intermittente, mais elle dut avoir simultanément plusieurs titulaires; en fait, un nouveau *ta-sseu-t'ou* fut précisément nommé, peut-être à la place de notre Yuan, le 28 décembre 1318 (cf. *Yuan che*, chap. 26, fol. 5 r° et v°). Il n'y a dans le *Yuan che* que deux personnes qui aient pour nom personnel Yuan et auxquelles une notice biographique soit consacrée. Mais l'une d'elles est 高源 Kao Yuan (chap. 170, fol. 8 r°), dont la carrière fut exclusivement provinciale et qui dut mourir aux environs de l'an 1300. Quant à l'autre, 劉源 Lieou Yuan (chap. 198, fol. 1 v°), c'est également un provincial dont le souvenir n'a été conservé que parce qu'il périt dans le feu en voulant sauver sa mère. Je crois pouvoir aboutir à une solution probable. Les tableaux ministériels du *Yuan che* (chap. 112, fol. 11 v°) enregistrent, en 1307, la nomination comme conseiller d'État (參知政事) d'un certain 劉 Lieou dont le nom personnel n'est pas indiqué. Mais en se reportant aux « annales principales » du même *Yuan che* (chap. 21, fol. 10 r°), on voit que les tableaux ministériels sont vraisemblablement erronés; la nomination doit être du 8 mars 1306 et ce Lieou s'appelait, lui aussi, de son nom complet 劉源 Lieou Yuan. Il me paraît bien probable que ce soit ce haut fonctionnaire qui ait reçu, entre 1306 et 1318, le titre de « grand éducateur », encore que je n'en aie pas relevé jusqu'ici de trace dans l'histoire.

3. Tchao Mong-fou fait ici allusion à son *Pin fong t'ou* qui était plus précisément un *Ts'i yue t'ou*, ou « Tableaux [de l'ode] du Septième mois », l'une

pour en faire don au palais oriental (c'est-à-dire au prince héritier)... Quant à ces tableaux-ci (c'est-à-dire ceux du *Nong sang t'ou*), l'idée première en revient en réalité au serviteur Yuan, qui a prescrit au serviteur [Yang] Chou-k'ien de s'inspirer des coutumes de la grande capitale (c'est-à-dire de Pékin) et, les divisant selon les douze mois en une série d'agriculture et une série de [culture du] mûrier, d'en faire vingt-quatre tableaux. En s'inspirant de ces tableaux, [le serviteur Tchao Mong-fou] a fait vingt-quatre poésies. C'est tout à fait l'idée des *Coutumes de Pin*, où les événements sont retracés selon les saisons. De plus [Yuan] a chargé le [*hiue-che*] *tch'eng-tche* du Han-lin [-yuan], le serviteur 阿憐帖木兒 A-lien t'ie-mou-eul[1], de traduire [ces poésies] à gauche [des tableaux] au moyen de caractères ouigours (*wei-wou-eul-tseu*) pour la commodité du regard impérial... »

Ce texte ne laisse pas que de soulever des questions assez complexes; elles se ramènent à deux principales. Y a-t-il un rapport entre le *Tsai sang t'ou chouo* et le *Nong sang t'ou*? Y a-t-il d'autre part un rapport entre le *Nong sang t'ou* et les vingt-quatre poèmes que nous connaissons?

Il n'apparaît pas tout d'abord que le premier problème doive nécessairement se poser. Le 30 septembre 1318, dit le *Yuan che*, des « Texte et Tableaux sur la plantation du mûrier » dus à Miao Hao-k'ien ont été présentés au trône par Mai-tchou[2]. Le 27 mai 1318, selon la préface de Tchao Mong-fou, des « Tableaux de l'agriculture et de [la culture du] mûrier », œuvre commune de Yang Chou-k'ien et de Tchao Mong-fou, avaient été transmis à l'empereur par Li Pang-ning et [Lieou] Yuan. Ne s'agit-il pas là de deux œuvres indépendantes qui n'ont en commun que l'analogie du sujet? Sans doute, mais l'analogie va jusqu'à l'identité. Malgré le titre de l'œuvre attribuée à Miao Hao-k'ien, la réponse de l'empereur montre que ses tableaux devaient porter non seulement sur la culture du mûrier, mais

des odes du chapitre *Pin-fong*, ou des « Coutumes de Pin », dans le *Che king*. Un autre *Pin fong t'ou* (« Tableaux des coutumes de Pin ») avait été présenté à l'empereur en 1317, et placé, lui aussi, dans le palais du prince héritier; l'auteur en était 塔失不花 T'a-che-pou-houa (Taš-buqa; malgré son nom, ce n'était ni un Turc, ni un Mongol); cf. *Yuan che*, chap. 153, fol. 3 v°.

1. A-lien t'ie-mou-eul (*Ärän-tämür) était d'origine ouïgoure, mais savait très bien le mongol, et fut souvent chargé de faire des traductions dans cette langue; cf. *Yuan che*, chap. 124, fol. 2 v°-3 r°. Le présent passage montre qu'*Ärän-tämür reçut l'ordre de se servir dans le cas présent non pas de l' « écriture nationale » des Mongols, qui était celle créée en 1269 par le lama 'Phags-pa, mais bien de l'ancienne écriture ouïgoure; mais la langue était à peu près certainement le mongol. L'utilité de cette traduction résultait de ce que l'empereur, s'il entendait sans doute le chinois, ne savait ni le lire ni l'écrire. Avec le *Pin fong t'ou* ou avec le *Tsai sang t'ou*, on l'instruisait surtout en réalité par l'image.

2. Ce Mai-tchou n'a pas de biographie spéciale au *Yuan che*, mais il apparaît à diverses reprises dans les « annales principales ». Il avait été promu directeur du Bureau de l'agriculture et duc de Lou le 26 février de cette même année 1318; c'est lui qui dut mourir duc de Chen en 1336 (cf. *Yuan che*, chap. 26, fol. 3 r°; chap. 39, fol. 2 v°).

aussi sur l'agriculture, tout comme ceux de Yang Chou-k'ien. La proximité des dates est d'ailleurs impressionnante, et a déjà frappé Wei Yuan, l'auteur du *Yuan che sin pien*[1]. Il est assez surprenant en outre que le *Yuan che* soit muet sur le compte de l'œuvre de Yang Chou-k'ien et Tchao Mong-fou. Entre les titres du *Tsai sang t'ou chouo* et du *Nong sang t'ou*, le *Yuan che* lui-même (chap. 33, fol. 2 v°) nous fournit un intermédiaire quand il nous apprend que la 2e année *t'ien-li*, le 2e mois, au jour *wou-siu* (11 mars 1329), l'empereur « fit distribuer le 農桑輯要 *Nong sang tsi yao*[2] et le *Tsai sang t'ou* ». Enfin, la communauté même du dernier caractère dans les noms de Miao Hao-k'ien et de Yang Chou-k'ien n'est pas sans prêter quelque vraisemblance à l'hypothèse d'une contamination. Miao Hao-k'ien, sans avoir jamais joué un grand rôle, n'est pas inconnu. Il fut précisément mêlé à des travaux agricoles dans le premier quart du quatorzième siècle (*Yuan che*, chap. 93, fol. 3 r°)[3]. Ce pourrait être le souvenir de ces travaux, joint à l'identité partielle des deux noms, qui lui aurait valu de prendre la place de Yang Chou-k'ien lorsque le *Yuan che* fut compilé en 1369 si hâtivement que ses 210 chapitres étaient terminés en moins d'une année. Mais j'hésite à me prononcer. S'il n'y a eu qu'une œuvre, c'est certainement la

1. Le 元史新編 *Yuan che sin pien* n'a été édité qu'en 1905; Wei Yuan se borne d'ailleurs, dans le cas présent (chap. 9, fol. 18 r°), à donner côte à côte les deux versions.

2. Le *Nong sang tsi yao* est un ouvrage officiel, compilé sur l'ordre de Khubilai, et qui traite de l'agriculture et de l'élève des vers à soie ; la première édition a paru en 1273 ; une autre édition, en grands caractères, fut gravée au Tchö-kiang sous Jen-tsong, peut-être dès 1314 (les bibliographes impériaux s'appuient pour cette date sur un texte qui n'autorise pas à lui seul une précision aussi grande), et 1.500 exemplaires (帙) furent distribués aux fonctionnaires. En tout cas, c'est de cette édition que l'empereur ordonnait en 1315 de tirer 10.000 exemplaires (*Yuan che*, chap. 25, fol. 4 v°). Un nouveau tirage et une nouvelle distribution de 1.500 exemplaires eut lieu en 1322; cette fois, l'édition était précédée d'une nouvelle préface due à 蔡文淵 Ts'ai Wen-yuan et qui n'a été conservée que par le 元文類 *Yuan wen lei* (chap. 36, fol. 1). Le présent texte montre qu'une nouvelle distribution eut lieu en 1329. Les bibliographes impériaux ont recueilli dans le *Yong lo ta tien* cette indication que 10.000 exemplaires furent imprimés et distribués en 1332. Enfin nous voyons encore en 1342 l'empereur ordonner de répandre le *Nong sang tsi yao* (*Yuan che*, chap. 40, fol. 6 r°). Les rééditions des Ming sont très rares, surtout celles qui donnent l'ouvrage complet ; mais le *Nong sang tsi yao* est aujourd'hui facilement accessible dans l'édition imprimée au Wou-ying-tien par ordre de K'ien-long et dans les diverses rééditions (de Fou-tcheou, de Hang-tcheou), où la plupart des éditions du Wou-ying-tien ont été reproduites. Cf. aussi *Catalogue impérial*, chap. 102, fol. 4 v°-6 r°; FRANKE, p. 50 (mais il me paraît inadmissible de faire dater de 1271 l'avènement de Khubilai ; j'incline plutôt à croire que le texte du *Yuan che* est fautif). En outre, en 1328, l'empereur prescrivit de dessiner des « Tableaux de l'élève des vers à soie et de [la plantation du] blé » (*Ts'an mai t'ou*) et de promulguer par tout l'empire les quatorze articles de l'ancienne instruction sur l'agriculture (*Yuan che*, chap. 30, fol. 8 v°).

3. J'ai rencontré deux autres textes où il est question de Miao Hao-k'ien. Le plus ancien se trouve dans le *Yuan tien tchang* (chap. 34, fol. 4 r° ; sur l'ouvrage, cf. *B.E.F.E.-O.*, IX, 130-131) ; on y voit Miao Hao-k'ien, alors petit fonctionnaire du Conseil privé, transmettre, en 1294, un édit relatif à la conscription. L'autre texte est fourni par le *Yuan che* lui-même où on lit (chap. 25, fol. 5 r°) que la troisième année *yen-yeou*, le 4e mois, au jour *ki-hai* (19 mai 1316), comme le « *kien-che* du *lien-fang-sseu* du Houai-tong, Miao Hao-k'ien, exhortait bien le peuple à l'agriculture et à la sériciculture, [l'Empereur] lui octroya un vêtement [d'honneur] ».

préface de Tchao Mong-fou qui doit faire autorité, et Miao Hao-k'ien disparaîtra ici devant Yang Chou-k'ien. Mais il est possible, après tout, et je crois même plus probable, que des coïncidences étranges se soient accumulées autour de deux ouvrages distincts : l'un serait un livre véritable, qui fut imprimé; l'autre une œuvre d'art, qui resta dans les collections du palais pour l'usage personnel du souverain. Des documents nouveaux permettraient seuls de décider entre les deux solutions.

Mais si nous pouvons sans inconvénient suspendre notre jugement au sujet du *Tsai sang t'ou*, il importe beaucoup plus de savoir à quoi s'en tenir sur les rapports du *Nong sang t'ou* et des « vingt-quatre poésies relatives au *Keng tche t'ou* ». Une première remarque s'impose : il est évident que ces vingt-quatre poésies ne peuvent accompagner les planches d'un *Keng tche t'ou* copié sur celui de Leou Cheou. Le *Keng tche t'ou* de Leou Cheou comprend 21 planches de labourage et 24 planches d'élève des vers à soie et de tissage; il n'y est aucunement tenu compte des douze mois de l'année. Ni pour le nombre des planches, ni pour leur ordre, ni pour le détail des sujets, il n'est possible d'appliquer au *Keng tche t'ou* ordinaire les vingt-quatre poésies que nous connaissons par la collection littéraire de Tchao Mong-fou. D'autre part, Tchao Mong-fou lui-même, dans la préface que, sur l'ordre de l'empereur, il écrivit pour le *Nong sang t'ou*, spécifie que Yang Chou-k'ien avait consacré douze planches au labourage et douze planches à l'élève des vers à soie, et que pour ces planches qui, dans chacune des séries, se suivaient selon l'ordre des douze mois, lui-même a ensuite composé et écrit vingt-quatre poésies. N'apparaît-il pas dès lors comme certain que les prétendues poésies écrites pour le *Keng tche tou* sont en réalité celles qui accompagnaient le *Nong sang tou* ?

Cette solution si naturelle se heurte cependant à de graves objections. La première vient de la différence du titre. Sans doute, ces titres reviennent au même dans la pratique; tous deux s'appliquent en fin de compte à la culture du riz et au travail de la soie. D'ailleurs, dans sa préface du *Nong sang t'ou*, Tchao Mong-fou donne lui-même à une autre de ses œuvres le titre de *Ts'i yue t'ou*, alors qu'elle fut certainement présentée à l'empereur sous le nom de *Pin fong t'ou* ; n'en va-t-il pas de même pour le titre alternatif de *Nong sang t'ou* et de *Keng tche t'ou* ? Cette explication est, à la rigueur, admissible; toutefois, les deux cas ne sont pas absolument identiques. Dans la préface du *Nong sang t'ou*, Tchao Mong-fou rappelle avec une variante de titre une de ses œuvres antérieures, mais il est certain que le manuscrit autographe de cette œuvre ne portait pas deux titres différents. Ici, au contraire, si le titre mis en tête des vingt-quatre poésies est bien dû à Tchao Mong-fou lui-même, la forme qu'il lui donne implique que ce soit là celui qu'il avait inscrit au début ou à la fin d'un autographe qu'il destinait au palais. D'autre part, c'est en tête du manuscrit autographe de 1318 que Tchao Mong-fou ajouta la préface où il spécifie que l'œuvre elle-même est intitulée *Nong sang t'ou*. Il y a donc là une anomalie surprenante ; cette difficulté d'ailleurs ne compte guère auprès de l'obstacle qui nous arrête ensuite.

L'intitulé des vingt-quatre poésies, dans la Collection littéraire de Tchao Mong-fou, se termine par ces mots : « composées par ordre de l'impératrice ». En 1318, deux impératrices peuvent entrer en ligne de compte : la veuve de Wou-tsong, promue au rang d'impératrice en 1310 et qui ne mourut qu'à la fin de 1327 ; ou bien la femme de Jen-tsong, promue impératrice en 1313 et qui mourut en 1322[1]. Mais Jen-tsong (1311-1320) régnait par lui-même, et quoiqu'il n'y ait rien d'impossible à un édit émanant d'une des impératrices, ce qu'on sait de leur rôle à cette époque ne rend pas leur intervention directe très vraisemblable. Surtout on ne voit pas comment concilier cet intitulé avec ce que Tchao Mong-fou dit dans la préface du *Nong sang t'ou*. Selon cette préface, l'initiative revient à [Lieou] Yuan ; Yang Chou-k'ien dessine les scènes ; Tchao Mong-fou les accompagne ensuite de poésies ; l'album est alors présenté à l'empereur qui ordonne à Tchao Mong-fou d'ajouter la préface que nous connaissons ; où trouver place, au milieu d'indications si précises, pour l'intervention d'une des impératrices ? Si cette intervention s'était produite, comment Tchao Mong-fou se fût-il abstenu de la mentionner ? La question de fait subsiste cependant et domine tout le débat : les poésies « composées par ordre de l'impératrice » sont certainement, à mon sens, celles-là mêmes qui furent écrites pour le *Nong sang t'ou*. Y a-t-il un moyen de concilier des données aussi contradictoires ?

J'entrevois deux solutions possibles, qui n'atteignent pas à un même degré de probabilité. L'édition des œuvres de Tchao Mong-fou publiée en 1339 est un document de premier ordre ; il n'en reste pas moins que, quand elle parut, Tchao Mong-fou était mort depuis dix-sept ans. L'ami qui est responsable de l'édition, 沈璜 Chen Houang, l'établit d'après les manuscrits que lui communiqua le fils de Tchao Mong-fou[2]. Il est évident que, parmi ces manuscrits, il y avait une copie des vingt-quatre poésies, puisqu'elles

1. Cf. *Yuan che*, chap. 114, fol. 3 r°.

2. Tchao Mong-fou avait dû songer d'assez bonne heure à publier lui-même ses œuvres littéraires, puisque, dès 1298, 戴表元 Tai Piao-yuan

furent immédiatement incorporées au chapitre 2. D'autre part, ce doit être quand la collection était en cours de gravure que Chen Houang recueillit de nouveaux matériaux, pour lesquels il constitua la section de *wai-tsi*. Comme la préface du *Nong sang t'ou* est reléguée dans cette dernière section, nous pouvons en conclure que les vingt-quatre poésies ont été incorporées à la collection d'après une copie indépendante, et non d'après un exemplaire complet — planches et texte — du *Nong sang t'ou*, sur lequel aurait aussi figuré la préface. Rien n'oblige d'ailleurs à admettre, si le *Nong sang t'ou* resta une œuvre d'art manuscrite, que Tchao Mong-fou ait possédé et transmis à ses héritiers une copie des peintures de Yang Chou-k'ien présentées au trône en 1318; ce qu'on devait retrouver chez lui, c'étaient des copies des textes que lui-même y avait joints. Il se pourrait à la rigueur que certaines pièces, parmi les copies ou brouillons qu'on recueillit chez Tchao Mong-fou, eussent été laissées accidentellement sans titre. Chen Houang et ses collaborateurs, qui, lors de l'établissement de leur texte, n'avaient pas encore à leur disposition la préface du *Nong sang t'ou*, auraient donné arbitrairement aux vingt-quatre poésies un titre nouveau, en se basant sur les sujets, qui étaient l'agriculture et le tissage, et en évoquant le souvenir sinon de Leou Cheou, du moins du *Keng tche t'ou*. Semblables additions de titres ne sont pas sans exemple dans des éditions chinoises même très soignées, et ne constituent pas, en soi, une véritable altération du texte. Si l'hypothèse se maintenait dans cette limite, j'inclinerais à l'adopter. Mais elle comporterait en réalité, de la part des éditeurs, une autre addition bien moins aisément justifiable. Si le titre mis en tête des vingt-quatre poésies est le fait des éditeurs, ils sont également responsables des mots « composés par ordre de l'impératrice » qui terminent ce titre. Même sans connaître la préface du *Nong sang t'ou*, il me paraît presque impossible qu'ils aient ajouté de leur chef cette indication essentielle, au cas où rien dans les manuscrits de Tchao Mong-fou ne les y eût invités. Ainsi nous sommes ramenés en fin de compte à cette double constatation : le titre mis en tête des vingt-quatre poésies, ordre de l'impératrice y compris, est bien dû à Tchao Mong-fou, et d'autre part Tchao Mong-fou, dans sa préface du *Nong sang t'ou*, donne de la genèse de l'œuvre un récit où toute

écrivait une préface destinée à cette édition. Mais le projet ne fut pas réalisé. Tout au plus peut-on dire que Tchao Mong-fou avait dû mettre en bon ordre ses manuscrits en vue de cette édition ; mais les « vingt-quatre poésies » sont sûrement postérieures à 1298 ; il n'y a donc rien à tirer de là pour savoir dans quel état Chen Houang les a vraisemblablement obtenues.

intervention de l'impératrice paraît exclue. Cependant les vingt-quatre poésies sont bien celles mêmes du *Nong sang t'ou*, et ainsi Tchao Mong-fou a créé lui-même, par des affirmations contradictoires, la confusion que nous tentons de dissiper.

Dès lors, nous devons nous demander si, de la part de Tchao Mong-fou, cette confusion n'a pas été volontaire. Autrement dit, quand, en 1318, Tchao Mong-fou narrait de façon si minutieuse l'histoire du *Nong sang t'ou*, quelque raison existait-elle de ne pas reporter sur une impératrice l'honneur de son initiative éventuelle? Connaît-on une impératrice dont, pour les auteurs du *Nong sang t'ou*, il valût alors mieux ne pas se réclamer? Ainsi posé, et si nous nous en tenons aux impératrices qui se trouvaient à la Cour en 1318, le problème risque de demeurer insoluble. Mais, pour quiconque s'est un peu occupé d'histoire mongole, le souvenir s'éveille immédiatement d'une autre impératrice qui fut toute-puissante au début du quatorzième siècle et succomba finalement dans sa lutte contre Jen-tsong et son frère. Cette impératrice, appelée Bulughan, était la femme de l'empereur Tch'eng-tsong, plus connu sous son nom mongol de Tämür Öljäitü. Tch'eng-tsong avait succédé à Khubilaï dans le courant de 1294; dès 1295, il élevait sa femme Bulughan au rang d'impératrice. Lui-même était de santé précaire, et l'influence de l'impératrice grandit au point que, dans les dernières années du règne de Tch'eng-tsong, c'est elle qui était vraiment à la tête du gouvernement. Tch'eng-tsong mourut en 1307. A ce moment, l'impératrice Bulughan tenta d'écarter du trône, au profit du prince Ananda, les deux frères neveux de Tch'eng-tsong, c'est-à-dire Khaišan Külüg et Buyantu-khan. Mais elle fut vaincue, exilée et bientôt tuée. Khaišan Külüg, connu dans l'histoire sous son nom posthume de Wou-tsong, régna de 1307 à 1311; son frère Buyantu-khan lui succéda : ce fut le Jen-tsong qui régnait encore en 1318. Comme de juste, le nom de l'impératrice Bulughan évoquait à la Cour de Jen-tsong des souvenirs fâcheux. Supposons que Yang Chou-k'ien et Tchao Mong-fou aient commencé vers 1307, sur des instructions de l'impératrice Bulughan, un travail que les événements ne leur permirent pas de porter au palais. Quand ils décident de le soumettre à l'empereur en 1318, il est tout naturel qu'ils en modifient le titre et ne se soucient pas de rappeler le rôle joué dans l'affaire par une impératrice exécrée. Mais, en dehors du *Nong sang t'ou* présenté au trône, les brouillons de 1307, avec l'ancien titre de *Keng tche t'ou*, subsistaient dans les papiers de Tchao Mong-fou, et ce sont ces brouillons qui furent édités par Chen Houang en 1339.

L'hypothèse, bien qu'elle semble couvrir tous les faits de la cause, resterait fort aléatoire si je ne croyais pouvoir l'appuyer par un autre argument. Cet argument nouveau, je l'emprunterai à ce qui est considéré comme le manuscrit original de Tchao Mong-fou. L'un des principaux érudits du dix-septième siècle, Tchou Yi-tsouen (1629-1709), a écrit une « Notice mise à la suite des Tableaux du tissage [pendant] les douze mois, écrits de la main de Tchao Tseu-ngang (Tchao Mong-fou) ». Le terme même d' « écrits » (書) employé par Tchou Yi-tsouen montre qu'il ne s'agit pas de peinture ; ce qu'il a vu, ce ne sont pas en réalité des « Tableaux du tissage », mais les poésies écrites par Tchao Mong-fou pour ces tableaux. De plus, ce n'était pas un manuscrit complet, puisqu'il lui manquait la série des douze poésies relatives au labourage. Tchou Yi-tsouen, lui aussi, cite l'intitulé selon lequel ces poésies furent composées sur l'ordre de l'impératrice. Il ajoute que l'écriture, par sa décision, semble indiquer une copie écrite par Tchao Mong-fou à la fin de sa vie, « quand il habitait dans son pays natal[1] ». Or, c'est en 1319 que Tchao Mong-fou a quitté la Cour pour se retirer à Hou-tcheou. Comme on le voit, ce manuscrit partiel, s'il est authentique, serait une copie faite tardivement par Tchao Mong-fou. Les contemporains s'arrachaient ses autographes, et il est vraisemblable qu'à la sollicitation de ses amis, il dut écrire le même morceau plus d'une fois.

Il n'y a donc pas grand'chose à tirer, pour la question qui nous occupe ici, de la notice finale rédigée par Tchou Yi-tsouen. Mais un autre manuscrit existe, qui autorise peut-être des conclusions plus précises. Parmi les peintures et autographes entrés dans les collections du palais après la deuxième rédaction du *Che kiu pao ki* en 1791-1793, Hou King décrit[2], en 1816, des « Poésies du *Keng tche t'ou*, écrites de la main de Tchao Mong-fou », en un rouleau, sur soie, comprenant vingt-quatre poésies sur le *Keng tche t'ou* en écriture *siao-k'ai*. La signature est : « A été composé, par ordre de l'impératrice, et écrit de la main du *tche-hiue-che* du Tsi-hien [-yuan], votre serviteur Tchao Mong-fou[3] ». Sur le dernier feuillet se trouve une

1. Sur Tchou Yi-tsouen, cf. GILES, *Biogr. Dict.*, n° 453 (mais les indications sur ses œuvres sont assez inexactes), et surtout *Kouo tch'ao ki hien lei tcheng tch'ou pien*, chap. 118, fol. 9 r°-15 v°. La collection littéraire de Tchou Yi-tsouen est intitulée 曝書亭集 *Pou chou t'ing tsi*. Dans l'édition de 1889 que possède la Bibliothèque Nationale (coll. Pelliot, II, 683), le texte relatif au manuscrit de Tchao Mong-fou se trouve au chap. 53, fol. 3 r°. Tchou Yi-tsouen commence sa notice en rappelant déjà que « les faux Tchao Mong-fou pullulent ». Le titre des poésies, si Tchou Yi-tsouen l'a bien reproduit, portait sur ce manuscrit la variante 作 *tso* pour « composées », au lieu du 撰 *tchouan* que donne la collection littéraire de Tchao Mong-fou. Tchou Yi-tsouen, en rédigeant sa notice, ne paraît d'ailleurs pas s'être rappelé cette collection littéraire.

2. *Si ts'ing tcha ki*, chap. 2, fol. 10 v°-11 r°.

3. 奉懿旨撰并書集賢直學士臣趙孟頫.

longue notice ajoutée dans la seconde moitié du quinzième siècle par 吳寬 Wou K'ouan[1], et que Wou K'ouan a confirmée par son cachet ; Hou King la reproduit intégralement. Wou K'ouan y rappelle les efforts qui furent faits pour le développement de l'agriculture dans la période *yen-yeou* (1314-1320). Puis il célèbre la magnifique écriture de ces poésies du *Keng tche t'ou* dues à Tchao Mong-fou ; elles surpassent tout ce qu'il a vu d'œuvres du grand calligraphe, aussi bien ses copies de textes bouddhiques ou canoniques que les stèles ou notices écrites de sa main[2]. La date de cette notice doit avoir été mal copiée par Hou King, car il indique l'année *sin-wei* de la période *tch'eng-houa* ; mais la période *tch'eng-houa* (1465-1487) ne comporte pas d'année *sin-wei* ; si la notice de Wou K'ouan est authentique, il faut probablement lire *sin-tch'eou* (1481) ou *ting-wei* (1487).

Cet autographe sur soie, la signature qu'il porte, impliquent, si le document est authentique, qu'il ait été destiné au palais. Ici encore, il est question du *Keng tche t'ou* et non du *Nong sang t'ou* ; il s'agit d'ailleurs, cette fois encore, d'une suite de poésies qui devait accompagner un rouleau de peintures, mais sans que chaque poésie fût jointe au tableau correspondant. Or, le titre que prend Tchao Mong-fou est assez surprenant. En 1316, Tchao Mong-fou avait été nommé *hiue-che tch'eng-tche* (ou par abréviation *tch'eng-tche*) du Han-lin-yuan[3]. C'est sous ce titre qu'il est resté connu dans l'histoire ; quand des écrivains des Ming ajoutent des notices manuscrites à l'exemplaire du *Song siue tchai tsi* aujourd'hui conservé dans la bibliothèque du palais, ils qualifient simplement cette collection littéraire de *Tch'eng tche tsi*, ou « Collection du *tch'eng-tche*[4] ». Le Tsi-hien-yuan était une administration toute différente, et il est impossible que Tchao Mong-fou ait pris en 1318 le titre d'une charge inférieure à celle dont il était véritablement investi. Revenons au contraire à l'hypothèse d'un premier état du *Nong sang t'ou*, exécuté en 1307 ou très peu auparavant sur les ordres de l'impératrice Bulughan et qui aurait été appelé du vieux nom de *Keng tche t'ou* : Tchao Mong-fou, nommé *tche-hiue-che* du Tsi-hien-yuan en 1290, garda ce titre pendant les dernières années du règne de Khubilaï, et à travers tout le règne

1. Wou K'ouan, né en 1432, docteur de 1472, mourut en 1504. On trouvera sa biographie dans le *Ming che*, chap. 184, fol. 5 r° et v° ; cf. aussi *P'ei wen tchai choua houa p'ou*, chap. 42, fol. 1 r°.

2. 予凡見文敏所書內典經文或碑銘傳記皆極遒勁總未若是卷之軼妙造神也。 Les stèles et notices dont il s'agit ne sont pas le plus souvent composées par Tchao Mong-fou, mais il les copiait, et c'est son autographe qu'on reproduisait sur la pierre. Un grand nombre de ces stèles existent encore.

3. Cf. *Yuan che*, chap. 172, fol. 4 r°.

4. Ces notices sont signalées dans la description que consacre à l'exemplaire de 1339 le *K'in ting t'ien lou lin lang chou mou heou pien*, chap. 11, fol. 12 r°.

de Tch'eng-tsong. Il serait donc tout naturel qu'il l'eût pris en signant un manuscrit que lui avait commandé l'impératrice Bulughan, femme de Tch'eng-tsong. Resterait bien l'hypothèse d'un faux, si l'erreur de date à la fin de la notice de Wou K'ouan se trouve déjà sur l'original et ne résulte pas d'un *lapsus* de Hou King. Mais le faussaire, si faussaire il y a, croyait que le manuscrit véritable datait de la période *yen-yeou*, puisqu'il le fait dire à Wou K'ouan dans sa notice[1]. Or tout le monde connaissait le titre de « *tch'eng-tche* du Han-lin-yuan » qu'avait porté Tchao Mong-fou, et qui était précisément celui qui le désignait dans la période *yen-yeou*. Est-il vraisemblable qu'un faussaire, qui manifestement ignorerait le *Nong sang t'ou*, soit allé chercher au contraire pour Tchao Mong-fou un titre qu'il ne portait plus à l'époque où il lui ferait écrire son manuscrit? Enfin, s'il ne faut pas suivre aveuglément les identifications des érudits chinois, ce serait une méthode non moins absurde de les tenir toujours pour inexistantes. Autre chose est de se tromper sur l'attribution d'un morceau ancien à tel ou tel écrivain ou artiste, ou bien de prendre pour une œuvre du début du treizième siècle un manuscrit qui serait au plus tôt du seizième. Dans les conditions où le manuscrit de Tchao Mong-fou nous est connu, j'incline donc à l'accepter pour authentique, et, provisoirement du moins, je ne vois pas d'autre solution acceptable que celle-ci : en 1307 ou peu auparavant, sur l'ordre de l'impératrice Bulughan, Yang Chou-k'ien, s'inspirant des coutumes de la Chine septentrionale, fit vingt-quatre tableaux d'agriculture et de sériciculture, différents de ceux que Leou Cheou avait élaborés au douzième siècle pour la région de Hang-tcheou ; mais il garda le vieux titre de *Keng tche t'ou* que Leou Cheou avait rendu populaire. Pour ces vingt-quatre tableaux, Tchao Mong-fou fit vingt-quatre poésies appropriées. La chute de l'impératrice Bulughan empêcha l'œuvre d'être remise au palais. En 1318, Yang Chou-k'ien et Tchao Mong-fou reprirent leur travail, et le *Keng tche t'ou* de 1307, devenu le *Nong sang t'ou* de 1318, fut enfin présenté à l'empereur Jen-tsong. Mais la copie des poésies préparée en 1307 était demeurée aux mains de Tchao Mong-fou, et peut-être d'ailleurs en fut-il fait d'autres exem-

1. Il serait important à ce point de vue de pouvoir vérifier si la notice mise sous le nom de Wou K'ouan se retrouve dans la collection littéraire de cet écrivain, intitulée 家藏集 *Kia ts'ang tsi* ou 匏翁集 *Pao wong tsi*, et qui, préparée par Wou K'ouan lui-même, fut publiée par son fils (cf. *Catalogue impérial*, chap. 171, fol. 7 v°-8 v°; *Chan pen chou che ts'ang chou tche*, chap. 36, fol. 20 r° et v°); malheureusement cette collection n'a jamais été réimprimée, et nous n'en avons pas d'exemplaire en Europe. On notera toutefois que Li Tong-yang, qui intervient aussi à propos de cette peinture, était bien en relations avec Wou K'ouan, car c'est lui qui, en 1508, rédigea la préface par laquelle s'ouvre le *Kia ts'ang tsi*.

plaires. Une de ces copies du premier état servit à l'édition de 1339, et c'est sans doute l'exemplaire même calligraphié par Tchao Mong-fou pour l'impératrice Bulughan qui, après cinq cents ans, est enfin parvenu à destination en entrant vers 1800 dans les collections du palais à Pékin.

*
* *

Il serait aisé de multiplier les indications relatives à d'autres œuvres qui relèvent de la même inspiration que le *Keng tche t'ou*. Les représentations connexes des *Coutumes de Pin* (*Pin fong*) ou des *Règles des saisons* (*Yue-ling*) ont toujours été un thème favori des peintres chinois. Un *Pin fong t'ou* de 馬和之 Ma Houo-tche compte parmi les œuvres de cour des Song méridionaux qui ont longtemps survécu[1].

Il en subsiste un autre assez fameux, exécuté sous les Ming par le célèbre calligraphe Wen Tcheng-ming[2]. Un *Yue ling t'ou* peint par 吳彬 Wou Pin est décrit par Hou King et se trouve encore vraisemblablement dans les collections du palais[3]. Au dix-huitième siècle, 周鯤 Tcheou K'ouen peignit, lui aussi, un *Pin fong t'ou*, en tête duquel Tchang Tchao, le principal compilateur du *Cheou che tong k'ao*, écrivit de sa main, par ordre de l'empereur, le texte des poésies correspondantes du *Che king*[4]. Mais l'entreprise serait prématurée de vouloir étendre une pareille enquête sans que des documents figurés viennent appuyer et vivifier les textes. Si j'ai insisté si longuement sur le *Keng tche t'ou*, c'est que, par une fortune assez rare, nous pouvons suivre son histoire presque de siècle en siècle. Nous le prenons autant dire à son berceau, sous les Song du sud, et nous voyons les artistes et les écrivains des âges suivants s'inspirer de ce thème nouveau, constitué une fois pour toutes, et le traiter selon les exigences de leur talent et de leur époque. D'autres séries prêteraient aux mêmes recherches et presque aux mêmes remarques. Nous pourrions, au lieu des *Tableaux du labourage et du tissage*, nous attaquer aux *Trente-deux manifestations de Kouan-yin*; nous les verrions, elles aussi, évoluer depuis leur première apparition sous les T'ang, pour finir, comme le *Keng tche t'ou*, par s'ins-

1. Cf. *Nan song yuan houa lou*, chap. 3, fol. 1 v°, 4 r°, 8 r°; *Ts'ing ho chou houa fang*, sect. 酉, fol. 13 r° et v°.

2. Cf. 書畫鑑影 *Chou houa kien ying*, chap. 21, fol. 10 r° et v°. Cette peinture a fait partie au dix-huitième siècle des collections du palais, et doit être décrite dans les deux premières séries du *Che kiu pao ki*.

3. Cf. *Si ts'ing tcha ki*, chap. 2, fol. 21 r°.

4. Cf. *Kouo tch'ao yuan houa lou*, chap. 1, fol. 7 r°.

pirer, aux confins du dix-septième et du dix-huitième siècle, de modèles et de procédés occidentaux. Le *Keng tche t'ou*, à travers l'édition japonaise de 1676 ou les estampages sur pierre de 1769, nous permet en outre, dans une certaine mesure, de nous faire une idée de ce qu'était le livre illustré en Chine, sous les Song méridionaux, au douzième siècle et au treizième [1]. Enfin, et je dirai presque surtout, le *Keng tche t'ou* offre cet avantage exceptionnel que nous pouvons, en ce qui le concerne, contrôler les impressions esthétiques par les textes. Il tient à la fois de l'œuvre d'art et du livre ; par ce second aspect, il donne prise à une critique interne, objective, à laquelle les peintures échappent le plus souvent ; avec lui, l'histoire garde ses droits. Par une chance suprême, nous disposons d'ailleurs, au sujet du *Keng tche t'ou*, d'informations auxquelles les grands collectionneurs et critiques d'art du dix-septième siècle n'avaient pas accès.

L'épreuve à laquelle nous soumettons ainsi, dans un cas donné, les jugements des Hiang Yuan-pien, des Wang K'o-yu, des Tchang Tch'eou, ne leur est certes pas favorable. Sans vouloir généraliser à l'excès les résultats d'une expérience isolée, il est évident que nous serons désormais moins portés à accorder aux sentences des collectionneurs chinois une autorité sans appel. Fenollosa prétendait naguère que les amateurs japonais étaient seuls en état de prononcer en connaissance de cause sur les monuments de l'art chinois ancien [2]. Sans doute, la carrière toute japonaise de Fenollosa a exercé quelque influence sur ses opinions. Il n'en est pas moins vrai qu'au Japon, et au Japon seulement, il subsiste un ensemble d'œuvres chinoises dont le sort est fixé et l'état civil régulièrement suivi depuis le huitième siècle. La critique d'art en Chine, malgré son zèle et malgré son goût, a manqué de points de repère solidement établis [3]. C'est bien ainsi qu'elle

1. M. Franke (p. 78) exagère toutefois un peu l'importance de ces bois. Selon lui, la plus ancienne gravure sur bois d'origine chinoise qu'on connût jusqu'ici date de 1331. Or, l'édition de Wang Kang est de la première moitié du treizième siècle ; les dessins du *Keng tche t'ou* nous feraient, dit-il, remonter cent ans plus haut. Sans doute, mais ces dessins nous parviennent dans une édition japonaise de 1676 qui reproduit à son tour, et on a vu qu'elle la modifiait certainement, une édition chinoise de 1462 ; deux intermédiaires nous séparent donc de l'édition de Wang Kang. J'ajouterai que nous avons aujourd'hui des bois chinois beaucoup plus anciens, que Sir Aurel Stein et moi-même avons rapportés de Touen-houang. En attendant l'étude spéciale que je compte leur consacrer, je reproduis ci-joint, sur la planche LXI, une de ces épreuves gravées et tirées au dixième siècle ; la planche est aux dimensions de l'original.

2. Cf. E. F. Fenollosa, *Epochs of Chinese and Japanese art*, Londres, Heinemann, 2 vol. in-4, 1912, principalement au tome II, pp. 147-148.

3. La même difficulté s'est posée en Chine à propos des estampages d'autographes ; on sait que l'exécution parfaite des pierres permet de tirer des reproductions identiques aux originaux ; mais naturellement les pierres s'usent, et un estampage a d'autant plus de valeur artistique qu'il est plus ancien. Parmi les inscriptions recherchées pour la beauté de la calligraphie, l'une des plus célèbres est celle dite du Houa-tou-sseu, ou plus complètement le 化度寺邕禪師碑 *Houa tou sseu yong tch'an*

nous est apparue au cours de cette étude : ingénieuse et souvent érudite, elle se laissera glisser, le cas échéant, à d'invraisemblables méprises. A ce point de vue, l'expérience que nous vaut l'histoire du *Keng tche t'ou* peut paraître une expérience négative ; ce n'est pas à dire, tant s'en faut, qu'elle soit inutile.

*che pei*, « Inscription du maître du *dhyâna* Yong, du Houa-tou-sseu » ; cette inscription est due au pinceau d'un des plus grands calligraphes du début du septième siècle, 歐陽詢 Ngeou-yang Siun. Au début du dix-neuvième siècle, un spécialiste en matière d'autographes, l'érudit 翁方綱 Wong Fang-kang, étudiant les divers estampages qu'on connaissait de cette pierre disparue, croyait pouvoir dater le plus ancien d'entre eux de l'époque des T'ang. Mais Sir Aurel Stein et moi-même avons rapporté de Touen-houang des portions d'un estampage de cette stèle vraiment pris sous les T'ang ; il suffit de les comparer à l'archétype qu'a connu Wong Fang-kang et qui a été publié il y a quelques années, pour voir que ce prétendu archétype des T'ang date au plus tôt des Song du Nord.

---

*Note additionnelle.* — Dans le *Shigaku zasshi* de 1912 (t. XXIII, pp. 1149-1171), M. Nakamura Kyūshirō, comparant l'édition japonaise de 1676 et celle de 1696 due à Tsiao Ping-tcheng, a écrit un article sur « Les mœurs de l'époque des Song et l'influence de la peinture européenne telles qu'elles apparaissent dans le *Keng tche t'ou* ». Mais le *Shigaku zasshi* n'existe pas à Paris, et je ne connais ce travail que par le compte rendu qui vient d'en être publié dans *B. E. F. E.-O.*, t. XII, n° 9, pp. 116-117.

向蔣溥進劉松年蠶織圖自序卷首其蹟已入石渠寶笈矣茲得松年耕作圖觀其筆法與蠶織圖相類因以二卷參校之則紙幅長短畫篆體格並若一手合耕圖卷後姚式跋云耕織圖二卷文簡程公曾孫棨儀甫繪而篆之織圖卷後趙子俊跋亦云每節小篆皆隨齋手題今兩卷押縫皆有儀甫隨齋二印其為程棨摹樓璹圖本並書其詩無疑細閱圖內松年筆三字腕力既弱復無印記蓋後人妄以松年有曾進耕織圖之事從而傅會之而未加深考致以訛傳訛耳至耕圖紹興小璽則又作偽者不知棨為元時人誤添蛇足矣又考兩卷題跋姚式而外於諸人皆每卷分題則二卷在當時本相屬附後乃分佚單行故耕圖有項元汴收藏諸印記而織圖獨無可以驗其離合之由矣今既為延津之合因命同篋藏弆置諸御園多稼軒〻之北為貴織山堂皆
皇考御額所以重農桑而示後世也昔
皇祖題耕織圖鋟板行世今得此佳蹟合並且有
關重民衣食之本亦將勒之貞石以示
家法於有永因考其源委並識兩卷中並用璹韻題圖隙至原書及偽款仍存其舊蓋所重在訂訛竄實前此之誤固不必為之文飾亦瑕瑜不掩之道也

己丑上元後五日御筆



Préface impériale de 1769.

Labourage : 4, Mouillage des graines.

Labourage : 2. Labour.

Labourage : 3. Hersage.

Labourage : 4, Hersage fin.

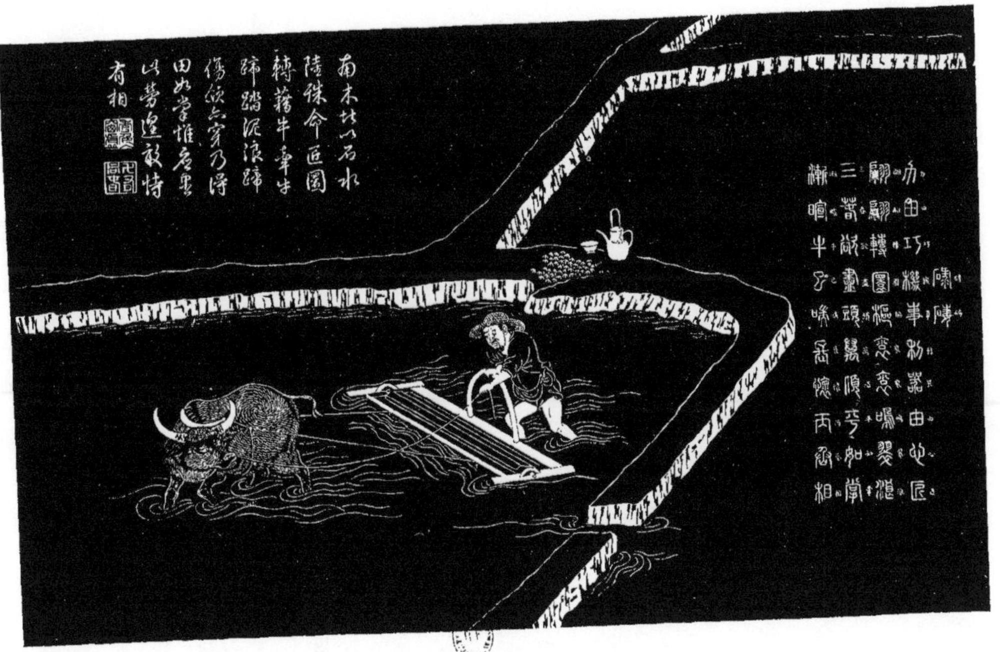

Labourage : 5. Passage du rouleau.

Labourage : 6, Semailles.

PLANCHE XVII

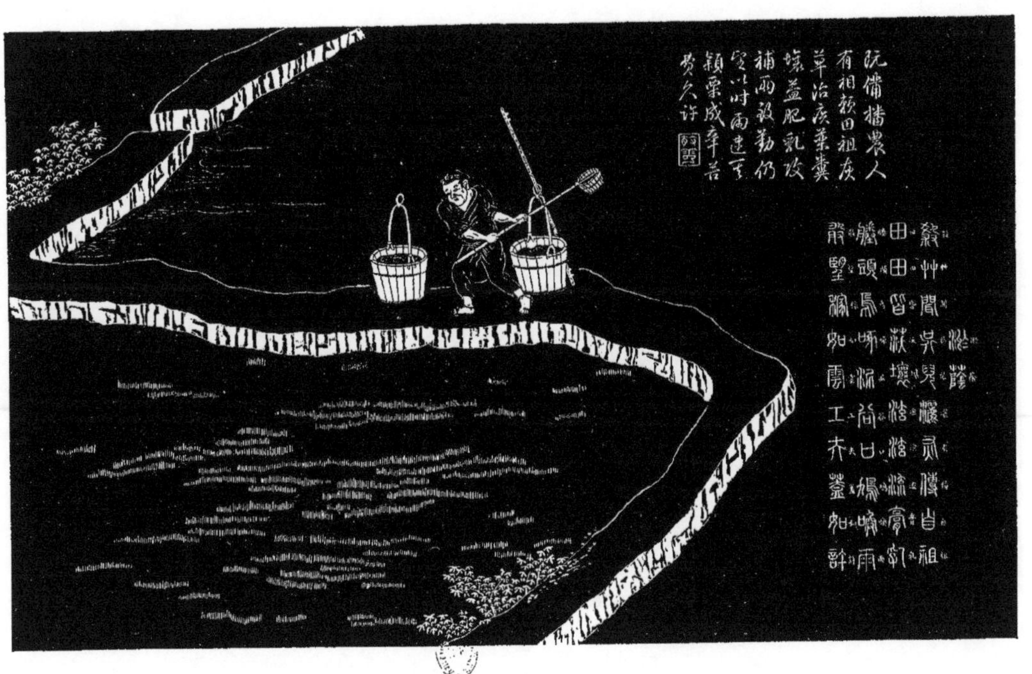

Labourage : 7, Fumage.

Labourage : 8, Arrachage des jeunes plants.

Labourage : 9, Repiquage.

Labourage : 10. Premier sarclage.

Labourage : 41, Deuxième sarclage.

Labourage : 12. Troisième sarclage.

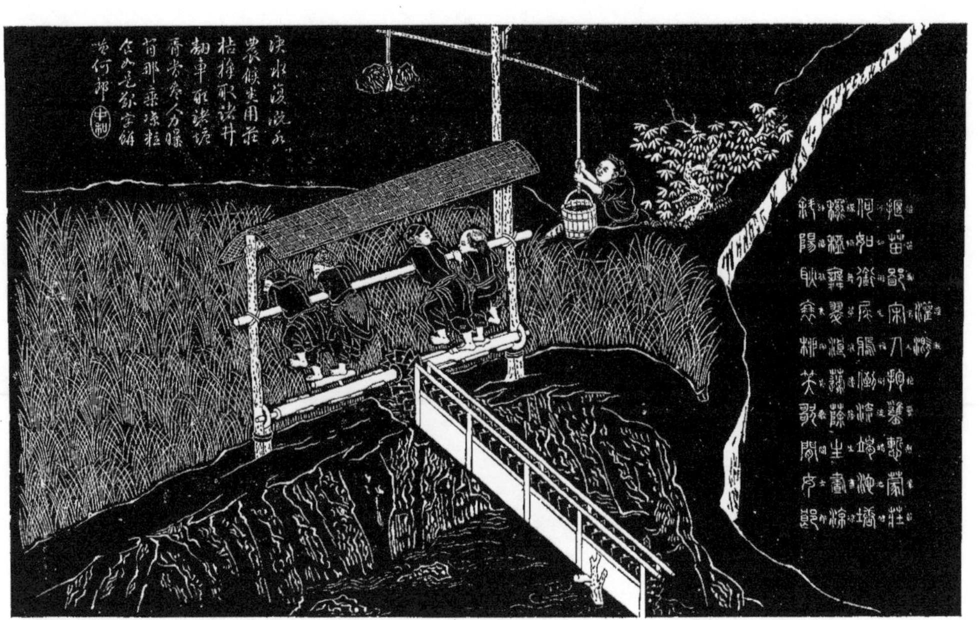

Labourage : 13, Irrigation.

Labourage : 14. Moisson.

Labourage : 15, Mise en meules.

Labourage : 16, Battage au fléau.

Labourage : 47, Vannage.

PLANCHE XXVIII

Labourage : 18, Décorticage.

Labourage : 19, Broyage.

Labourage : 20, Passage au tamis.

PLANCHE XXXI

Labourage : 21. Mise en grange.

人知求美衣甘食之奉而不知
衣食之源其艱難如此是圖
有補於世者爲不小
趙子俊題

右耕織圖二卷耕凡二十一事織凡二十
四事事各有圖系以五言詩一章章八句
四明樓璹當宋高宗時令臨安於潛
所進本也與豳風七月相表裏其孫洪
深等嘗以詩刊諸石其從子鑰嘉定
間爲跋其事爲之書丹且敘其所以然
亦有木本流傳于世今蕭親以曾孫係儀
甫持縑求予也繪而篆之以爲家藏可謂
知本覽者如珍視之
吳興姚式書

Notices finales de Tchao Mong-yu et de Yao Che.

Tissage : I, Bain des graines de vers à soie.

Tissage : 2. On fait descendre les vers à soie.

Tissage : 3, On nourrit les vers à soie.

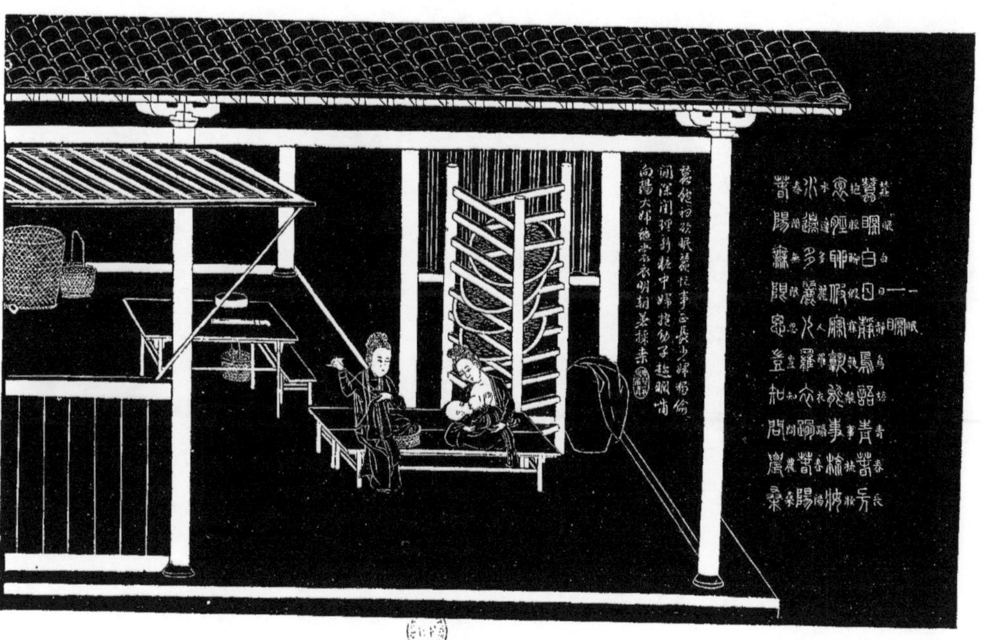

Tissage : V. Premier sommeil des vers.

Tissage : 5, Deuxième sommeil des vers.

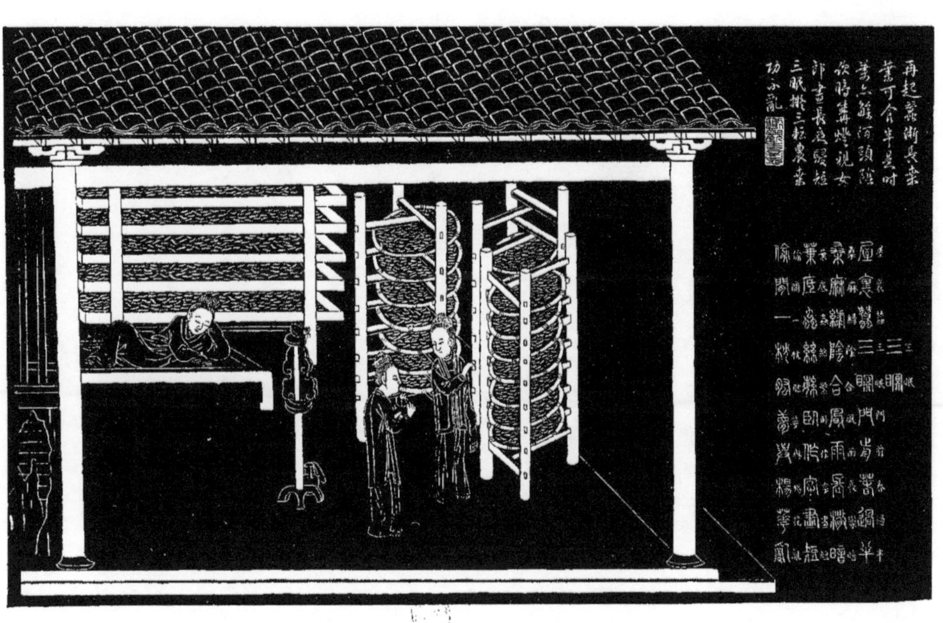

Tissage : 6, Troisième sommeil des vers.

Tissage : 7, Division des claies.

Tissage : 8, Cueillette des feuilles de mûrier.

PLANCHE XLI

Tissage : 9. Le grand réveil.

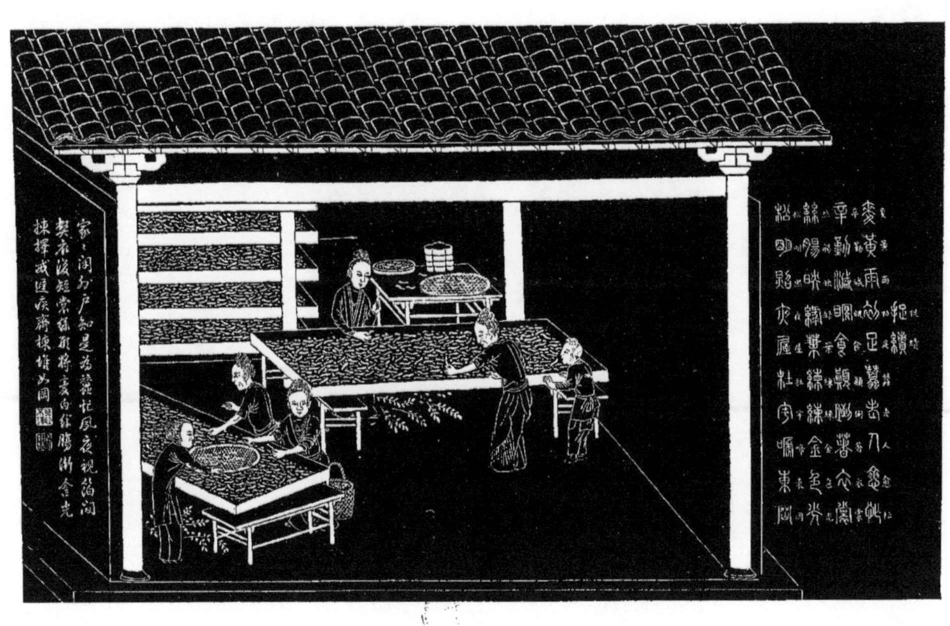

Tissage : 10, On saisit les fileurs.

Tissage : 11, La montée sur les treillages.

Tissage : 12. Chauffage des claies.

Tissage : 12. Chauffage des claies (édition japonaise de 1676).

Tissage : 13. Les vers sont descendus des treillages.

Tissage : 15, On enterre les cocons.

Tissage : 16, Dévidage des cocons.

PLANCHE LI

Tissage : 46. Dévidage des cocons (édition japonaise de 1676).

Tissage : 16, Dévidage des cocons (édition dérivée de Tsiao Ping tcheng).

Tissage : 17. Les papillons des vers à soie.

Tissage : 18. Sacrifices d'actions de grâce.

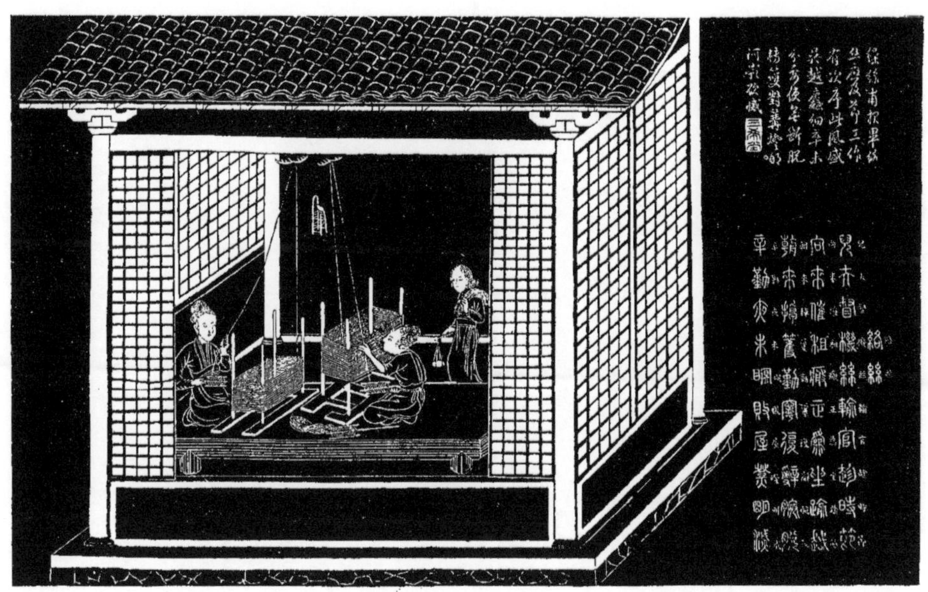

Tissage : 19, Apprêtage du fil.

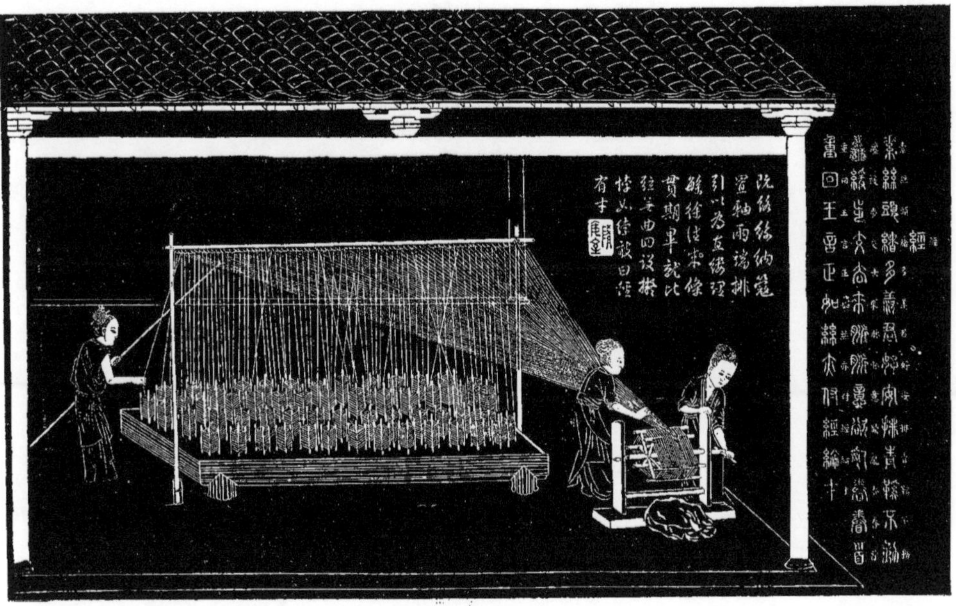

Tissage : 20, La chaîne

Tissage : 21, La trame.

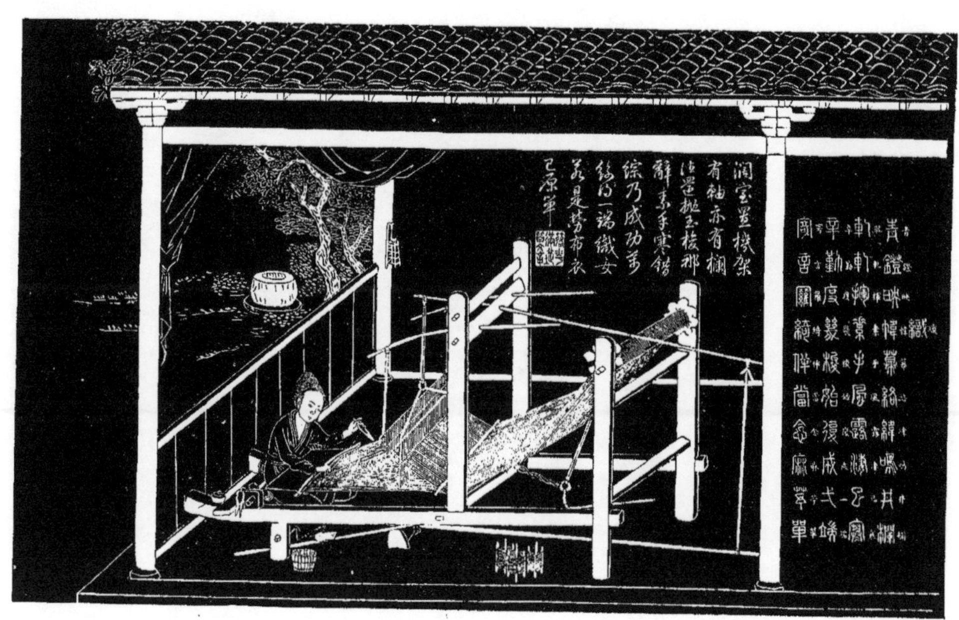

Tissage : 22, Le tissage.

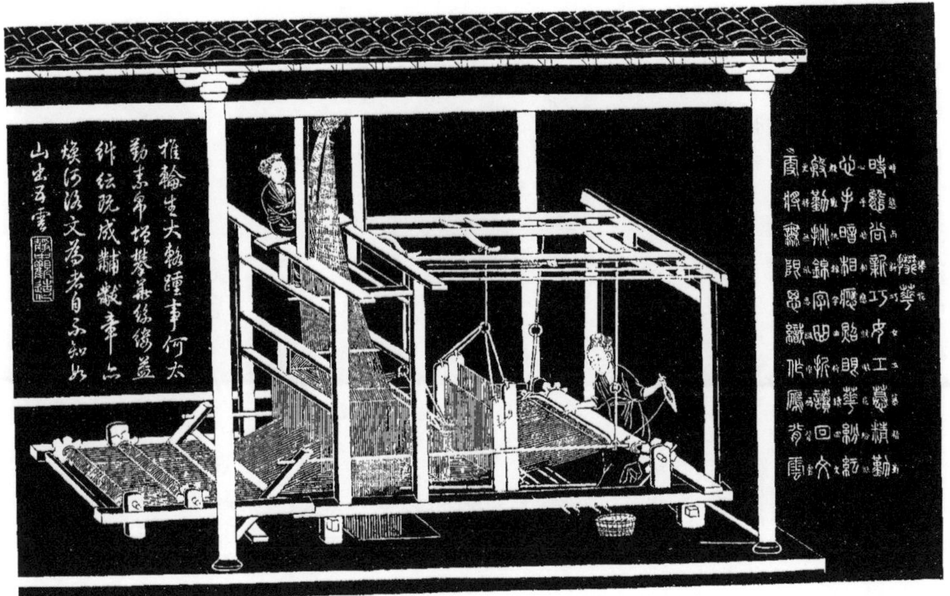

Tissage : 23. Le tissage à ramages.

Tissage : 24. La division des pièces de soie.

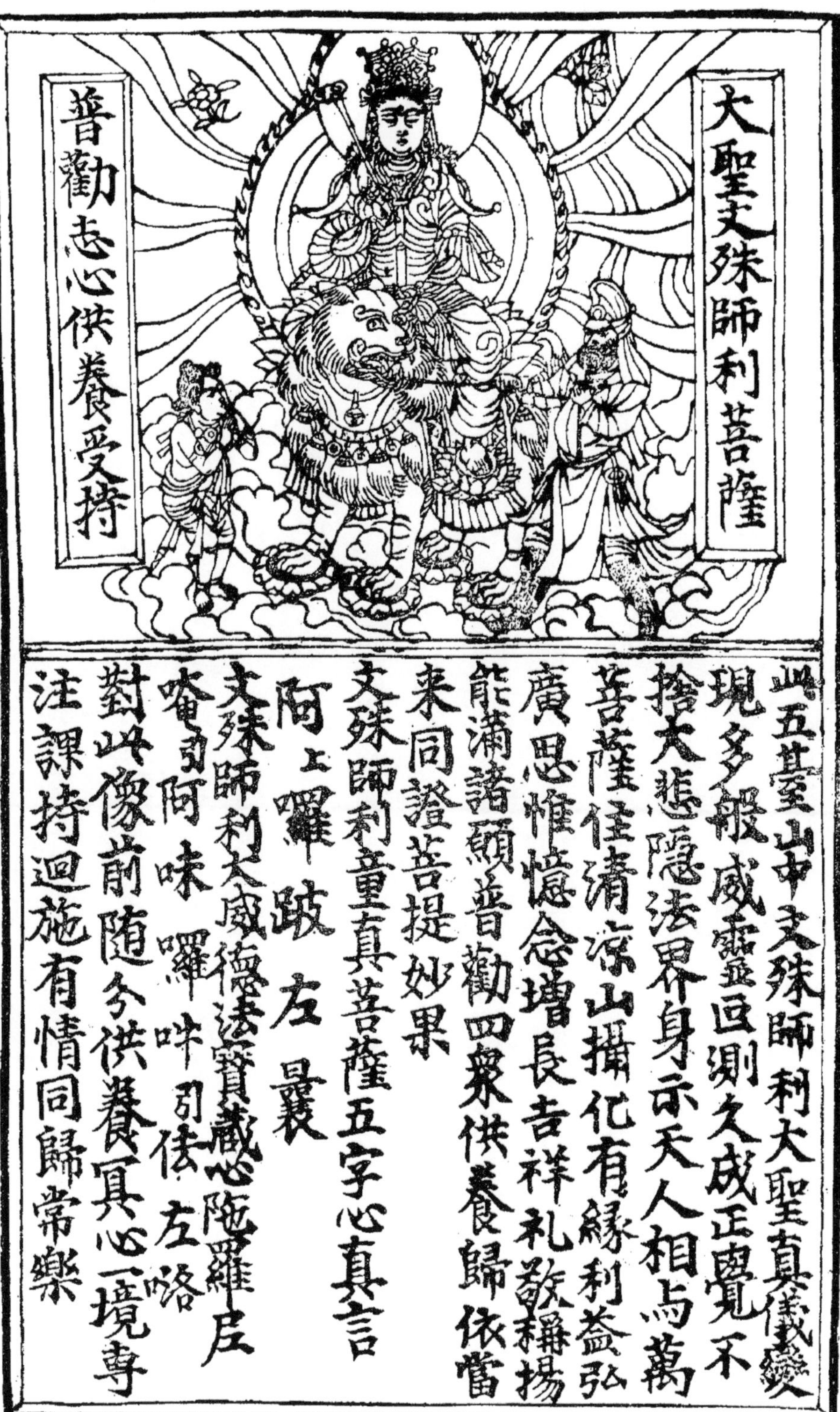


Mañjuçrî, estampe du dixième siècle.

# LES IMAGES INDIENNES DE LA FORTUNE

PAR

A. FOUCHER

---

Le problème s'est posé ainsi : étant donnée une statuette dont nous ne savons rien, sinon qu'elle a été récemment achetée par la Section indienne du Victoria and Albert Museum, à Londres[1], pouvons-nous arriver à déterminer avec une approximation suffisante son nom, sa date et sa provenance ? L'objet retient en tout cas les yeux européens de façon trop attachante pour ne pas valoir une publication (Pl. LXII) : et une reproduction nécessite à son tour un commentaire. La première et la seule chose qu'on puisse demander et attendre de nous, c'est une contribution à l'élucidation de cette énigme de pierre — ou, plus exactement, de stéatite. Quant aux éléments de la solution, c'est uniquement dans une analyse aussi serrée que possible des caractères et des accessoires de la figure et dans les analogies suggérées par cet examen critique que nous devrons les chercher et que nous avons chance de les rencontrer.

*L'aspect général.* — Que nous apprend le premier coup d'œil ? Tout d'abord c'est une déesse : son large nimbe rond, bordé d'un double filet, l'atteste clairement. Sur la partie supérieure de ce nimbe se profilent deux petits éléphants, posés des quatre pieds sur les péricarpes évasés de deux

1. Elle porte la cote I. M. 65-1911, et a été payée 5 livres (125 francs) ; le vendeur aurait suggéré la possibilité qu'elle fût originaire du Kaçmir. Nous devons ces renseignements, ainsi que la photographie grandeur naturelle de la statuette et l'autorisation de la reproduire, à l'obligeance de M. C. Stanley Clarke, le distingué conservateur de l'Indian Section du Victoria and Albert Museum : nous tenons à lui renouveler ici l'expression de nos remerciements.

lotus à longues tiges. Jadis, tenant chacun une cruche ronde au bout de leur trompe levée, ils faisaient le geste d'en renverser le contenu sur la déesse : les trompes, les cruches, l'un des éléphants, la tige d'un des lotus, un coin du péricarpe de l'autre sont aujourd'hui brisés. Cet étrange décor repose sur le large dossier évasé d'un trône de rotin qui laisse apercevoir les entrelacs caractéristiques de sa vannerie. Le siège est recouvert d'un coussin sur lequel la déesse se tient assise, la jambe droite pendant jusqu'à terre, la jambe gauche repliée dans un raccourci des moins heureux : c'est la pose bien connue, dite du « gracieux nonchaloir » (*lalitâkshepa*). Le pied gauche, qui se montre à découvert, semble chaussé d'étoffe : l'autre se perd sous les plis de la robe. Des deux mains, la gauche porte une corne d'abondance; la droite, aujourd'hui disparue, devait s'allonger, la paume en dehors[1], dans le « geste de la faveur » (*varamudrâ*), juste au-dessus d'un petit donateur agenouillé dont la tête est également perdue. De l'autre côté un second personnage plus qu'à demi nu vide à deux mains un sac de monnaies. Ce dernier symbole est intelligible à tous les hommes. La corne d'abondance ne parle pas moins à l'esprit de tous ceux qui ont reçu notre éducation classique. Si l'on ajoute que les deux éléphants doucheurs sont restés de nos jours l'attribut spécial de la Çrî ou Lakshmî indienne, il ne peut faire de doute que nous ne soyions en présence de quelque incarnation tutélaire de l'Abondance ou de la Fortune.

*La figure centrale et la statue de Brâr (Kaçmîr).* — Mais déjà cette statuette n'a pu manquer de frapper par le curieux mélange qu'elle présente d'éléments classiques et exotiques. Sa corne d'abondance détonne à côté des lotus de ses éléphants; la pompe barbare de sa coiffure s'accorde mal avec le traitement encore hellénique de ses draperies; et l'on retrouve le même contraste jusque dans les traits du visage, entre les lignes arquées à la grecque de la bouche et la barre continue des sourcils qui se rejoignent conformément aux lois de l'esthétique indigène[2]. Un compromis aussi hybride nous conduit dès l'abord vers le Nord-Ouest de l'Inde, dans la région toujours la plus ouverte aux influences comme aux invasions étrangères. Par bonne chance, car le Pendjâb est grand, une analogie certaine fixe son origine au Kaçmîr. C'est là en effet qu'en juillet 1896, près du hameau de Brâr, entre Bhavan et Eishmakan, dans la vallée de Liddar, nous avons rencontré comme sa sœur jumelle. Elle était adossée (fig. 1) au bord d'une petite mare couverte de lentilles d'eau et perdue au fond d'un creux de ver-

1. Ou peut-être tenait-elle une bourse ? Mais cette hypothèse est plus risquée que la première.

2. *Sahita-bhrû*, *saṃgata-bhrû*, répète la liste des 80 signes (cf. *Lalita-Vistara*, éd. Lefmann, p. 107).

dure, que nous apprîmes être le Pâpaharana-Nâga, la « fontaine qui efface les péchés », et qui est l'objet d'un pèlerinage local le jour de la pleine lune de Bhâdrapada (août-septembre). La source a naturellement sa légende, chargée d'expliquer ses vertus : c'est dans ses eaux que Bhîmasena, l'un des héros du *Mahâbhârata*, aurait jadis lavé une faute jusqu'alors inexpiable ; il avait tué un Daitya qui était fils de brahmane, et cependant

Fig. 1. — Un coin du Pâpaharaṇa-Nâga de Bhâr (Kaçmîr).
*(On remarquera dans l'angle des berges la statue reproduite sur la planche LXIII).*

il fut absous. Quant à la statue, bien que brisée et par suite, selon les Çâstras, impropre au culte — les pieds, la main droite et la plus grande partie du nimbe manquent —, une grande dévotion l'entoure : toutefois nous avons pu obtenir de la photographier de face et de profil (Pl. LXIII). La ressemblance avec la déesse de la planche LXII est indéniable. Toutes deux ont la même coiffure, avec les mêmes rouleaux de cheveux tombant en papillottes de chaque côté du visage, et la même surcharge de pendeloques encadrant le chignon bouffant : seulement ce dernier est presque entièrement dissimulé chez l'image de Londres par une haute couronne tricuspide, dont le ressaut central est surmonté d'un croissant. La forme de leur diadème mise à part, toutes deux portent les mêmes bijoux, lourdes boucles distendant le lobe des oreilles, collier plat autour du cou, bracelets recouvrant presque tout l'avant-bras. Toutes deux enfin arborent le même attribut et le même costume : mais ces derniers points méritent un examen plus attentif.

*Les draperies.* — Tout d'abord il faut bien se rendre compte que les deux déesses sont habillées exactement des trois mêmes vêtements, une jupe, une tunique et un châle : toute la différence entre elles provient du fait qu'elles ne portent pas ce dernier de la même façon. La jupe est longue et l'on voit à ses plis nombreux comme à la manière dont la jambe gauche la relève sur la planche LXII qu'elle est en même temps fort large. La tunique, sorte de chitôn s'arrêtant juste au-dessus du genou, est serrée à la taille par le nœud d'une étroite ceinture : des agrafes la retiennent sur chaque épaule et elle laisse à nu la gorge et les bras. Évidemment c'est à la pseudo-Athènè[1] du Musée de Lahore (fig. 2) que nos deux divinités du Kaçmîr ont emprunté ce vêtement d'allure si classique. Même chez l'une d'elles l'agrafe de droite a glissé pour découvrir le sein comme chez les statues d'Amazones. En revanche, celle de la planche LXII a son châle chastement croisé comme un fichu sur les épaules et la poitrine, tandis que son pendant a jeté négligemment le sien en écharpe, à la mode du Gandhâra[2], et l'enroule par ses deux extrémités autour de son coude gauche : aussi forme-t-il en remontant par devant un gracieux sinus parallèle à celui du corsage. Il ne faudrait d'ailleurs pas croire que cette pièce de son costume manque à la jeune guerrière de la figure 2 : seulement elle l'a martialement tordue autour de sa taille. Mais plus intéressante encore que l'identité des vêtements est la minutieuse ressemblance des draperies. Ce sont de part et d'autre les mêmes chutes verticales en forme de tuyaux, la même souplesse ondoyante dans les étoffes transversalement disposées, et partout la même recherche de mouvement dans les plis. On est d'accord pour considérer cet arrangement concerté des draperies comme la preuve la plus décisive de l'influence grecque sur l'art indien[3] : il est curieux de constater que ce trait est aussi des plus tenaces et continue à s'étaler avec tant d'évidence sur des images dont le retour au type indigène est pour le reste si marqué.

*L'attribut.* — Ce n'est pas d'ailleurs la seule survivance classique que

1. Ce n'est en réalité, comme le prouve leur rôle sur les bas-reliefs conservés, qu'une de ces Amazones soi-disant grecques que l'on appelait des Yavanis et qui étaient chargées du service intérieur des palais indiens.

2. On sait que c'est toujours ainsi que les rois, dieux ou Bodhisattvas gandhâriens portent leur manteau. Cf. *Art gréco-bouddhique du Gandhâra*, t. I, frontispice, ou *Monuments et Mémoires*, t. VII, 1er fasc. (1900), pl. V.

3. Cf. G. Perrot, *L'Art gréco-bouddhique*, dans *Journal des Savants*, septembre 1906, p. 469.

nous devions relever chez nos deux déesses kaçmîries. A la vérité, l'espèce de sceptre qu'elles portent dans la main gauche est fort bizarrement traité, comme si l'artiste en avait oublié ou s'était efforcé d'en déguiser le véritable caractère. Néanmoins, en dépit des fioritures du manche et de la tête d'animal qui le termine, il ne saurait tromper l'œil d'un Latin : car fleurs et fruits[1] persistent à déborder de son extrémité supérieure. C'est une *cornucopia*, symbole d'abondance et de fécondité. Aucun emblème ne saurait être plus familier ni éveiller des idées plus riantes à l'esprit des Européens : aucun n'est en revanche plus inattendu ni plus répugnant pour les Hindous qui considèrent comme chose immonde toute dépouille de bête morte, l'antilope noire exceptée. Aussi, en discutant la statue de Brâr avec notre paṇḍit et le *purohita* local, n'avons-nous pas eu de peine à leur faire admettre que c'était une *mûrti* (idole) à la manière des « Yavanas » (car c'est toujours ainsi que, dans leur jargon sanskrit, ils désignent les nations occidentales). Et en effet, pour en trouver le modèle, c'est encore à l'art indo-grec qu'il faut s'adresser. A vrai dire, parmi les sculptures du Gandhâra, nous n'avons pas jusqu'ici rencontré la déesse à la corne d'abondance sous la forme d'image isolée, mais seulement en qualité de parèdre du génie des richesses. L'occasion s'est déjà offerte de publier deux de ces couples tutélaires et de signaler leurs curieux rapports avec des groupes gallo-romains[2] : pour les besoins de notre comparaison nous en reproduisons ici deux autres (fig. 3-4), dont le second a été tout récemment dégagé par les dernières fouilles de Takht-î-Bahai (1912). La confrontation des déesses est concluante[3]. Aucun doute, notamment, n'est plus permis touchant la nature de leur attribut commun, alors que déjà sur la figure 3 la pointe de la *cornuco-*

Fig. 2. — Type de Yavanî.
(*Musée de Lahore, n° 7. Haut. : 0 m 83*).

1. On ne s'étonnera pas de reconnaître sur la planche LXIII les grappes et les feuilles de la vigne, laquelle croît au Kaçmîr.

2. *Revue Archéologique*, 1912, II, pp. 341-349, avec quatre figures dans le texte.

3. Nous devons la photographie de Berlin (fig. 3) à M. le professeur A. Grünwedel, et celle de Peshawar (fig. 4) à Sir Aurel Stein : qu'ils nous permettent tous deux de les remercier ici de cette obligeante communication.

*pia* se termine également par une tête animale. Du même coup s'établit leur caractère uniforme de dispensatrices de l'abondance et de la fécondité.

*L'assistant.* — Des analogies tant physiques que morales qu'elles nous présentent, devons-nous à présent conclure à leur foncière identité ? C'est ici que les choses se compliquent. Nous connaissons en effet assez bien l'état civil de la plus belle moitié des figures 3 et 4. Or ce n'est nullement à Çrî ou Lakshmî que nous avons affaire, mais à une *devatâ* d'un rang social beaucoup plus humble, sortant même (s'il faut tout dire) des bas-fonds de la superstition populaire, et qui répondait au nom de Hâritî. L'habitude qu'elle a de tenir dans les bras son dernier-né (il est simplement debout auprès d'elle sur la fig. 3) l'a fait surnommer « la Madone bouddhique[1] ». Ce n'est en réalité que la personnification d'une maladie infantile, s'efforçant de faire oublier par ses nouvelles et prolifiques vertus son déplorable passé d'ogresse. Telle quelle, elle est l'épouse du *yaksha* Pâñcika, général des génies (d'où sa lance) et génie des richesses (d'où sa bourse). Il arrive d'ailleurs que les deux conjoints échangent leurs attributs, la femme empruntant au mari son petit sac de monnaies et lui prêtant quelques-uns de ses innombrables *putti*. Tous deux trônent parfois sur un véritable lit de pièces d'or dont les tranches, en se recouvrant à demi les unes les autres, donnent un aspect écailleux au piédestal. La figure 3, par exemple, montre ces pièces en train de se dégorger dans les deux sens de deux outres ou jarres béantes. Or, par une curieuse rencontre, ce déploiement de richesses s'ajoute également sur la planche LXII à l'emblème attitré de la fécondité : nous avons déjà noté le petit assistant qui, à gauche de la déesse, déverse, lui aussi, une cascade d'or. Par une coïncidence encore plus remarquable, nous connaissons déjà au Gandhâra ce serviteur presque nu — comme il convient à la bassesse de sa caste[2] — qui répand à pleine ouverture le contenu d'un sac ou d'une outre de monnaies (cf. fig. 5); et c'est justement aux pieds de l'époux de Hâritî qu'il accomplit ce geste aussi alléchant que symbolique. Cette fois il semble bien que nos dernières hésitations doivent céder devant l'évidence redoublée des monuments figurés. Comme l'identification de l'une de nos déesses kaçmîries entraîne apparemment celle de l'autre, c'est le nom obscur de Hâritî qu'il faudrait décidément écrire sous nos deux planches, au lieu et place de celui beaucoup mieux porté, et qui dès l'abord nous était venu à la pensée, de Lakshmî.

1. Cf. *Monuments et Mémoires*, t. XVII, 2e fasc. (1909), avec 9 figures et 2 planches.

2. Notez que cela ne l'empêche nullement d'être un génie : c'est un *yaksha* qui, de son métier, est un coolie. La caste n'épargne pas plus les dieux que les hommes.

FIG. 3 et 4. — PÃÑCIKA ET SON ÉPOUSE HĀRITĪ.

FIG. 3. *Museum für Völkerkunde, Berlin. Hauteur : 0 m 20.*

FIG. 4. *Photographie de l'Archæological Survey, India.*

*Les monnaies.* — La question n'aurait pas après tout grande importance si elle n'intéressait que ces deux statues : mais en fait elle dépasse considérablement l'horizon du Kaçmîr et même du Gandhâra. De nombreuses effigies de cette même divinité se rencontrent en effet sur ces pièces de monnaie dont les sculpteurs se plaisent à faire litière sous ses pieds. On sait que le monnayage de l'Inde du Nord-Ouest et du bassin du Gange ne forme à vrai dire qu'une seule série depuis les dynastes indo-grecs du deuxième siècle avant notre ère jusqu'à la restauration nationale des Guptas au quatrième siècle après, en passant par les conquérants indo-parthes et indo-scythes. Or, pendant ces six cents ans et plus, le type de la déesse à la corne d'abondance persiste à s'y montrer, d'abord dans sa pureté classique, puis sous un aspect de plus en plus maladroit et barbare[1]. Malheureusement une légende nominative ne l'accompagne qu'un instant, sur les monnaies de Kanishka et d'Huvishka, et, à notre grand désappointement, c'est l'appellation iranienne d'Ardochsho qu'en lettres grecques elle nous donne pour elle, au lieu de son vocable indien. Rien n'empêche assurément de penser — bien que ce soit une pure hypothèse — que pour les graveurs de Philoxène et d'Hippostratos elle devait figurer encore une Tychè, tandis que ceux de Candragupta et de Samudragupta y voyaient déjà une Lakshmî. Mais nos statues tombent justement, à en juger par leur style, dans la période intermédiaire entre ces deux dates extrêmes. Ce qu'il nous eût importé de savoir, c'est comment les sujets indiens des monarques indo-parthes et indo-scythes la désignaient dans l'intervalle, alors qu'ayant cessé d'être purement grecque, elle n'était pas devenue tout à fait hindoue..... Ce n'est pas, hélas, la seule occasion où le mutisme gratuit des documents numismatiques nous désespère. En l'absence de leur témoignage, force est de nous rabattre sur celui des sculptures et de voir dans nos deux images kaçmîries une nouvelle preuve de la dévotion extraordinaire dont semble avoir été entourée dans tout le Nord-Ouest de l'Inde l'omniprésente Hâritî. C'est toujours à cette déité que nos recherches nous ramènent : et il va falloir nous résigner à écarter en faveur d'une fée suspecte de cannibalisme le nom de la noble et belle épouse de Vishṇu.

*Les éléphants.* — Mais, dira-t-on, n'avons-nous pas en faveur de l'identi-

1. Cf. PERCY GARDNER, *Catalogue of Indian Coins in the British Museum*, pl. XIII, 10 et XIV, 1 (Indo-grecs) ; XIX, 2-3 (Indo-parthes) ; XXVI, 6 et 18 et XXVII, 10-14 (Indo-scythes) ; VINCENT SMITH, *Catalogue of the coins in the Indian Museum*, *Calcutta*, pl. XV (Guptas ; la déesse de la pl. XV, 4 est également assise sur un siège de rotin). C'est le lieu de remarquer que le type, devenu tout à fait informe, s'est longuement perpétué au Kaçmîr (*ibid.*, pl. XXVII).

fication avec Lakshmî un argument péremptoire dans la présence de ces deux éléphants qui, pour la délectation des Hindous et la stupéfaction des Européens, douchent à l'aide de cruches rondes la statuette de la planche LXII? Non seulement ce complexe *lakshaṇa* est resté dans l'iconographie contemporaine le signe particulier auquel on reconnaît une image de la Fortune

FIG. 5. — PÂÑCIKA ET SON SERVITEUR.
*(Musée de Lahore, n° 606. Hauteur : 0 m 21.)*

indienne, mais spéciale attribution lui en est faite dès le sixième ou septième siècle sur les sculptures de Mâmallâpuram et d'Ellora; et enfin n'a-t-on pas dès longtemps signalé sur les fameuses portes de Sâñchî la preuve que telle était déjà la façon de représenter Çrî dès le deuxième ou au plus tard le premier siècle avant notre ère? — Cette dernière remarque clorait en effet la question, si elle était fondée : malheureusement nous ne lui connaissons aucun fondement. Il est parfaitement exact qu'il existe à Sâñchî de nombreuses répliques d'un personnage féminin assis ou debout sur un *padma* et baigné par deux éléphants juchés de part et d'autre sur deux lotus de la même espèce : mais ni une inscription annexe, ni un texte contemporain, rien en un mot, sauf le hasard encore à expliquer d'une analogie relativement moderne, ne nous autorise à y voir une image de Lakshmî. Tout au contraire, l'ensemble de la décoration du monument[1] nous invite à y reconnaître un sujet tout différent, et beaucoup mieux en harmonie avec la destination de ce gigantesque *ex-voto* bouddhique. La simple statistique des motifs figurés sur les quatre portes du grand *stûpa* et la petite porte voisine démontre en effet que la grande majorité des panneaux disponibles est consacrée à la perpétuelle réédition des quatre principaux événements de la vie du Buddha : sa naissance, son illumination, sa première prédication, sa mort. Nous comptons en effet dix-huit fois l'arbre de sa Bodhi, dix fois la roue de sa Loi, huit fois au moins le tumulus de son Parinirvâṇa[2]. Quand ensuite nous voyons revenir jusqu'à dix fois la femme aux lotus, immédiatement la conclusion s'impose que ce motif représente pour sa part la scène de la Nativité. Cette présomption s'affirme à mesure que nous suivons l'évolution du motif (voir fig. 6-9). Tout d'abord ce n'était, selon la formule hiéroglyphique de l'ancienne école, qu'un simple bouquet de lotus, emblème de la naissance miraculeuse du Maître (fig. 6). Puis on aperçoit sa mère Mâyâ — non pas cette fois, comme à Barhut[3], couchée sur son lit dans l'attente de la « descente du Bhagavat » — mais simplement assise sur le lotus symbolique (fig. 7). Bientôt prennent place à ses côtés les deux *Nâga* (ici conçus et traités comme des éléphants et non comme des serpents, ainsi que le double sens du mot[4] y autorisait les sculpteurs) qui, selon une tradition formelle et constamment répétée, baignèrent le nouveau-né aussitôt après l'accouchement : on remarquera en passant que sur la figure 8, de même que sur la figure 6, les tiges des lotus continuent à jaillir de l'ouverture d'un vase. Encore une reprise (fig. 9) et, d'une façon toujours plus conforme à la lettre des textes, la mère se tient debout tandis que se déploie au-dessus de sa tête le parasol qui, est-il écrit, apparut dans les airs à ce moment

1. Et d'ailleurs d'autres monuments bouddhiques de l'Inde ancienne, tels que Barhut (CUNNINGHAM, *Stûpa of Bharhut*, pl. XXXVI, 1 et p. 117), les grottes de l'Orissa (FERGUSSON et BURGESS, *Cave-Temples of India*, pl. I, 1 et p. 72), etc. — Pour une image d'Ellora, voyez *ibid.*, pl. LXXXIII, 1, et pour une image toute récente, p. 524. Cf. encore Al. REA, *Pallava Architecture*, Madras, 1909 (Arch. Surv. Ind., New Imp. Series, vol. XXXIV), pl. XXX, etc.

2. Pour le détail de ces affirmations, nous ne pouvons que renvoyer à un article du *Journal Asiatique* sur *les Débuts de l'art bouddhique* (janv.-févr, 1911, notamment p. 69). Sur les 76 arbres et les 38 *stûpa* relevés par FERGUSSON, il convient de déduire ceux qui appartiennent en propre aux six Buddha prédécesseurs de Çâkyamuni et ne sont par conséquent que des succédanés du deuxième et quatrième « grands miracles ».

3. CUNNINGHAM, *loc. laud.*, pl. XXVIII, 2.

4. Pour un autre exemple de ce même calembourg à Sâñchi, cf. *La Porte orientale de Sâñchi*, dans le t. XXXIV de la Bibliothèque de vulgarisation du Musée Guimet, p. 220. — Sur les sculptures du Gandhâra (*Art g.-b. du G.*, fig. 156-157 *a*) ce sont les dieux eux-mêmes, sur celles de Benarès (*ibid.*, fig. 209 *a*) ce sont des serpents semi-humains qui rendent le même office à l'enfant Buddha, lequel s'est enfin montré : le seul élément constant est fourni par le détail, essentiel à la douche indienne, des cruches renversées.

précis. Quant à l'enfant de ce miraculeux enfantement, seules les personnes qui ne sont pas au courant du curieux *tabou* qui interdisait à l'ancienne

Fig. 6.

Fig. 7.

Fig. 8.

Fig. 9.

Fig. 6-9. — La Nativité du Buddha à Sâñchî.

(Fig. 6 : *Porte Nord, façade Sud.* — Fig. 7 : *Porte Sud, façade Sud.*
Fig. 8 : *Porte Est, façade Est.* — Fig. 9 : *Porte Ouest, façade Ouest*).

imagerie bouddhique toute représentation du Maître, pourront s'étonner de ne jamais l'apercevoir. Mais ce n'est pas ici le lieu d'insister sur cette identification[1] : la seule chose que nous en veuillons retenir, c'est qu'elle nous fournit pour la première fois une explication pleinement intelligible, en ce sens qu'elle est appuyée sur un texte sacré du bouddhisme, de l'intervention, autrement saugrenue, des deux éléphants.

*Conclusions.* — Avec ces derniers, nous avons d'ailleurs achevé d'épuiser les divers traits — accessoires, assistants, attributs, costume, type — que la planche LXII a successivement offerts à notre analyse. Le moment est venu, si possible, de reconstituer synthétiquement à l'aide de ces éléments variés la personnalité de la statuette : car l'art, comme la vie, possède le don mystérieux de combiner en un ensemble vivant les caractères parfois les plus hétérogènes. A la lumière des analogies que nous avons tour à tour relevées, cette petite icone se trouve prendre une importance inattendue et nous ouvre des perspectives encore insoupçonnées sur l'évolution du type de la Fortune indienne. Sauf découverte de documents nouveaux, voici comment nous apparaît pour l'instant ce développement iconographique.

Tout d'abord il faut provisoirement écarter de la question ou, du moins, mettre en réserve les Nativités des Primitifs bouddhiques (fig. 6-9). Assurément il ne nous échappe pas que Mâyâ représente déjà aux yeux des fidèles à la fois le compendium et le parangon de toutes les perfections féminines, ni d'autre part que Lakshmî, miraculeusement sortie de la Mer de Lait, a un droit de naissance au symbole du lotus. Ces rapports secrets ont évidemment favorisé plus tard l'introduction d'un sens nouveau dans le vieux motif suranné de l'ancienne école. Mais les deux identifications successives n'en appartiennent pas moins à deux systèmes mythologiques et décoratifs tout à fait différents. Pour les vieux sculpteurs bouddhiques l'emblème de la femme aux lotus et aux Nâgas a une valeur légendaire et non point seulement iconographique ; au même titre que ceux de l'arbre, de la roue et du *stûpa*, il représente un moment précis — en fait l'un des quatre plus grands prodiges — de la vie du Bienheureux. Cette bizarre allégorie, intelligible pour les seuls initiés, va d'ailleurs, en même temps que toutes ses pareilles, disparaître du répertoire bouddhique, supplantée par les compositions infiniment plus claires et plus variées que l'école indo-grecque du Gandhâra consacre au cycle de la Nativité comme aux autres épisodes de la biographie du Buddha.

1. Si elle peut sembler valide, le mérite en revient à M. J. H. Marshall, le très actif et distingué Directeur de l'Archéologie dans l'Inde, qui a bien voulu nous donner communication de la collection complète des photographies de Sâñchî et nous autoriser à reproduire celles dont nous pourrions avoir besoin.

Force est donc de nous retourner de ce même côté et de chercher si la Çrî indienne n'a pas, comme l'Ardochsho iranienne, emprunté à l'art classique sa première incarnation et ses premiers attributs certains. A la vérité ces éléments hellénistiques ont été dès l'abord mis au service de la déité populaire la plus en faveur dans le Nord-Ouest de l'Inde. Grâce à son double emploi de dispensatrice de la fécondité et d'épouse du génie des richesses, Hâritî a tout de suite accaparé à la fois le type de Déméter et celui de Tychè. C'est « à Cybèle ou à quelque divinité analogue » que, dans un article mémorable du *Journal Asiatique*[1], M. Senart a d'abord songé devant une sorte de Déesse Mère découverte à Sikri en 1889 : car à cette époque les textes et les monuments ne nous avaient pas encore révélé la prestigieuse popularité de l'ancienne Ogresse de la Variole. C'est une Hâritî, déguisée en Tychè, que nous devons aujourd'hui reconnaître à sa corne d'abondance, non seulement sur les figures 3 et 4, mais sur la planche LXIII, sinon même sur les monnaies des Guptas et enfin sur celles du Kaçmîr, où le type, de plus en plus méconnaissable, achève de se dégrader et finit par s'abolir.

C'est à ce moment que, par un de ces curieux retours fréquents dans l'art comme dans la mode, le vieux motif de la femme aux lotus et aux éléphants, depuis si longtemps relégué dans le magasin des accessoires hors d'usage, retrouve soudain son emploi dans les hypogées et les temples de l'Inde occidentale et méridionale : mais désormais il décore les parois de sanctuaires brahmaniques et n'a d'autre objet que de figurer la déesse Lakshmî. On ne sera pas autrement surpris qu'après une pareille éclipse de cinq ou six siècles, il ait si complètement perdu sa destination première et sa signification originale. Aussi bien, comme nous en avons déjà fait la remarque, la transposition de Mâyâ en Lakshmî peut à la rigueur s'expliquer sans trop de peine. Contre ce transfert de sens, avec lequel s'accordait parfaitement tant la beauté de l'héroïne que l'allégorie du lotus, les éléphants seuls auraient pu soulever quelque objection ; mais du moment que les sculpteurs hindous reprenaient à leur compte le motif hérité des vieux imagiers bouddhiques, les deux pachydermes arroseurs devaient forcément passer dans le lot ; et enfin, parmi ce peuple si soucieux de pureté rituelle, sur cette terre toujours assoiffée où l'eau est synonyme de vie, comment le ruissellement lustral de cette douche intarissable ne se serait-il pas aisément associé aux idées de grâce et d'abondance personnifiées par Lakshmî ? La

1. *Journal Asiatique*, février-mars 1890, p. 153 et pl. III. Cf. *La madone bouddhique*, fig. 3 et 4, dans *Monuments et Mémoires*, t. XVII, 2e fasc. (1909).

pire difficulté n'est pas là. Elle résiderait plutôt, à notre avis, dans le passage resté jusqu'à présent inconcevable du type classique de Hâritî à celui, si proche pour le sens et pourtant si différent d'aspect, de la Lakshmî moderne.

Tel est justement le double hiatus, intéressant celui-ci le fond et celui-là la forme, sur lequel la planche LXII est la bien venue à jeter pour la première fois un pont. Son imperturbable éclectisme fait en effet voisiner avec la *cornucopia* et les draperies helléniques le motif indigène des Nâgas et des lotus : et ainsi elle participe à la fois des deux sources d'inspiration auxquelles a puisé l'art de l'Inde médiévale. D'une part la présence, le support, le geste des éléphants l'apparentent à la Mâyâ bouddhique ; de l'autre la corne d'abondance, si mal comprise qu'elle puisse être, la rattache non moins directement à la Tychè grecque ; que chez elle enfin cet attribut étranger, si choquant pour les idées indiennes, cède définitivement la place au vieux décor issu du terroir, et nous passons aussitôt, par une transition non moins naturelle, aux images encore en vogue de Lakshmî.

Une sorte de tableau synoptique pourra permettre de mieux saisir les rapports réciproques des documents dont nous disposons désormais :

| | ÉCOLE INDIENNE | ÉCOLE INDO-GRECQUE |
|---|---|---|
| IIe siècle avant J.-C. | **Mâyâ**<br>*Figures 6-9* | **Tychè**<br>*Monnaies indo-grecques* |
| Ier — — — | (Le motif est supplanté par les compositions gréco-bouddhiques de la Nativité). | ?<br>*Monnaies indo-parthes* |
| Ier — après — | | **Ardochsho** |
| IIe — — — | | **Hâritî**<br>*Figures 3-4*<br>*Monnaies indo-scythes* |
| IIIe — — — | | |
| IVe — — — | *Planche LXII* | *Planche LXIII*<br>?<br>*Monnaies des Guptas* |
| Ve — — — | | |
| VIe — — — | **Lakshmî**<br>« *Cave-Temples* » | *Monnaies de Kaçmir*<br>(Le type s'éteint dans la barbarie). |
| VIIe — — — | etc.<br>(Le type a persisté jusqu'à nos jours). | |

On voit du premier coup d'œil la place tout à fait en vedette qu'occupe la planche LXII dans l'évolution des images indiennes de la Fortune. Associant un attribut grec à un accessoire indigène, elle forme un chaînon aussi précieux qu'inespéré entre trois groupes de monuments figurés qui, en dépit d'évidents rapports de fond ou de forme, paraissaient condamnés à ne jamais s'agencer en un système cohérent. Combinant en sa personne les types de Mâyâ et de Hâritî, elle est seule à rendre et elle rend à elle seule intelligible et comme palpable le passage par voie d'héritage à la Lakshmî contemporaine, déesse de la richesse et de la beauté, de l'aspect extérieur de la première et d'une des principales attributions de la seconde. Bref, elle est devenue le pivot de toute la question, et l'on ne saurait trop se féliciter à ce point de vue de l'heureux concours de circonstances qui l'a enfin conduite au grand jour d'une collection publique.

Est-ce la peine d'ajouter que le souci de sa chétive personnalité pâlit singulièrement à côté de l'importance de son rôle historique? Il devient presque indifférent et d'ailleurs impossible de savoir si nous avons affaire à une Hâritî finissante ou à une Lakshmî naissante : son intérêt réside justement dans le fait qu'elle gît à mi-route entre les deux identifications. On n'en saurait dire tout à fait autant de son style, évidemment plus proche de celui de Gandhâra que de celui de l'Inde médiévale. Comme ce style à son tour est l'unique moyen de déterminer sa date, nous serions tentés de remonter celle-ci (de même que celle de la planche LXIII) jusqu'au deuxième siècle de notre ère, si nous ne faisions réflexion qu'au fond de la vallée de Kaçmîr les formules classiques ont dû se conserver plus longtemps, aussi bien dans la sculpture que dans l'architecture. Toutefois il nous paraît difficile de faire descendre plus bas que le quatrième siècle des statues d'une facture encore si hellénisante, surtout si on les compare avec les œuvres de l'époque des Guptas que nous ont révélées les fouilles de Bénarès et de Mathurâ. En définitive, le point sur lequel nous serrons de plus près la certitude, c'est encore, grâce à l'analogie de la planche LXIII, l'origine kaçmîrie de la statuette de Londres. Il est permis d'y voir un élément d'intérêt de plus. On sait comment l'Heureuse Vallée a été jadis couverte de florissantes fondations bouddhiques : un fait non moins certain, qu'on doive l'attribuer au fanatisme des Musulmans ou à la bigoterie des brahmanes (et il y eut sans doute de l'un et de l'autre), c'est que leur décoration artistique et jusqu'à la trace de leurs ruines ont presque entièrement disparu. Les deux statues ici reproduites sur les planches LXII-LXIII sont, à notre connaissance, les seuls débris qui aient échappé à cette destruction systématique en même temps que les plus anciens spécimens de l'art du Kaçmîr.

INDIAN MUSEUM LONDRES N° 65 - 1911

(Grandeur réelle)

# TABLE DES MATIÈRES



3719. — Tours, Imprimerie E. Arrault et Cie.

www.ingramcontent.com/pod-product-compliance
Ingram Content Group UK Ltd.
Pitfield, Milton Keynes, MK11 3LW, UK
UKHW012203240726
13966UKWH00002B/544

9 782013 394444